江苏省省级一流本科课程（社会实践一流课程）
"法律文书写作"阶段性成果

扬子鳄刑辩
精选刑事案例集

无罪辩护

扬子鳄刑辩
苏州大学王健法学院 编

主　编／周小羊
副主编／方　园　吴　俊　吴正红

苏州大学出版社
Soochow University Press

图书在版编目(CIP)数据

扬子鳄刑辩精选刑事案例集：无罪辩护 / 周小羊主编；扬子鳄刑辩，苏州大学王健法学院编. -- 苏州：苏州大学出版社，2023.4（2023.8重印）
ISBN 978-7-5672-4345-3

Ⅰ.①扬… Ⅱ.①周… ②扬… ③苏… Ⅲ.①刑事诉讼—律师—辩护—案例—中国 Ⅳ.①D926.55

中国国家版本馆 CIP 数据核字（2023）第 059484 号

书　　名：	**扬子鳄刑辩精选刑事案例集——无罪辩护**
	Yangzi'e Xingbian Jingxuan Xingshi Anli Ji——Wuzui Bianhu
主　　编：	周小羊
编　　者：	扬子鳄刑辩、苏州大学王健法学院
责任编辑：	刘一霖
装帧设计：	刘　俊
出版发行：	苏州大学出版社（Soochow University Press）
社　　址：	苏州市十梓街1号　邮编：215006
印　　刷：	广东虎彩云印刷有限公司
邮购热线：	0512-67480030
销售热线：	0512-67481020
开　　本：	700 mm×1 000 mm　1/16　印张：17.25　字数：292千
版　　次：	2023年4月第1版
印　　次：	2023年8月第2次印刷
书　　号：	ISBN 978-7-5672-4345-3
定　　价：	60.00元

图书若有印装错误，本社负责调换
苏州大学出版社营销部　电话：0512-67481020
苏州大学出版社网址　http://www.sudapress.com
苏州大学出版社邮箱　sdcbs@suda.edu.cn

刑事辩护关乎被告人的自由甚至生命，被誉为律师业务皇冠上的明珠。无罪辩护则是刑事辩护的最高表现形式，是刑事辩护的灵魂。获得无罪判决结果是刑辩律师追求的最高境界和最有成就感的事情，无罪案例也是刑辩律师最好的名片。《扬子鳄刑辩精选刑事案例集——无罪辩护》一书即将出版，这也是周小羊律师团队汇聚行业内刑辩同行们的优秀案例出版的第四本案例集，可喜可贺。

刑事案件要获得无罪结果，尤其是获得无罪判决是非常不容易的。刑事案件对律师的专业技术要求很高，办案过程也会更为曲折，所以刑事案例集的可读性很强。

本书以讲故事的方式、通俗易懂的语言来展开叙述。书中收录的案例不仅可以给刑辩同行们提供借鉴和参考，对于没有法律功底的读者也能够轻松阅读。从他人跌宕起伏的人生故事里，我们既能体会刑辩的酸甜苦辣，也能体会无罪辩护的不易，更可以感知刑辩律师的勇敢和执着。本书收录了40多个无罪案例，可以说涵盖了刑事程序的各个阶段，内容非常丰富，其中有不少社会关注的大案要案，值得学习。

哪些案件可以做无罪辩护，如何做好无罪辩护，办理无罪辩护的案件时怎么和办案人员更好地沟通，沟通和对抗的度在哪里，如何处理好无罪辩护和当事人认罪认罚之间的关系，等等，这些都是刑辩律师在办案过程中不可避免的问题。在这本书里，刑辩同行们慷慨地将成功办理刑辩案件的"秘密"分享了出来，也坦诚地将办理案件过程中走过的弯路、吃过的苦，甚至面对过的风险分享出来，赋予了本书很高的价值。我读了这本案例集，觉得既有干货，又精彩刺激；既是刑事专业书，又是故事会。

刑辩律师之"辩"不是为自己扬名，而是在法律的框架内最大限度地维护犯罪嫌疑人或者被告人的合法权益，进而维护社会的公平正义。正是如此，刑辩律师是防范冤假错案、推进中国法治建设过程中不可或缺的一股力量。

刑辩律师在刑事辩护中能否真正起作用，能在一定程度上反映一个国家法治水平的高低。刑辩律师要想在刑事辩护中真正起作用，当然离不开国家的刑事辩护制度、刑事辩护司法环境、律师的专业水平这三个方面。

目前，我国正在大力推进以审判为中心的刑事诉讼制度改革，树立以审判为中心的理念，落实庭前会议制度，依法排除非法证据，强化刑事案件的繁简分流，大力推进庭审实质化。刑事诉讼制度改革离不开刑辩律师的广泛参与。希望越来越多的青年律师加入刑辩律师之中，敢辩、会辩、善辩。

同时，我也希望给广大青年刑辩律师一些建议：

第一，青年律师目光要长远，格局要大，要把关注点放在案件上，不能急功近利，要勤奋，用心把案件做好。

第二，青年律师在办理案件的过程中，要关注案件的细节，要耐心与家属保持良好的沟通。

第三，青年律师在办理案件的过程中，要处理好与司法机关之间的关系，并尽最大努力让司法人员听取自己的意见。

最后，希望这本书能给广大读者带来一些启发和思考，也希望此书中的案例包括案例中所蕴藏的辩护思路和辩护理念可以为青年刑辩律师提供一点帮助。希望我国的刑事司法制度愈加完善，中国特色社会主义法治道路越走越远，越走越好。

华东政法大学功勋教授、经天讲席教授、博士生导师
刘宪权

目录 CONTENTS

全面分析，仔细求证，申请调取关键证据推动案件妥善解决 …………… 1
杨某发案无罪辩护实录 …………………………………………………… 6
从有期徒刑23年到无罪
　　——刘某被控恶势力犯罪案无罪辩护成功 ………………………… 13
P市"李庄案"再现，律师、媒体合力配合
　　——周某赟寻衅滋事案平安着陆纪实 ……………………………… 20
记一起强奸案件的无罪辩护 ……………………………………………… 25
女企业家李某涉嫌诈骗辩护无罪案 ……………………………………… 33
居间融资陷囹圄，辩冤白谤还正义
　　——非吸案检察机关撤回起诉 ……………………………………… 38
如何运用时效条款出罪？
　　——以杨某涉嫌非法拘禁罪为例 …………………………………… 44
数亿元犯罪指控如何了
　　——吴某涉嫌职务侵占罪被判无罪案 ……………………………… 50
家庭纠纷变刑案，几年坚持，终获无罪 ………………………………… 56
如何把握无罪案件的证明标准
　　——黎某诈骗、妨害作证案，法院最终宣告无罪 ………………… 61
女大学生深陷网络诈骗案
　　——诈骗案撤案始末 ………………………………………………… 69
小案，大民生
　　——一起故意毁坏财物罪的无罪辩护手记 ………………………… 75

公司股权争夺引发的刑事案件
　　——挪用资金不起诉案办案手记 ·················· 82
惊魂跨省抓捕，合规化解危机
　　——记深圳某公司涉嫌帮助信息网络犯罪活动获无罪案 ········ 89
一例股东纠纷引发的案件 ························· 94
功夫在诗外
　　——记张某涉嫌非法占用农用地罪、污染环境罪获不起诉一案 ····· 98
替人"背黑锅"，蒙冤21年
　　——石某涉嫌合同诈骗终获无罪判决 ················ 109
无法排除合理怀疑，虚假诉讼罪不成立 ·················· 115
赵某某涉嫌盗窃罪案
　　——自取抵债物资不属于盗窃 ··················· 120
她的罪与非罪，相距了一个律师的距离 ················· 125
员工之死，老板担责？
　　——重大责任事故案免责记 ···················· 131
洞察民刑交叉本质，主动介入，辩冤白谤
　　——赵某涉嫌诈骗罪案在侦查阶段被撤销 ·············· 136
"推一把"还是"拉一把"
　　——记一件适用企业合规获不起诉的虚开增值税专用发票案 ····· 141
一条"路"引发的敲诈勒索案
　　——扫黑除恶专项斗争背景下的无罪辩护 ·············· 148
"沉睡"11年的案件何时了
　　——胡某辉涉嫌滥伐林木罪获不起诉案 ··············· 155
明星企业家涉嫌非吸，精准辩护终获不起诉
　　——非法吸收公众存款案无罪纪实 ················· 162
在同一屋檐下不一定是共犯
　　——梁某某涉嫌协助卖淫终被无罪释放 ··············· 169
一起关涉"举报"和"被举报"的故事
　　——董某某被控敲诈勒索终获无罪案 ················ 174
认罪认罚还是翻案？
　　——串通投标案无罪辩护实录 ··················· 179

是谁杀死了他？
　　——袁某涉嫌故意伤害罪（致死）获不起诉案 …… 182
部督贩卖毒品案，从不批捕到终获不起诉
　　——涉嫌贩卖国家管制精神药品泰勒宁获不起诉 …… 189
部督侵犯公民个人信息案，从不批捕到终获不起诉
　　——涉嫌非法侵犯公民个人信息获不起诉 …… 194
"戏拳"引发的牢狱之灾
　　——从故意伤害罪到存疑不起诉 …… 199
无罪释放，7 天见效，律师是怎么做到的？…… 208
用一起申诉改判无罪案例谈刑事辩护 …… 211
介绍人的飞来之祸 …… 217
梦醒是否无痕，枕上谁言是真
　　——徐某涉嫌强奸罪获不起诉案 …… 220
虚拟货币交易被控非法经营案，历经两年辩护终获不起诉 …… 228
三次报捕三次不批捕，套路贷诈骗罪案件历经三年终被撤销 …… 234
紧抓"客观证据不足"，打出一套组合拳
　　——诈骗案无罪辩护获不起诉结果 …… 239
嫖娼引发的强奸案
　　——X 男涉嫌强奸获不起诉案 …… 243
销售有毒、有害食品案的无罪辩护
　　——围绕产品检测报告的论证 …… 247
情人的圈套？
　　——C 某某涉嫌强奸罪，检察院最终撤回起诉案记录 …… 252
骗取贷款案件无罪辩护实务分析 …… 261

全面分析，仔细求证，申请调取关键证据推动案件妥善解决

近年来，民间借贷纠纷引发的诈骗类刑事案件明显增多。鉴于争议内容的特殊性，这类案件事实相对简单，主要证据除了借款合同、还款或担保协议和银行流水等客观书证外，就是争议双方和有关证人的言词证据。其中，客观书证能够显示涉案争议的形式外观，但往往很难反映争议双方签订相关协议、流转相关资金的真实目的或意图，难以有效得出特定犯罪构成所要求的主观罪过。而这时，言词证据却能起到推翻客观证据显示的形式外观，形成以合法形式掩盖犯罪故意、犯罪目的等结论，从而形成有利于办案机关的指控逻辑和证据体系。

而且，对这类案件，办案机关往往也只调取有利于定罪的直接证据，不会深究、查证其他可能证明无罪的关联证据，有时甚至利用刑事手段直接插手经济纠纷。因此，对这类案件的刑事辩护，要注意考察、搜集能够反映双方的真实意图的旁证，同时抓住重大的违法侦查等程序性问题，全面分析，仔细求证，通过申请调取关键证据的方式争取主动权，尽可能推动案件的妥善解决。

● 监督立案，跨省抓捕 ●

2018年1月8日，报案人称被人以假房产证诈骗5 950万元，损失本金4 959.9万元。经审查，侦查机关认为没有犯罪事实存在，于2月7日作出不予立案通知书。报案人不服。检察机关开展立案监督，审查后认为报案人被诈骗一案有犯罪事实存在，该事实符合诈骗罪的构成要件，侦查机关说明的不立案理由不成立，遂于同年6月15日发出通知立案书，要求侦查机关立案侦查。侦查机关于6月18日立案侦查，7月20日从H省某县

南下广东省某市跨省抓捕嫌疑人，后于 10 月 12 日将案件移送检察机关审查。

经侦查，侦查机关认定：2015 年 9 月至 2016 年 9 月期间，嫌疑人以提供虚假的房产证作为抵押手段，骗取报案人资金总额共计人民币 4 530 万余元。其间，嫌疑人一直支付报案人借款利息，之后以各种理由不归还欠款，致使报案人本金损失 4 530 万余元。其中，嫌疑人将大部分借款本金用于归还其对张某粤的欠款，一部分出借给陈某某、张某某等人，剩余部分归还报案人的欠款和利息。

● 多次会见，了解案情，安抚情绪 ●

本次案发之前，就涉案借贷争议，报案人曾在其他省市多次报案，但侦查机关都认定没有犯罪事实存在，不予立案。因此，此次被抓前，嫌疑人为解决涉案争议，已准备了相关银行流水等证据材料，多次和报案人沟通、协商，并保存了相关的微信聊天记录，还委托律师与有关办案机关沟通，专门处理涉案争议。因此，在侦查期间，嫌疑人一方能够向辩护人提供比较全面、充分的证据材料。这有利于辩护人及时了解案件情况。

此次嫌疑人被跨省抓捕后，原先处理该争议的律师和嫌疑人的家人及时带着相关证据材料和侦查人员进行多次沟通，但意见未被采纳。鉴于这一情况，嫌疑人希望能够增强辩护力量。经推荐，我们于 2018 年 9 月底接受委托，介入案件。然后我们立即安排会见，赶在"十一"放假之前的最后一个工作日会见了嫌疑人。假期后又在一个月内安排了五次会见。通过这六次会见，我们不仅详细了解了侦查机关工作的情况，还详细了解了案发前双方处理涉案争议的过程和细节，以及侦查人员涉嫌违法办案的重要问题，掌握了侦查机关工作内容之外的其他有利于嫌疑人的有关情况或线索，并据此对涉案争议作出了只是经济纠纷，不是诈骗犯罪的判断，有效疏导、安抚了嫌疑人的情绪。

● 全面分析实体和程序问题，及时提出法律意见 ●

获悉侦查机关将案件移送检察机关审查后，我们立即到检察机关阅卷，

全面分析，仔细求证，申请调取关键证据推动案件妥善解决

结合会见了解的情况和嫌疑人一方提供的证据材料，从实体和程序两个方面进行分析论证，撰写并及时向检察机关提交书面法律意见，指出本案是典型的以刑事手段违法插手经济纠纷，抓捕嫌疑人作"人质"帮助报案人追债。

在实体方面，我们强调三个方面：一是多位证人的证言和涉案资金流水等能够证明报案人与嫌疑人之间有借款协议，双方是合作开展民间借贷，由报案人提供资金，嫌疑人负责将该资金出借给他人，并赚取息差，但因部分客户违约导致出借资金本息没有及时全部收回，双方发生经济纠纷。在这种情况下，报案人以与嫌疑人签订借款协议的方式来追讨出借本金。二是报案人收到的利息已经接近本金，且在借款人违约的情况下，嫌疑人已通过诉讼等方式进行追讨，甚至用自有资金向报案人支付部分利息。三是报案人向嫌疑人提供的出借资金是循环、滚动的，出借资金和收回的利息不存在——对应的关系。即双方是概括算总账，没有证据支持报案人所称的被诈骗。

在程序方面，我们也强调了三个方面：一是涉案争议与 H 省无任何关联，侦查机关没有管辖权。二是报案人曾多次采取违法的，甚至暴力的方式追债。本案的关键证人 C 多次参与追债，与报案人有重大利害关系，其证言不应被采信。三是有侦查人员曾参与上述违法追债活动，不应参与案件侦查，还有其他侦查人员多次违法办案。违法侦查取得的所有证据都应被排除。

● 有针对性地申请调查取证，表明态度和决心 ●

在实体方面，我们主要是申请调取有利于事实真相的关联证据。一是申请调取立案侦查之前，报案人在其他省份以民间借贷纠纷起诉张某某的民事诉讼案卷，以证明报案人与张某某之间、报案人与嫌疑人之间都是合作开展民间借贷的关系，都是报案人提供出借资金，张某某、嫌疑人则负责将该资金出借，发生纠纷后都和报案人签订了借款协议。二是申请调取报案人与张某某之间的资金往来流水，以证明嫌疑人不是将涉案大部分资金用于归还其个人对张某某的欠款，而是用于结清报案人与张某某之间的出借资金往来，结束报案人与张某某之间的合作关系。三是申请调取嫌疑

人以民间借贷纠纷起诉陈某某的民事诉讼案卷，嫌疑人与张某某签订的借款协议及其补充协议等，以证明是部分客户违约导致报案人的出借资金本息不能按时收回，而嫌疑人已经积极追讨，没有诈骗的故意和行为。

在程序方面，我们主要是申请调取有关管辖和侦查人员违法办案的证据，以否定管辖权，否定侦查行为和证据的合法性。一是申请调取报案人通过网上银行多次转账给嫌疑人的IP地址，以证明报案人和关键证人涉案资金是在侦查机关所属县境内转出的的说法是假的，侦查机关没有管辖权。二是申请调取案发前嫌疑人被违法甚至暴力追债时的多次报警记录及相关执法材料，以证明报案人和关键证人、个别侦查人员是合作关系，共同实施了非法的，甚至暴力的追债行为。三是申请调取讯问录音录像、嫌疑人出入看守所记录，以及报案人的通话记录和微信聊天记录等，以证明不仅有侦查人员参与违法追债，还有其他侦查人员多次将嫌疑人违法外提，以取保候审为条件让报案人、关键证人和嫌疑人面谈还债事宜，并草拟还债协议通过微信发送给嫌疑人的母亲。

坚持申请调取证据，多方面反映违法侦查情况

检察机关审查并听取我们的意见后，认为事实不清，证据不足，将案件退回侦查机关补充侦查，但侦查机关没有按照检察机关补侦提纲和我们的申请调取上述证据。针对这种情况，案件再次被移送检察机关后，我们在指出侦查机关补充侦查工作的错误，继续申请调取证据的同时，向有关部门反映了情况，要求监督。

检察机关再次将案件退回侦查机关补充侦查，但侦查机关仍没有调取上述证据。为此，我们坚持向有关部门反映，要求监督。鉴于这一情况，二次补侦结束后，检察机关决定不起诉，案件得到妥善解决。

三思而后行，合规、依法是最好的保护

在经济活动中，许多人总是想将投资变成借款、将融资变成交易、将担保变成买卖，签订的合同等不是真实的意思表示。在经济形势好、资金流转畅通时，大家都能相安无事，一团和气，但一旦资金链断裂导致纠纷，

利益受损方往往就以合同等载明的非真实意思表示提起控诉,有人也因此而身陷囹圄。因此,三思而后行,合规、依法是对自己最好的保护。

承办律师

何兵律师,中国政法大学教授、博士生导师,北京市中闻律师事务所兼职律师。

周海洋律师,北京市中闻律师事务所权益合伙人。

杨某发案无罪辩护实录

作为2020年度全国十大无罪辩护经典案例之一的T市杨某发涉嫌故意杀人案的申诉律师，回想过去几年艰难的申诉路，我们的内心是异常沉重的……

● 案情简介 ●

T市人民检察院的起诉书称，2000年夏天，各自离异的杨某发与刘某某相识后，关系密切，直至短暂性同居。2001年3月2日，杨某发在T市D区某汽车租赁服务部租用了一辆红色小汽车。3月3日杨某发开车带被害人刘某某外出，在车行至D区某土道时停车。二人下车后，因故发生争吵。在此过程中，杨某发持事先准备好的菜刀朝刘某某头部、双臂猛砍，将刘某某砍倒后经拖拉抛于河内，然后逃离现场。2001年3月16日，被害人刘某某的尸体被发现并打捞上岸。根据法医鉴定及T市人民检察院第二分院法医学文证审查意见书对被害人死因所得出的结论，刘某某系因失血性休克死亡。

在历次庭审中，杨某发均坚称自己没有杀人，有罪供述系被迫作出的。虽然证据存疑，合理怀疑没有被排除，但杨某发仍被判处死缓。被判处死缓后，在服刑期间，他坚持申诉，拒绝减刑。杨某发的母亲为其奔走多年无果，后辗转找到我们，于是我们免费代其提起了申诉。2018年12月25日，最高人民法院认为该案事实不清、主要证据存在矛盾，决定对此案再审，并指定T市高级人民法院对该案进行再审。T市高级人民法院于2020年9月24日依法对该案进行公开审理，并于2020年12月17日依法判决杨某发无罪，当庭释放。

一位耄耋老人的求助

2017年4月，一位年近八旬的老太太拄着拐杖到律所找到我们，希望我们可以帮其儿子申诉。

"他没有杀人，没有作案动机，没有作案时间。"这是她最初见到我们的时候说的话。起初我半信半疑，因为该案是经T市第二中级人民法院和T市高级人民法院审理后定案的，连申诉也被驳回了。

老太太没有钱，支付不起律师费。她说在最苦的日子里，曾捡过菜叶糊口度日。我看了初步的材料后，还是决定破例接下这个案件，在代理费一栏填了"零"。基于多年的办案经验以及我对刑事证据的研究，我认为这个案件有不少矛盾和疑点。

第一次会见

2017年6月9日，我们从北京南站出发赶赴T市监狱会见杨某发。高铁准时到达T市。当地人老郭已经等候多时了。腿部有严重残疾的老郭自告奋勇来当司机。他走路费劲，开起车来却很娴熟。当年他苦心经营的养殖场被侵占和破坏，我给他提供过法律援助，所以他一直心存感激。

车行驶了不到一个小时，到达了T市监狱。杨某发的母亲已在监狱大门外等候。虽然她不能同时会见，但她期望自己能跟狱中的儿子更近一点。

办理手续等花了一个多小时。10点多我们终于见到了杨某发。杨某发身高160厘米左右，因为瘦弱更显单薄。看到我们，他有点激动。杨某发自述，是通过T市监狱的张某振知道我的，因为服刑8年的张某振在我的帮助下申诉成功，被T市高级人民法院重审后释放。无助的杨母这才几经波折与我取得联系。

我们问杨某发，他是何时被抓获的。他回答是2001年5月26日被抓的，被抓后一直关押在D区公安分局。他说他是在被刑拘以后才知道刘某某被杀的。他反复强调自己没有杀人，没有作案的动机，没有作案的时间，没有客观的证据可以证明他实施了犯罪。

我们分析了现有的部分案件材料，并结合杨某发的自述，初步认定该案有重大疑问，公安机关不应认定该案系杨某发所为。在公安机关认定的案发时间，杨某发有不在场的证据。公安机关认定的案发当晚，杨某发在母亲家陪孩子写作业，又陪孩子练了一会琴，然后和朋友在外面吃了烧烤，回来后去了女友林某某（离异后认识）家里。有多人可以证实他没有作案时间。公安机关认定现场留有两对鞋印，一个是21厘米的，一个是26厘米的，但杨某发穿的鞋子是38码（24厘米）的。从现场遗留的鞋印来看，杨某发不可能是杀人凶手。一个人穿着不合脚的鞋子去实施暴力犯罪是很不可思议的事情。退一步讲，假如其中一个人是杨某发，那么另一个人是谁呢？瘦小单薄的杨某发如何一个人实施砍杀体态较胖的被害人20多刀又抛尸呢？他自己有车，却被指控说他3月2日从租车行租了一辆车，但那个租车行所有租出的车都有合同和底单，唯独没有杨某发租车的记录在。带着这些疑问，我们离开了监狱，赶往T市第二中级人民法院联系阅卷事宜。

● 刑事申诉案件阅卷困难重重 ●

在诉讼服务大厅和阅卷室，我们与负责档案管理的工作人员联系后，得知已结案的刑事案卷需要联系原来的承办法官。我们赶紧与承办法官电话联系，但承办法官告诉我们，根据2015年的规定，已结案生效的刑事案件需要在申诉立案后才能阅卷。根据2017年的新规定，司法机关应该给申诉律师阅卷提供方便，应依法保障代理申诉律师的阅卷权，尤其对法律援助的律师更要提供支持。我们拨打了刑庭赵庭长的电话。赵庭长听完了事情的原委，最后还是把决定权交给承办法官。最后，审判卷在最高人民法院协调下阅到，侦查卷在最高人民法院决定再审后阅到。

● 该案的主要辩护观点 ●

本案的辩护观点主要有以下几点：
杨某发犯罪动机存疑：T市第二中级人民法院《刑事判决书》认定被告人杨某发在被害人刘某某提出结婚后，为摆脱刘某某遂产生杀害刘某某的杀人动机，这是不符合常情的。刘某某被追砍 20 多刀最终致死，这种杀人的手段是极其残忍和暴虐的，但杨某发和刘某某之间并没有深仇大恨，杨某发不至于为了解除关系而砍刘某某 20 多刀，因为当时事实上两人早已不再联系。办案人员认为杨某发为摆脱刘某某的纠缠而将其杀死，纯属主观推测，没有任何客观证据。

关于凶器无法确定：被害人姐姐证明，家中有两把菜刀，但自从妹妹刘某某失踪后，家中丢了一把。在没有找到该"凶器"的情况下，法院仅凭杨某发供述认定该菜刀就是凶器。试想，假如杨某发真有杀人动机，他怎么会犯这样低级的错误，直接到被害人姐姐家中偷取凶器，这岂不是故意引起侦查机关的注意，毕竟家里的菜刀一般只有关系较为密切或能够进家的人才能获取。而且，被害人姐姐家中丢失的菜刀与杨某发描述的刀型不一样。被害人姐姐家里丢失的菜刀是带有锯齿形，前部有圆孔的黑色塑料把菜刀，而杨某发供述的菜刀是黄色木把普通菜刀。在本案中办案人员没有找到任何凶器，因此，一直都是靠口供认定物证。

案发现场脚印证明另有其人：现场勘验笔录记录现场发现的足迹有两对，一对来自 26 cm（42 码）的旅游鞋，另一对来自 21 cm（32 码）的皮鞋。在拖拉痕迹两侧的脚印来自 26 cm 的旅游鞋。杨某发鞋码为 38，他有两双旅游鞋。办案人员既然认为现场脚印是杨某发的，为什么不将杨某发穿的鞋子的花纹和现场脚印的花纹进行比对？杨某发鞋码应该为 24 cm，与现场两对脚印都对不上。穿 26 cm（42 码）旅游鞋的显然是成年男性，而 21 cm（32 码）的脚印却未必是被害人的，因为成年女性所穿鞋的尺码通常是 23~24 cm。

死亡时间无法认定：在没有被害人尸体鉴定报告的情形下，仅仅根据被害人的离家时间和现场发现尸体的时间，确定被害人死亡的时间是 2001 年 3 月 3 晚 8 点至 3 月 4 日上午，进而推定杨某发有作案时间，是不严谨的。杨某发供述的作案时间一改再改，5 月 30 日供述的是 3 月 8 日之后几天，6 月 1 日供述的是 3 月 8 日之前两三天，之后供述的才一步步接近侦查人员认定的 3 月 3 日。

报案时间和尸检报告均失实：刘某某是 2001 年 3 月初失踪的，但其家人并未报案，其尸体在 3 月 16 日被发现的时候，属于"无名女尸"。被害人的哥哥是在 2001 年 5 月 12 日报案的，而且被害人的哥哥的辨认发生在

5月12日，当时对尸体的描述还是"无名女尸"。也就是说，从3月16日到5月12日，死者的身份根本没有确定。3月16日的尸体检验报告标题和结论处居然写着死者的名字，但当时并未确定尸源，可见这份尸体检验报告有问题。

DNA鉴定结果显示没有杨某发的生物检材；杨某发身高仅160厘米，身材瘦小，被害人身高150厘米但体态较胖。被害人受到攻击，一定会全力反抗。而且其手臂上的伤均为抵抗伤，背部没有伤，说明双方是正面发生激烈的冲突。从三处血痕来看，凶手至少不是一刀致命，而且不存在追砍，双方应是近身搏斗。杨某发如何在自身无伤的情况下砍杀被害人，再拖行沉河，并在现场不留下任何个人DNA痕迹。根据侦查卷，被告人明确提到被害人用左手抓他的脸，还用刀砍他的手臂，双方在现场有过激烈打斗。长达两个小时的打斗，却没在被告人身上留下一点痕迹和微量物证，是很不正常的。现场必定会留下凶手的头发，被害人的指甲缝中也必定会留下凶手的皮屑等生物检材，但是侦查人员未对被害人指甲缝中的残留物进行检验。案发现场没有任何生物检材可以与杨某发相联结。

指认现场的笔录和录像不合法：杨某发辩解自己是在2001年5月26日被抓获，5月30日去辨认现场的，6月2日没有出过看守所。但公安机关记录，杨某发于2001年5月30日被抓获，辨认犯罪现场笔录时间是2001年6月2日，却没写明具体时间，也没有杨某发的签字。6月2日上午和下午的案卷里都有杨某发的笔录，杨某发根本没有时间去指认所谓犯罪现场，且指认现场的录像断断续续，存在剪辑痕迹。

● 最高人民法院决定再审，杨某发无罪归来 ●

2019年3月29日下午3时许，我们接到T市高级人民法院的电话，被告知杨某发案件，最高人民法院以"案件事实不清，主要证据间存在矛盾"为由指令再审，律师可以来阅卷并领取最高人民法院的《再审决定书》。

4月1日我们来到T市高级人民法院，联系了承办法官。法官将最高人民法院对杨某发的《再审决定书》交给我们。随后法官将尘封了十几年的"杨某发故意杀人案件"的案卷拿出来让我们正式阅卷。

由于案卷尘封太久，纸张已经泛黄，大部分言词证据为蓝黑钢笔抄写的，充满了那个时代的历史感。我们小心地翻阅、拍照，用了一上午的时间将全部案卷一字不落地阅完。回京后立即开始仔细审阅案卷的工作，总共整理了几十页的阅卷笔记。

杨某发的母亲在知道案件被最高人民法院决定再审后非常激动，大哭了好久。

案件庭审被安排在 2020 年 9 月 24 日上午。在这个案件的开庭审理过程中，检察院认为，原审裁判认定杨某发犯故意杀人罪的事实不清、证据不足，建议宣告杨某发无罪，理由如下：一是杨某发有罪供述的合法性、真实性存疑；二是杨某发指认现场的辨认笔录及录像存在重大瑕疵且无法补正；三是杨某发供述中所涉作案刀具、杨某发所穿旅游鞋等关键物证缺失；四是证人证言、尸体检验鉴定意见、现场勘查笔录等间接证据未形成完整的证明体系，无法得出唯一结论。出庭检察员的意见和辩护人的意见基本一致。

T 市高级人民法院判决认为：本案无任何客观性证据指向原审被告人杨某发作案；原判认定杨某发有罪的主要根据是其曾经作出的有罪供述，但其在侦查阶段后期即否认作案，且其有罪供述与证人证言、尸体检验鉴定意见等证据存在诸多矛盾，真实性存疑；杨某发指认现场的笔录及录像存在无法补正的重大瑕疵，故本案认定杨某发杀害刘某某的证据没有形成完整的证据体系，没有达到证据确实、充分的法定证明标准；原判认定杨某发犯故意杀人罪的事实不清、证据不足，杨某发不能被认定为有罪。故对杨某发及其辩护人和 T 市人民检察院提出的改判杨某发无罪的意见予以采纳。

最终，审判委员会经讨论决定，撤销原一审和二审的裁定，依法判决杨某发无罪。

杨某发被抓时只有 35 岁。其母亲十几年来无数次往返于北京与 T 市之间，坚持为儿子杨某发申诉。老人最大的愿望就是一家人团聚，如今这个愿望终于实现了。

承办律师

吴丹红律师，北京市友邦律师事务所兼职律师。2007年起任教于中国政法大学，中国人民大学法学博士，北京大学法学院博士后。中国政法大学疑难证据问题研究中心主任，硕士研究生导师。司法文明协同创新中心成员。兼任中国人民大学法学院证据学研究所研究员，燕山大学法学院兼职教授，郑州大学边沁研究中心研究员。作为兼职律师执业十余年来，办理过一些在全国有影响力的大案，接受过《南方周末》《中华儿女》《法律与生活》等期刊及央视、新媒体的多次专访。一些案例被编入中国人民大学和中国政法大学的证据法教材。

赵德芳律师，北京市友邦律师事务所执业律师，作为吴丹红律师的助理，参与了多起重大敏感案件的代理工作。

有期徒刑23年到无罪

——刘某被控恶势力犯罪案无罪辩护成功

2021年11月12日,H省D市检察院对被控恶势力犯罪的被告人刘某作出不起诉决定,对其他6名被告人也先后作出不起诉决定。至此,本案涉及的刘某及其亲属共7人,均在经历多次有罪判决后,被认定无罪。经过律师的艰苦辩护,刘某在被关押4年多后,无罪获释,走出看守所。

● 举报遭报复:刘某举报诈骗社保资金被抓 ●

刘某是河南省Z市P县的一名农民企业家。2017年4月24日,他在网上实名举报当地"地下人事局局长"造假诈骗社保资金。

2017年8月29日,刘某前往Z市某单位,追问社保资金诈骗案的查处情况。其间,刘某与该单位副书记王某发生了争吵。王某让刘某不要再举报,不要再到网上反映诈骗社保资金的事,让刘某把网上帖子删除。刘某不同意。二人不欢而散。

刘某回家当晚即被P县公安机关带走调查。受刘某举报影响,刘某的儿子、妹妹、三个侄子、外甥,均先后被公安机关带走调查。

● 三个罪名:一审判处刘某18年有期徒刑 ●

2018年2月5日,P县检察院向P县法院提起公诉,起诉刘某涉嫌故意伤害罪、敲诈勒索罪、诈骗罪3个罪名;刘某的妹妹涉嫌妨害作证罪;刘某的一个侄子涉嫌妨害作证罪、寻衅滋事罪、敲诈勒索罪;刘某的外甥涉嫌伪证罪。

2018年5月3日，P县法院作出一审判决，认定刘某构成故意伤害罪、敲诈勒索罪、诈骗罪，数罪并罚，决定执行有期徒刑18年；认定刘某的侄子犯敲诈勒索罪、妨害作证罪，数罪并罚，判处有期徒刑5年；认定刘某的妹妹犯妨害作证罪，判处有期徒刑2年；认定刘某的外甥犯伪证罪，判处有期徒刑2年。

刘某等人不服判决，上诉至Z市中级人民法院。Z市中级人民法院以事实不清、证据不足为由，将案件发回P县法院重审。

追加恶势力犯罪：以6个罪名判处刘某23年有期徒刑

案件被发回重审后，2019年1月25日，P县检察院对刘某等人追加起诉，认定以刘某为首，以其儿子、侄子等人为成员的家族为恶势力犯罪团伙，并追加起诉强迫交易罪、寻衅滋事罪、非法倒卖土地使用权罪。

2019年6月12日，P县法院作出重审判决：认定刘某等人的行为具有恶势力性质；认定刘某犯诈骗罪、敲诈勒索罪、强迫交易罪、非法倒卖土地使用权罪、寻衅滋事罪、故意伤害罪，数罪并罚，决定执行有期徒刑23年，并处罚金220万元；刘某的侄子犯敲诈勒索罪、妨害作证罪，数罪并罚，决定执行有期徒刑5年，并处罚金1万元；刘某的妹妹犯妨害作证罪、伪证罪，数罪并罚，决定执行有期徒刑3年零6个月；刘某的外甥犯伪证罪，判处有期徒刑2年。

在另案中，刘某的儿子以逃税罪、骗取银行贷款罪，被合并判处4年半有期徒刑，并处罚金550万元。上诉后，案件被发回重审。刘某的侄子以妨害作证罪被判刑2年。上诉后，案件被发回重审……

申请异地管辖：多名律师遭投诉

2019年7月初，北京观韬中茂（南京）律师事务所仲若辛、黄海志律师接受刘某家属委托担任刘某的辩护人。一同代理本案，为其他被告人辩护的律师还有李仲伟律师、张进华律师、张亮律师、黄广甫律师、梁明律师、李进律师。

2019年7月25日，仲若辛律师、黄海志律师、李仲伟律师、张进华律师、张亮律师五人前往二审法院（Z 市中级人民法院）阅卷，后经法院协调，在 Z 市检察院复制本案全部卷宗。

仲若辛、黄海志律师阅卷后，多次前往看守所会见刘某。本案所有律师均认为，本案是一起典型的打击报复型冤假错案，指控事实与 Z 市中级人民法院及部分工作人员存在利害关系，本案不应由 Z 市中级人民法院审理，Z 市中级人民法院院长及全体法官应当整体回避。

2019 年 8 月 7 日，仲若辛律师、黄海志律师、李仲伟律师、张进华律师、张亮律师五人共同签名，向 Z 市中级人民法院递交了《管辖异议意见书》和《申请 Z 市中级人民法院院长及全体法官整体回避申请书》。

2019 年 11 月 13 日，H 省 Z 市中级人民法院根据 H 省高级人民法院指示，将本案移送 ZZ 市中级人民法院审理。

在申请异地管辖期间，因网上出现关于该案报道的文章，仲若辛、黄海志等多名律师被 Z 市中级人民法院投诉炒作案件。N 市及多地司法行政机关认定律师不构成炒作案件，驳回投诉。

● 无罪辩护：ZZ 市中级人民法院连续开庭十天 ●

2020 年 4 月 10 日，ZZ 市中级人民法院召开刘某案件庭前会议。辩护人提出非法证据排除申请，并申请将开庭地点放在 ZZ 市。

2020 年 8 月 13 日，ZZ 市中级人民法院在 P 县法院开庭审理。刘某对 ZZ 市中级人民法院把开庭地点放在原审法院即 P 县法院表示不服，拒不到庭，于是 ZZ 市中级人民法院将当日的庭审取消。

2020 年 12 月 2 日—11 日，刘某案在 ZZ 市中级人民法院二审开庭审理。朱明勇律师加入辩护团队，和仲若辛律师一起共同作为刘某的辩护人。因每个被告人只能有两名辩护人，故刘某之前的辩护人黄海志律师以仲若辛律师的助理身份出席庭审。

在庭审中，刘某当庭表示，自己性格太刚，坚持举报某些工作人员，导致家庭其他成员受到影响。并在法庭上控诉其遭遇不公平对待和威胁。

在十天的庭审中，仲若辛律师发表了近 20 万字的质证意见和辩护意见，对一审判决认定的刘某的每一个罪名均提出详尽的无罪说理，并认为刘某及其家人不构成"家族恶势力团伙"，一审判决认定事实错误，判决

错误。

经过10天庭审，ZZ市人民检察院出庭检察员在法庭辩论阶段表示，Z市P县人民法院原一审认定"家族恶势力"不成立，其他各项罪名也都存在大量依靠堆积证人证言错误认定问题。

● 再次发回重审后检方撤诉、不起诉 ●

2021年1月28日，ZZ市中级人民法院裁定撤销H省P县人民法院第二次作出的判决，将案件发回P县人民法院重新审判。

2021年5月，本案被指定由H省D市检察院重新审查起诉。

2021年6月23日，D市人民检察院重新向D市人民法院起诉刘某等人。

2021年8月26日，D市人民法院听取律师意见。律师均发表无罪辩护意见，指出案件中存在的问题。

2021年10月18日，D市人民法院就刘某案召开庭前会议。

2021年11月12日，D市检察院对刘某作出不起诉决定，其他被告人也先后收到不起诉决定。至此，本案涉及的刘某及其亲属共7人，均在经历多次有罪判决后，被认定无罪。刘某在被关押4年多后，无罪获释。

● 律师观点 ●

一、故意伤害罪：事实不清，证据不足

关于故意伤害罪，法院已在八年前查明没有犯罪事实，已经将案件作为民事纠纷调解结案。这样的一个已经调解结案的民事纠纷，侦查机关竟然在五年多之后，拿出来重新认定为犯罪，而法院竟然在八年多之后来追究刑事责任，这不仅荒唐，而且缺乏法律依据。根据《中华人民共和国刑法》第八十七条的规定，本案系轻伤案件，追诉时效为五年。刘某的行为即便构成应判三年以下有期徒刑的故意伤害罪，也早已过了追诉时效。另外，多份证据证明，所谓故意伤害是不存在的，轻伤鉴定结果存在重大疑问，对于被害人究竟断了几根肋骨，医院报告单存在多处矛盾。

二、敲诈勒索罪：事实不清，证据不足，适用法律错误

1. 敲诈勒索第一起。刘某向 SZ 学校索要搬迁费用 65 000 元，不构成敲诈勒索罪。SL 村村委会的办公地点是经乡政府同意的；刘某不具有非法占有目的，索要村委会搬迁费合理合法。更何况刘某并未取得该 6.5 万元，也没有采取威胁（恐吓）手段。证人证言虚假，该调取的无罪书证也没有调取。

2. 敲诈勒索第二起。刘某向 SZ 学校索要扩建操场补偿款 5 万元，不构成敲诈勒索罪。SL 村主张的扩建操场补偿款 5 万元合法有据。刘某不具有非法占有目的，该 5 万元也未付给刘某而是付了 SL 村村委会。一审判决认定的事实依据是多名证人的虚假证言。

3. 敲诈勒索第三起。认定刘某向冯某索要 6 万元的事实不清、证据不足。刘某没有威胁（恐吓）行为，本案没有刘某拿钱的证据，证人证言系虚假证言，权利行使行为依法不构成敲诈勒索罪。

三、诈骗罪：事实不清，证据不足

一审判决认定的刘某在承建多个学校工程中，以乡村配套资金是施工方配套资金为由，重复申报债务，骗取资金，属事实不清、证据不足。多份证人证言和工程资料证明，"普九化债"工作组对支付给刘某的款项经过了严格核查手续，即便刘某对工程造价申报有误，其行为也不构成犯罪。一审判决认定的重复申报，实际情况是，在 2004 年至 2006 年的第一次治理拖欠乡镇教学楼专项行动中，刘某和核查人员发生争议，未能全部申报工程款，其垫付的乡村配套资金也未在第一次行动中申报，因此刘某有理由在 2008 年至 2010 年的"普九化债"活动中申报。一审法院过度依赖言词证据，客观证据没有充分调取。

四、强迫交易罪：事实不清，证据不足，法律适用错误

一审判决认定的刘某采取威胁恐吓手段强迫另外三名合伙人退出合伙，进而构成强迫交易罪，属事实不清、证据不足，法律适用错误。三名合伙人是主动退伙，不是因为被刘某威胁；一审判决认定的刘某所谓威胁手段是刘某举报他人违法犯罪。本案不存在强迫交易罪的行为方式。即便刘某以威胁手段强迫他人退出合伙的事实存在，该行为由于发生在 2008 年至 2009 年间，依据当时的刑法规定，也不是犯罪。一审判决的认定违反了刑法的从旧兼从轻原则。

五、非法倒卖土地使用权罪：法律适用错误

刘某从未拥有国有土地使用权，不可能实施非法倒卖土地使用权行为，司法判例也佐证刘某的行为不构成倒卖土地使用权罪。Z市国土局也认为土地竞得人将土地所有权入股成立新公司行为不构成犯罪；将以土地使用权出资入股视为土地使用权倒卖不符合基本法理。一审判决是主观定罪，而非依据客观事实定罪。刘某的行为系正常的商业行为。

六、寻衅滋事罪：事实不清，证据不足

第一起：证据虚假，刘某无非是说话嗓门大。第二起：明某证言系虚假证言且为孤证，说话嗓门大不构成犯罪。第三起：视频资料不能证明刘某参与寻衅滋事。第四起：证人与被害人系同事关系，与刘某有利害关系，其证言虚假。寻衅滋事一节证言虚假，缺乏客观证据。刘某找具体承办人反映诉求，没有破坏公共秩序；相关场所并非公共场所，未造成公共场所秩序严重混乱。本案不符合法律上要求的"情节恶劣"。

七、家族恶势力团伙：拔高凑数

从本案证据来看，指控刘某的六宗违法行为，每一宗都存在证据不足的问题，要么证言互相矛盾，要么证言与客观证据互相矛盾。本案根本达不到刑事诉讼法要求的排除一切合理怀疑的定罪量刑标准。所以所谓家族恶势力是不存在的。

● 办案体会 ●

根据最高人民法院2021年年末发布的数据，全国法院2021年新收并一审审结的以涉黑犯罪起诉的案件中，有7件全案未认定涉黑；以涉恶犯罪起诉的案件中，有54件全案未认定涉恶。由此可见，摘掉黑恶帽子的案件比例并不高，刘某被控涉恶犯罪，最终无罪获释，已属难得。

在辩护期间，多名律师被Z市中级人民法院投诉，幸而包括N市司法局、律协在内的各地司法局和律协均未认定律师有违规行为。这说明，律师的依法依规辩护，特别需要司法行政机关和律协的支持。

承办律师

仲若辛律师,北京观韬中茂(南京)律师事务所高级合伙人,江苏省律协刑事法律业务委员会委员,南京市律协刑事法律风险防控专业委员会副主任,中国政法大学刑事辩护研究中心研究员,河海大学法学院兼职教授。

黄海志律师,北京观韬中茂(南京)律师事务所高级合伙人,南京市律协刑事法律风险防控专业委员会委员。

P市"李庄案"再现，律师、媒体合力配合

——周某赟寻衅滋事案平安着陆纪实

● "李庄案"重演 ●

2021年7月30日，"话痨"周某赟一天没在群里说话了。朋友感到了异样，就辗转联系到他的身边人，得知他已被警方带走。这一切都要从周某赟参与的P市滕某某涉恶案件讲起。2020年上半年，滕某某因"套路贷"涉恶犯罪案件，由P市D区人民检察院提起公诉。该案被告人有十余名。检方指控主犯滕某某涉嫌虚假诉讼罪、诈骗罪、非法拘禁罪等。该案于2020年6月10日开庭，共审理了三天，直播视频时长超过32小时。

在滕某某案开庭期间，周某赟作为实习律师前往助阵，观看了庭审直播，后选取了部分庭审视频。滕某某之子加上字幕后将视频放到网络上。在其中一段视频中，公诉人表示，受贿不办事证明司法人员保证了道德底线，笔录时间和同步录音录像时间不一致证明了侦查人员工作的严谨性。视频放到网络上后，引起社会的极大关注。

2020年6月29日，P市检察院在官方微信公众号上发布情况说明称，关于"受贿不办事证明司法人员保证了道德底线"这一言论，经了解，滕某某涉嫌虚假诉讼犯罪涉及原民事诉讼中有关司法人员于2015年2月退回了贿赂款，没有为行贿人谋取利益。但在庭审辩论中，检察官没有准确表述这一事实，发表意见明显不当。情况说明还称，关于"笔录时间和同步录音录像时间不一致证明了侦查人员工作的严谨性"这一言论，经了解，侦查人员对犯罪嫌疑人进行讯问的笔录与同步录音录像记载的时间确实存在不一致的情形，检察官对此问题发表的观点不正确。该院已开始对上述涉及的证据是否合法进行审查。

2021年7月29日12点40分左右，在G市周某赟的住处附近，周某赟

被P市公安局派来的便衣以寻衅滋事罪的名义强制传唤，并到家里搜走了两箱物品。7月30日，周某赟从广州被带到P市。拖延几日，周某赟的妹妹才收到P市公安局D区分局出具的《指定居所监视居住通知书》。

2021年8月5日，P市公安局官方微博发布通报称：P市警方在办理滕某某涉恶犯罪集团案件中发现，滕某某之子滕某寒与律师聂某、周某赟共同策划，由聂某提供素材，滕某寒提供报酬给周某赟，由周某赟在互联网上发布编造的虚假信息；三人的行为均已触犯《中华人民共和国刑法》第二百九十三条之规定，涉嫌寻衅滋事罪。

依照《中华人民共和国刑事诉讼法》第四十四条第二款以及最高人民法院、最高人民检察院、公安部、国家安全部、司法部、全国人大常委会法制工作委员会《关于刑事诉讼法实施中若干问题的规定》第9条规定，即使辩护人干扰司法机关诉讼活动，涉嫌犯罪的，也应当"由办理辩护人所承办案件的侦查机关以外的侦查机关办理"。

《中华人民共和国刑事诉讼法》第四十四条第二款，因2009年轰动全国的"李庄案"引起，在2012年修法时增加，被称为"李庄条款"。而在滕某某案中，P市公安局D区分局是名义侦办者，实际侦办者是P市扫黑办。抓捕周某赟，也是D区分局出具的手续，实际侦办者仍是P市扫黑办。

● 黄金救援时刻，临危受命 ●

2021年七月底、八月初，我在外地出差，被同行问是否愿意代理此案，我当即答应。我和赵琮律师办好手续后，认为当务之急是要尽快会见当事人，了解具体情况。但律师会见"指居"的人并不容易，在一些地方，有时能被拖十天半月或更久，甚至根本不能会见。

2021年8月4日早上，我、赵琮律师、卢义杰律师直奔P市公安局D区分局，分局工作人员则让我们与P市扫黑办专案组联系。无论我们如何争取，均被告知：只能视频会见，但设备还在调试，暂时不能会见。事实上，另一名同案的辩护人几天前刚获准通过民警手机，与"指居"的嫌疑人微信视频会见。次日我与赵琮律师继续来到扫黑办，一边等待会见，一边开始着手写反映材料。

到了下午,我们一行三人突然接到自称P市社区工作人员的电话。对方询问了行程、接种疫苗情况,看似流调。远在北京的另一名同案辩护人王鹏此时也接到同样来电。对方自称P市的政府调查人员,但拒说是哪个部门的。我们对比号码,发现是同一个。事情变得有些蹊跷了。为避免被隔离,我和赵琮律师决定不再住P市的酒店,马上收拾东西启程去不远处的JZ市。在外度假的同行张进华律师开车来驰援。

2021年8月7日下午4点半,我和赵琮律师终于通过视频会见了周某赟,掌握了第一手材料。将近三小时的会见结束,我们走出公安大楼时,已是华灯初上。我们心里已经有底,周某赟没有虚构任何事实,其行为根本不构成犯罪。

● 二下P市,会见落空 ●

2021年8月17日,我和赵琮律师再去P市会见周某赟。此前,P市公安局告诉我们,周某赟涉嫌寻衅滋事案已被移送P县公安局管辖,会见需去P县公安局办理手续。

2021年8月18日上午9点多,我们到了P县公安局,要求会见周某赟,并提交《取保候审申请书》《管辖权异议申请书》书面文件。

8月20日下午两点半,我们到了P市公安局执法办案管理中心。相关人员向我们送达了《取保候审申请回复函》,告知周某赟不能被取保候审。相关人员口头告知,驳回管辖权异议申请,称P县公安局有管辖权。当晚,赵琮律师有事离开P市,我则继续坚守。

第二天,也就是8月21日晚上,我因有其他既定行程也不得不离开P市。周某赟依然没有见到。

● 依法维权,引爆社会关注 ●

无奈之下,我和赵琮律师分别向P市公安局、检察院、政法委、监察委举报投诉。

8月23日、25日,我和赵琮律师先后拜访北京律协、全国律协,申请维权。接待人员态度友好。事实上,周某赟所在律所也通过律协反映了情况。

本案引发了舆论的广泛关注。在辩护人依法艰难抗争的同时,多名媒体人、律师也时刻关注此案,并积极声援。

8月25日,我和赵琮律师接到P市公安局工作人员短信:可以会见了。但事情远没有那么顺利。我和赵律师彼时在外地出差或处理其他案件,火速赶到P市时,周某赟已被刑事拘留,羁押到P市看守所。

P市看守所人为设限,表示只有接种疫苗才能会见。我们联系有关P市公安局等有关部门,表明国家卫健委多次禁止强制接种疫苗,律师也做过核酸检测,而且视频会见接触不到当事人,但P市看守所就是不予理睬。

● 接力发力,局势转变 ●

为尽快见到周某赟,我找到了同事白小强律师。接种过疫苗的白律师爽快答应。白律师马不停蹄地赶到P市,却遇到了新的情况,被告知会见需要预约。

白律师观察到,其他案件的一些外地律师无须预约,直接排队就能会见了。后来我又邀请了周雷律师加入辩护团队。与此同时,赵琮律师也没有闲着。在北京,他撰写了申请捕前听证的文书。我起草了政府信息公开申请,申请公开会见须打疫苗的依据。我们必须主动出击,开辟新战场。

9月23日,周某赟的家属来到P市,与我和周雷律师、白小强律师一道四处奔走。报捕的日子一天天接近,我们线上线下继续讨论,准备了各种预案。

9月26日,我和赵琮律师收到L省检察院的短信,邮寄给最高人民检察院的材料已经转到了该院。就在这一天,侦查机关对周某赟报捕了。

白小强律师又到P县检察院递交了一次不批捕意见。白小强律师询问承办该案的检察官名字,力求见面交流。工作人员说,承办人就是普通的检察官。但白小强律师上网一查,发现承办人其实是该院的检察长。

历尽艰辛，平安着陆

2021年9月30日晚上将近22点，P市检察院发布通告：P县人民检察院决定对周某赟、聂某、滕某寒不批准逮捕。检方给的出罪理由是，三人的行为虽然有一定的社会危害性，但其后果尚未达到造成公共秩序严重混乱的程度。也就是说，周某赟无罪，而这正是辩护人此前一直坚持的。

第二天，被羁押和监视居住了63天的周某赟、聂某被无罪释放。

我在微博里写道："没有大家的支持，就不会有今天的胜利。胜利属于所有法律人。"当天，重获自由的周某赟坐飞机从S市起飞，回到杭州，一个诗意而温暖的地方。

（卢义杰律师、郑雅田律师对此文有贡献）

承办律师

范辰律师，北京市京师律师事务所专职律师，京师全国刑事委员会理事，中央财经大学预防金融证券犯罪研究所副所长，北京大学特聘授课教师，北京网络行业协会法律专委会委员。致力刑事辩护、非正常死亡案等疑难案件代理，代理或参与过多起有影响的案件。

记 一起强奸案件的无罪辩护

世间的冤案千奇百怪，强奸案尤其如此。做刑辩的都知道，强奸案件一旦到了法院，被告人想脱身，就是极为艰难的。强奸案件发生在密闭空间，原本对控方的举证要求，即证明男方对女方之行为违背了妇女的意志，便直接转化为只要女方报案，男方之行为便可被推断违背了妇女的意志，而此时男方若想脱身，则需要举出确实、充分的证据证明其行为并未违背妇女意志。而密闭空间，既无第三人知道，男方又不太可能随时随地录音、录像以做防范，更不会有人想到要录音、录像。这样的证据男方又如何能够举出？而遇到这种情况，被告人、辩护人破局的难度也非同一般，因此，很多律师认为强奸案件是最难辩护的。这次我说的这个案件是我与邓学平律师办理的一起强奸案件。好在，在这起案件中，我与邓律师破局成功。

● 案情简介 ●

女方报警称：

"凌晨一点多钟，我婆家堂兄到我家中压在我身上要强奸我，被我扇了几耳光后，被我撵走了……昨天晚上八点多钟的时候，他打电话骚扰我，要我出去跟他吃饭，还说我是他宝贝，说他会对我好，后来就一直电话骚扰我，说想我了等话语。当时我的两个孩子已经睡了，我说我不去，他就一直打，一会打一个，一直打到晚上十一点多。他打电话来，我就给他挂了，后来我就睡觉了。当时我在我家堂屋东间卧室里睡，两个孩子和我一起睡的。睡前院子外门反锁了，堂屋门关着但没反锁，卧室钥匙在门外边插着，门也没反锁。等到凌晨一点多的时候，我正在睡觉。他不知道怎么就进到家中了，走到我的床边，压在我身上抱着我，朝我的脸上、嘴上、上身部位一个劲地亲吻，喊我宝贝，还用手朝我的胸部乱摸，往下撕我的睡衣、睡裤和内裤，撕到我大腿根部下边一点。我的内裤没有被撕下来。

我当时吓坏了，就说：'你只要弄我，我就报警。'我让他走，他不走。这时我就哭，两个孩子也哭。我就用右手打他的脸，连着打了两下。他还顺着我的脸往下亲吻，在我肚子附近一直亲吻。我用右脚踹他的肚子。他抓住我的右脚，抓了很长时间。最终我用脚踹他，把他踹开了。他就蹲在我的床跟前。他让我到床前的沙发上去，说要抱我，还说爱我。我就大声哭喊。他不让我哭，就一直在我家中不走。最后我推着他往外走。他看我反抗厉害，不让他近身，就走了。是他自己走的。当时我把他推到了堂屋外面。

"他是跳墙进入我家的。我家的堂屋门没有锁，东间卧室门只是关着，外面有钥匙。他能从外面进入房间内。

"他在我这前后待了两三个小时。"

男人辩解：

"我没强奸她，那天晚上我们也没有发生关系。我们两个一直是情人关系，我还给她买过戒指等物品，用微信给她转过钱。我们两个是去年六七月份开始的情人关系……我之前带她去县城买过戒指。我是用手机支付的，手机上有支付记录。买过戒指之后我们两个就去宾馆开房了，并发生了性关系。这是我们第一次发生性关系。之后我们两个都是通过微信和电话一直联系。我们两个联系了两个月左右，我们通过微信聊天被我媳妇发现了，我还和我媳妇吵了一架。之后我们两个基本上都是通过电话联系。其间我们也开过房，发生过性关系……那天晚上12点多，我到她家敲门。院门是她给我开的，我进入她堂屋内，就想吻她，但她不想让我吻，因为之前她向我要1 000元钱，而那天我就带了200元。她直接去了卧室。我就跟着到卧室里了。到卧室后，我说先给她200元，就算给她的零花钱，等明天再给她1 000元，但她不同意。她说：'你拿两百元找小姐去吧。'她这样说，我也没有走。她就一直在她家床上坐着，我也坐在她的床边。我在那儿坐了一会儿，看和她发生不了关系，就走了。天明后她就给我媳妇打电话说了我到她家的事。

"我在她家待了二十多分钟。"

● 公诉指控 ●

公诉机关指控：2020年6月6日0时许，被告人翻墙进入被害人家中，后进到被害人睡觉的东卧室，趴在被害人身上，强行亲吻被害人，并将被害人的睡裤、内裤撕扯至大腿根部，欲强行与被害人发生性关系，因遭到被害人强烈反抗未得逞。

● 律师分析 ●

该案的证据：被告人供述和辩解；被害人陈述；证人证言；书证，即户籍信息、前科查询、发破案经过等；物证，即公安机关在案发现场提取的睡衣；人身检查笔录；鉴定意见。

被告人的供述很稳定，其自始至终都称当天他是与被害人约好去女方家中，被害人未同意发生关系，其便离开。并称，他有与被害人亲一下的动作，因被害人回避，未有接触。且称他与被害人系情人关系。他为了说明其与被害人系情人关系，跟办案人员讲其曾给被害人买过戒指，且与被害人开过房间，开完房间之后还到某药房买了避孕药。

证人证言都是传来证据，没有直接证明意义，大概意思就是证人当天夜里接到被害人哭诉的电话，以证明被害人之事后表现符合被强奸妇女的表现。

书证只是程序性文书，无实际证明意义。

睡衣也无直接证明意义。被害人说当晚她穿的是该件睡衣，侦查人员便做了提取并将之随案移送了。

鉴定意见有必要说明一下：被害人报警后的第一时间，侦查人员在被害人身上提取多个拭子，却并未检测出被告人的生物痕迹。

因此，凭着上述证据，本案是不应被送到法院的。在检察院审查起诉时，辩护人多次跟检察官沟通，称这案子不应起诉，检察官却不为所动，说以前比这证据更糟糕的案子法院也判了。我们又多次找检察长、副检察长沟通，但他们都说这案子没有问题，事实清楚，证据确实、充分。总之，案子最终是被起诉到了法院。

● 破局之路 ●

关于破局,我们考虑了几个方面:

首先,情人关系。我们申请调取金饰店的证据。此前,无论在侦查阶段还是在审查起诉阶段,我们都提出过申请,检察院却都称未调取到。我们多番跟法院沟通,法院总算调取成功。我们又申请调取了二人开房的证据(只登记了被告人一人)及在药房买药的证据。之后,我们又调取了与二人一起吃饭的人的证人证言。证人称二人的关系非同一般,并描述了吃饭时二人的暧昧举动。另外,案卷中也有被告人媳妇因被告人与被害人交往而闹矛盾的证据。

其次,被害人微信信息调取。据被告人讲,其在被害人家中时,被害人曾多次给别人打电话,也用微信发信息。我们申请调取相关信息。之前公安和检察院都以难以调取为由而不予调取。我们跟法院多次沟通,法院总算调取成功。

但只有上述证据,在性侵类案件中似乎还不够。我们又申请被害人出庭。开庭前,我们多方了解被害人的性格,知道被害人撒谎成性,又了解到被害人性格极其彪悍,因此我们选择了一个方案,就是让被害人在法庭上尽情地"表演"。庭审中她表现得越强势,撒谎越多,对我们的辩护越有利。因此,庭审时我们刻意弱化了我们自己的性格。果不其然,被害人庭审时表现得特别强势,甚至跟检察官、法官拍桌子,其谎言都是不经大脑脱口而出。而被告人却是唯唯诺诺、弱不禁风的样子,只是态度很坚决——那些事他都没做。

● 庭审问题摘录 ●

1. 在被告人没喝酒的情况下,其有无胆量深更半夜到被害人家中,趴在被害人身上个把小时欲强奸?

该问题侧重被告人之胆量。

2. 被害人有无可能在非自愿的情况下让被告人在其身上趴个把小时?

该问题侧重被害人的性格及被害人与被告人之力量对比。

记一起强奸案件的无罪辩护

3. 在被告人没喝酒的情况下,被告人会不会在被害人大喊大叫,被害人的俩孩子也大声哭闹的情况下,强行跟被害人发生性关系,而这行为前后持续个把小时?

该问题侧重被告人之人品与性格。

4. 在被告人没喝酒的情况下,其有无可能深更半夜明目张胆地到被害人家强奸被害人,且前后持续三四个小时拒不离开?

本案发生在农村,且当时是深夜,被害人及其孩子之大喊大叫声邻居完全可以听到。而在被害人打了多个电话的情况下,被告人会拒不离开吗?要知道,偷情是极大的丑闻。

5. 有无可能,被告人一边摁着被害人,趴在被害人身上欲行不轨之事,前后长达个把小时,而被害人一边大声号哭,一边与别人风平浪静地打电话聊天(我们查到了电话记录,被害人不知情),且别人居然没发现异常,被害人也没告诉别人其正遭遇性侵?

一句话短评:此若系事实,则此种类型之强奸,怕是独一无二了!

6. 有无可能,被告人光着身子在被害人身上趴个把小时,欲强奸,而侦查人员随后提取生物痕迹时,不管在被害人的身体上还是在其衣服上,均未提取到被告人的任何生物痕迹?

该问题有一前提:案发时间在6月,夏季。此时人易出汗。据被害人称,当时之接触面广而力强,而提取生物痕迹几乎又是第一时间进行的。

7. 有无可能,案发当晚,被告人多次打电话给被害人,时间长达十几二十分钟,谈的却是几个月前已经解决完毕的问题?

如果我们的经验和良知都告诉我们,上述情况都是极小概率的事,则我们必须思考,为什么这些极小概率的事都出现在本案中?我们分析案件,要看的不是被害人说了什么,而是被害人之说法是否具有真实性。而若针对上述问题被害人都说了假话,则被害人的陈述能否作为定案依据?有人可能会说,虽然针对上述问题被害人可能说了假话,但上述问题都是细枝末节,即便被害人说了假话,也不代表被告人未实施强奸行为。通过庭审我们发现:针对与案件看似无关的问题,被害人统统说了假话;针对与案件有关的问题,被害人统统说了假话;针对密闭空间中发生的事的过程、可被证明的内容,被害人也统统说了假话。在这种情况下我们又如何能相信被害人说的是真话?如果一个人的十句话中已有九句话被证实是谎言,则那句未被证伪的话就能作为定案依据？答案是显而易见的。

我之所以偏重于情理、逻辑，是因为邓学平律师在我发言之前已经从证据的采信等方面进行了充分的论证。

此次庭审结束后的好几个月内，我们一直保持跟法官沟通，也多次去上级检察院、政法委等部门沟通，判决却迟迟不下。忽然有一天，法官说，公诉机关又补充了新证据。这新证据也让这案件多了些荒诞意味。新证据是当晚藏在被害人家的另一人作出的。也就是说，当晚被害人家除了被害人和被害人的两个孩子、被告人外，还有第五个人！

描述新证言，反而费笔墨，我仍以庭审发言来说吧。

在庭审中，公诉机关认可了该证人证言的真实性，而该证人证言足以证明以下几点：

1. 当晚，被害人和被告人打电话时，说的是暧昧的话。"你感觉我对你不是真心的是不？感觉我不爱你是不？"这还只是证人听到的部分。而当晚被害人与被告人通话多时，依常理，类似话语应有很多。

2. 当晚，被告人并非翻墙入室，而是从被害人家的大门堂堂正正走进去的。"到她家院子门口，看到她家的院门没有上锁，平时她都锁着门……我就试探性推开门进到她院子里……听到她家院里有响声。我伸头一看，看到她家东屋窗户下一个男子，光着上身，下身穿着大裤衩子（没有看清脸），走到她家堂屋门口哐当了几下门就进她家堂屋了。"该内容足以证明被告人并非翻墙入室。

3. 结合被害人与被告人当晚有过多次通话，且聊的是暧昧的话语，再结合被害人家当晚留了大门这一事实，可进一步证明被告人辩解的真实性，即当晚被告人确实是与被害人约好去被害人家的。证人称，被告人推开被害人家的堂屋门费时半分钟左右，且是正常推门而非偷偷摸摸之状。该情节更可进一步证明当晚被告人去被害人家系与被害人约好。

4. 当夜，被害人及其孩子不仅无大哭大闹行为，连小哭小闹行为也没有。"在西屋里听到被害人和那个男的吵架，她的声音忽高忽低。具体说的什么我没有听清。过了一会儿，东屋里说话声小了。"这说明，此时证人离被告人、被害人极近，且东屋门几乎全开。在此种情况下，不管是大哭大闹还是小哭小闹，证人都无理由听不到。另，即便果真有争吵，也可能有各种原因，而不能确切地指向当晚被告人的强奸和被害人的反抗。证人笔录称："我耳朵还好使，听到的都是正常的声音。没听到吵架的声音。"

5. 当夜，被害人并无激烈反抗行为。当时，被害人和被告人在东屋，证人所处位置离东屋极近，且夜深人静，而证人是刻意探听情况。被害人若有反抗，证人必然可以发现。

6. 即便被害人有拒绝性行为的行为，被害人拒绝被告人性行为要求的方式也是言语拒绝而非肢体反抗。"又过了一会，我正在她家当门（当地指堂屋）的沙发上坐着，又听到被害人对那个男的说：'家里那么忙，那么多事，你今天也弄不成事，你赶紧走吧。'"此处我们得明确：当门离东屋仅两三米（甚而是一两米），时值夜深人静时，若被害人有肢体反抗，证人断无听不到之理。而被害人该言词方式，并非对抗强奸之表现。用证人的话："她如果吵，我肯定能听到。"

7. 根据证人的言词证据可进一步推测，被害人此前与被告人有过性行为。再结合被告人之供述内容及其他相应之客观证据，足可证明被告人与被害人的情人关系。

8. 当晚被害人行动自如，结合证人所提供的录像（录像中显示被害人极为悠闲），再结合被害人当夜所发之抖音视频（视频中被害人春风满面），足以证明当晚被害人未遇暴力，未遭强制。

9. 当晚被害人谈到了钱的问题，这与被告人之说法相互印证。

在上述基础上，我们又结合其他证据做了总结性发问：

有无这样的可能：当晚，被告人趴在被害人身上，长达个把小时，欲行不轨之事。在这期间，被害人大喊大闹，被害人的小孩也大声哭闹，被害人却打电话给其情人一，称其被强奸，问其情人一是否要报警，而情人一让被害人自己决定。一旁，被害人的情人二却悠闲地在被害人家抽着烟，来回踱着步子。

我们都扪心自问一下：有这种可能吗？

我想，正常人都会否定这种可能性。

检方撤诉

不久之后，法院问我们，如果检察院要撤诉，我们能否同意。我们考虑到各种因素，还是同意了。

在这个案子中,我们费时费力,只是为了让一个明显的冤假错案回归到常识和法律上来。我们要做的,是尽一切可能让检察院、法院找不到任何判当事人有罪的理由。如果说本案有值得称道的经验,那可能是不怕取证,或者说是愿意取证。我们自己便调取了几份关键性证据。而在不方便取证时,我们尽最大努力争取检察院、法院调查取证。另外,本案的成功与被害人出庭也有直接关系。而在被害人确定出庭的情况下,我们就得研究被害人的性格,并根据案件具体情况,策划问话思路。我们分析了被害人的性格,知道其性格强势,还撒谎成性,因此,我们采取了"既然被害人不可能说真话,那就尽情地让她在法庭上说假话"的方案,让她的假话多到公诉人、法官想帮她圆都没法圆的程度。而当被害人十句话有九句话被其他证据证明是假的的时候,法官若想采信那一句未被证伪的话,也是极有压力的。本案庭外辩护也很重要。我们多次奔波于多部门之间,一次又一次地与法官沟通,只为说服他们判决一个明显无罪的人无罪。这几年几十个案件的无罪经验(含无罪判决、撤诉、不起诉、公安撤案)告诉我,无罪辩护很难,但意外和惊喜总是藏在一遍又一遍的争取中。

承 办律师

杜家迁律师,上海权典事务所专职律师,有丰富的刑事辩护经验。已成功办理多起无罪辩护。"做一个有风骨的律师"是其持之以恒的追求。

邓学平律师,上海权典律师事务所主任。中国法学会案例法学研究会理事。上海财经大学兼职导师,上海政法学院兼职硕士生导师,华东师范大学法律教育与法律职业研究院研究员。新浪微博2018年度"法治中国影响力人物",新浪微博2020年度"十大影响力法律大V"。著有《法影下的中国》《给正义一点时间》。

女企业家李某涉嫌诈骗辩护无罪案

● 案情简介 ●

李某因涉嫌合同诈骗罪于2015年8月25日被刑拘,同年9月30日被逮捕,2016年7月被某市检察机关以诈骗罪提起公诉。

检察机关指控:2015年3月至6月间,被告人李某在明知其身负巨额债务已无法归还的情况下,虚构事实,骗取朱某、毛某、胡某共计人民币2 400万元。一审法院认定李某诈骗毛某800万元的事实,判决李某构成诈骗罪,判处有期徒刑九年六个月。

李某不服判决,上诉。二审法院经开庭审理,认为原判决事实不清、证据不足,裁定撤销原判,将案件发回重审。

案件被发回重审后,某市检察机关在原起诉书的基础上,追加起诉李某诈骗王某1 925万元、诈骗秦某300万元。起诉李某诈骗金额合计4 625万元。

重审时法院采纳了辩护人意见,认为检察机关指控被告人李某犯诈骗罪的事实不清、证据不足,指控的诈骗犯罪不能成立,于2019年8月27日判决李某无罪。

● 辩护意见 ●

(一)李某有能力偿还借款,指控李某"明知身负巨额债务无法归还"缺乏事实依据

1. 偿付能力不仅包括现实的偿付能力,还应包括可预期的偿付能力。

审查偿付能力时应审查借款时的资产状况、未来盈利能力等是否能够保证偿还借款债务。偿付能力不仅包括现实的偿付能力,还应当包括可预期的偿付能力。只要行为人预期履约能力能够覆盖借款金额,司法机关就

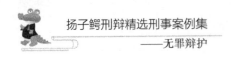

应当认定行为人具有偿付能力。在这些条件都具备的情况下，行为人即便确实隐瞒了部分真相或者虚构了部分事实，也不宜被认定为具有非法占有之目的，司法机关一般应以民事纠纷处理。

依据李某丈夫向法院提交的资产状况清单，案发前李某的家庭资产包含固定资产及尚未分配的项目利润，合计价值约4.89亿元。随着房地产市场的紧俏，其资产价值不断增值，且经营的地产公司具有持续、长期的盈利能力。法庭在考虑李某是否资不抵债、是否具有偿付能力时，应综合考虑其现实的偿付能力、未来可预期的偿付能力，以及借款到期清偿的紧迫性等因素。

2. 检察机关认定李某"资不抵债"存在逻辑错误，缺乏事实依据。

检察机关以"李某现有资产－李某现有负债"的简单公式，得出李某借款时"资不抵债"的结论，明显存在逻辑错误：

第一，李某现有资产是一个流动的变量，无法简单确定。如上所述，司法机关不仅应考虑现有资产，还应将预期盈利纳入考虑范围。且李某名下有多家公司。企业的经营特点在于其资金始终处于流动状态，有出有进。当企业经营出现困难时，企业家往往不会坐以待毙，而是基于企业、员工利益及社会稳定的考虑，继续融资、举债以扭亏为盈，改变经营困难的状态，增强企业盈利能力。

第二，李某现有负债的计算方式错误。检察机关根据毛某、胡某、黄某等人提供的欠条、打款统计数据等简单相加后，便认定李某所欠本息高达70余亿元，并将该数据等同于李某实际负债，这种计算方式明显错误。

（二）李某在主观上不具有非法占有的故意

1. 民事欺诈不等同于刑事诈骗。

纵使李某虚构了借款理由，但其与被害人签订的借条不仅真实，而且合法、有效，并以自己全部家庭财产作为债务担保，这在客观上也表明了李某有还款的意图。借款后李某既未逃避还款义务，也未对出借人行使债权设置障碍；既未将款项用于挥霍、个人不合理消费，也有足够的偿还能力。出借人完全可以依据民事诉讼实现其合法债权。

2. 从借款事前、事中、事后的客观行为来看，李某不具有非法占有的故意。

李某之前与被害人均有多笔借贷往来，有借有还，关系长期稳定，且李某及其丈夫名下拥有数亿元家庭资产，完全具有偿还能力。事中，李某一直积极协商、多方筹措资金，不断有对其他债权人的还款记录，从未表示过拒不还款。事后，李某也未隐匿资产或者转移资产、挥霍资产以逃避债务。综合考虑全案的证据，司法机关不能认定李某在主观上有非法占有的故意。

3. 在资金流向和用途上，李某未将借款进行转移、隐瞒、挥霍，借款后仍在不断积极还款，即使将部分借款资金用于清偿债务，司法机关也不能据此认定其有非法占有的故意。

虽然李某将部分借款用于归还之前欠款，但她与本案的出借人之间存在多次经济往来、有借有还的客观事实。其还款行为恰恰从侧面印证了其有借有还的商业信用和能力，其借款行为并未企图使出借人丧失对财物的占有权，而是努力在解决企业运营产生的暂时资金困难。

4. 李某与各被害人之间均存在长期借贷关系，检察机关无法提供证据证实最后几次借款就是诈骗。

李某名下有多家公司。其因经营需要与毛某、朱某、胡某、王某、秦某之间有着长期的资金往来，仅2004年就归还毛某3亿元欠款，与胡某的债务纠纷相关的民事诉讼正在某省高级人民法院审理。检察机关无法提供充分的证据证实指控的最后几次借款是诈骗，而其他资金往来就是借贷。李某"资不抵债"的具体时间无法确定。不能证实李某在实施起诉书指控的借款前已资不抵债，便无法推定其借款时具有非法占有的故意。

● 判决结果 ●

法院认为：诈骗罪是以非法占有为目的，虚构事实、隐瞒真相、骗取公私财物的行为。从本案证据来看，被告人李某及其所在的公司在实施起诉指控的事实的过程中，仍有大额的资金进账，且李某本人及其家属仍有大量的股权及房产可用于归还欠款。现有证据无法证实被告人李某在实施借款行为前已明知资不抵债，也不足以证实被告人李某具有非法占有的故意。被告人李某与毛某、朱某、胡某、王某、秦某之间均有着长期的借贷关系，且都是朋友或亲戚，他们之间的资金往来数额巨大。公诉机关提交的证据无法证明起诉指控的最后几次借款是诈骗，而其他的就是借贷。被告人李某一直辩称其与被害人之间都是一般的民间借贷关系，其一定会归还，也有能力归还。其辩解存在一定的合理性，且在本案中关于借款的理由供证不一，因此认定被告人李某实施了虚构事实、隐瞒真相的骗取行为的依据不足。故公诉机关提交的证据不足以证实李某在主观上有非法占有的故意，在客观上实施了虚构事实、隐瞒真相、骗取他人钱财的行为。某市检察院指控被告人李某犯诈骗罪的事实不清、证据不足，不能达到确实、充分的证明标准，指控的诈骗犯罪不能成立。

最终，法院判决李某无罪。

● 案例评析 ●

非法占有目的是诈骗犯罪的核心构成要件。如何认定非法占有目的，长期以来是审判实务中的一个难点。判断诈骗案件被告人有无非法占有目的，一方面要看被告人供述，另一方面要看被告人实施的客观行为。被告人供述具有易变性。判断其供述是否可信、辩解是否合理，仍要看是否有客观证据予以支持。

辩护人仔细梳理被告人的全部客观行为，发现李某有能力偿还指控的借款，李某的辩解得到客观证据的支撑。再从控方逻辑出发，拆解其立论的根据，驳斥控方整体计算债务总账的不科学之处，从而论证得出李某"资不抵债"结论不符合客观事实。

● 结语和建议 ●

女企业家李某从2015年被刑拘至被无罪释放，在看守所度过了4个春夏秋冬，其经营的4家企业纷纷濒临破产，名下几十处房产被长期查封、扣押，经济损失无法估计。司法机关务必谨防动用刑事手段干预民间经济纠纷，并注意对民营企业家的保护。

承办律师

任洁律师，江苏天贤律师事务所主任，江苏省律协刑事法律业务委员会主任。

王丽淋律师，国浩律师（苏州）事务所合伙人。

居间融资陷囹圄，辩冤白谤还正义

——非吸案检察机关撤回起诉

● 前 言 ●

李某某原是安徽省 X 县民营企业家，于 2006 年 10 月注册原 X 县某某商务信息咨询服务公司。该公司主营业务包括房地产买卖、房地产抵押借贷、民间借贷居间中介服务等，在急需资金与有闲置资金的人之间牵线搭桥，撮合借贷双方签订借款合同，并向借款人收取 1%～3% 的服务费。然而，正是这一居间业务，使李某某陷于非法吸收公众存款的指控。

● 基本案情 ●

无妄之灾从天降

2019 年 2 月 25 日，李某某被举报了。

一份有 9 人签名的举报材料称，李某某"以借贷为业，以营利为目的"，用高息回报为诱饵，长期大量吸存社会上不特定人群资金，从事非法吸收公众存款放贷及套取国家金融机构信贷资金高利转贷。

2019 年 5 月 17 日，李某某被 X 县公安局刑事拘留，此后便开始陷入漫长诉讼之中。

2019 年 8 月 29 日，李某某涉嫌非法吸收公众存款案被移送检察院审查起诉，其间，因补充证据两次被退回公安机关补充侦查。X 县人民检察院 3 次延长审查起诉期限，直至 2020 年 3 月 3 日才提起公诉至 X 县人民法院。X 县人民检察院指控：2006 年 10 月 26 日，被告人李某某注册成立某某商务信息咨询服务公司并任法定代表人，主要从事民间借贷居间中介服务，在有闲散资金的人与需要用款的人之间牵线搭桥，促成双方签订借款担保合同，约定借款利息及还款期限。合同签订后，出借人将钱款经李某某账户转给用款人，李某某则按借款金额的1%~3%收取服务费。李某某共介绍出借资金计2 744.28万元。X县人民检察院认为李某某变相吸收公众存款，扰乱金融秩序，数额巨大，应当以非法吸收公众存款罪追究其刑事责任。

然而，X县人民法院并未如期开庭审理。2020年4月15日，S市中级人民法院将该案指定给L县人民法院审理。L县人民检察院于6月2日向L县人民法院提起公诉。这次检察院指控：2006年至2018年期间，被告人李某某以其经营的X县某某商务信息咨询服务公司提供投资理财、民间借贷咨询等服务为由，未经有关部门批准，通过熟人介绍、口口相传等方式，允诺在一定期限内以货币方式还本付息，先后向社会不特定公众非法吸收公众存款或变相吸收公众存款，共吸收林某、李某、侯某等30多人合计人民币2 700余万元，数额巨大。被告人李某某将非法吸收的存款主要用于出借给他人使用，从中赚取高额费用。L县人民检察院认为李某某违反法律规定，向社会不特定公众吸收存款，扰乱金融秩序，数额巨大，犯罪事实清楚，证据确实、充分，应当以非法吸收公众存款罪追究其刑事责任。

侦查延期、退查侦查、审查延期、审判改变管辖……在长达一年多的时间里，李某某失去人身自由，在煎熬中苦等案件进展。检察院两次提起公诉且结论相同。这一切让李某某身心俱疲，前途未卜。

● 办案经过 ●

千磨万击还坚劲

2020年6月28日，奚玮律师接受被告人李某某亲属委托，与北京华象律师事务所刘校逢律师共同担任本案一审阶段李某某的辩护人。此时已临近本案一审开庭。案卷材料共有18卷。面对复杂的案情、紧迫的时间、繁重的准备工作，辩护人从摸清本案的发展脉络入手，对案件特性做了深刻分析，以准确把握辩护方向，并多次会见被告人李某某听取其辩解，反复核实相关证据，不断地修正辩护策略。

通过阅卷，辩护人发现本案具有时间跨度长（2006年至2018年）、涉案金额大（2 700余万元）、构成事实多（有30笔具体事实）等特点。为了更好地发挥庭审质效，查清本案事实，2020年7月14日，辩护人向L县人民法院提交了《调取检察院关于李某某涉嫌非法吸收公众存款一案控方庭审举证提纲的申请书》。另外，为充分保障被告人自行辩护的权利以及更充分地表达辩护观点，辩护人于同日向L县人民法院提交了《关于李某某涉嫌非法吸收公众存款一案面对面庭审的申请书》，认为尽管在当下疫情防控形势下远程视频庭审有其存在的必要性、合理性，但是难以否认的是其在效果上弱化了（甚至没有）传统庭审模式庄严、肃穆的气氛，会严重损害被告人的合法权益，对于需做无罪辩护的、不认罪认罚的被告人应当谨慎使用。同时，由于被告人李某某的行为是居间融资的合法民事行为，还是扰乱金融管理秩序的犯罪行为，不仅需要从刑事法律上进行判断，还需要借助民商、金融的专业知识进行判断，辩护人向法院同步提交了《关于组成七人合议庭审理李某某非法吸收公众存款一案的申请书》，认为本案应当由3名法官与4名人民陪审员（其中至少有1名具备金融专业知识）组成七人合议庭审理此案。本案于2020年8月30日在L县人民法院开庭审理。法院尽管没有同意辩护人关于组成七人合议庭审理本案的申请，但是同意将被告人李某某带到法庭开庭审理，并且让检察院提交了举证顺序。在庭审中，控辩双方进行了充分的质证，有效保障了被告人李某某辩护权的行使。

● 辩护思路 ●

沉舟侧畔千帆过

本案行为实质表现：李某某在有闲散资金的人与需要用款的人之间居间撮合，出借人的资金经李某某账户转给借款人，借款人支付的利息又经李某某账户转给出借人；借款人发生违约后，李某某又代为清偿，并向借款人追偿。从外观形式看，他人的大量资金确实进入李某某账户，并由李某某出借和收取利息，李某某也从中赚取服务费。这是不是变相吸收存款的行为，是本案需要重点论证的问题。

关于李某某的行为是不是非法吸收公众存款，首先要搞清楚的是吸收存款的金融特征如何呈现。如果认为吸收存款的性质存在，则需要进一步研究该行为是否构成犯罪；如果认为吸收存款的金融特征不存在，则可从根本上否定该行为的违法性。这一思路成为本案辩护的逻辑起点。

沿着这一思路，辩护人查阅了相关资料，研读了刘校逢律师之前委托知名法学专家出具的论证意见，清晰地认识到吸收存款最显著的金融特征：一是将吸收对象的资金归入自己的资金池，形成资金沉淀；二是向吸收对象，即资金提供方支付利息。只有这两个条件同时具备，才符合吸收存款的性质。

李某某的行为模式与吸收存款金融特征相对照，存在着诸多的差异。首先，李某某不是借款合同的签订主体，也没有向出借人出具借条；其次，借款在李某某账户上只是短暂停留，最迟次日便转入借款人账户，因此李某某没有资金池，更没有资金沉淀；再次，支付利息给出借人的是借款人，收取借款人利息的是出借人，李某某作为中介不承担向出借人还本付息的义务；最后，李某某一次性收取的是中介费（服务费），而不是利息。基于这些显著的差异，李某某的行为并非吸收存款，而是民间融资中介服务。该行为不应成为刑法的规制对象。

● 处理结果 ●

守得云开见月明

本案一审开庭审理后，L县检察院以证据发生变化，不符合起诉条件为由，要求撤回对被告人李某某的起诉。2021年7月20日，一审法院作出准许检察院撤诉的裁定。之后，L县检察院作出不起诉决定，李某某终于恢复了自由。

● 诉讼心得 ●

吹尽狂沙始到金

由于经济犯罪案件的被告人在行为过程中往往会留下大量的书证、电子数据等实物证据，侦查机关大多是通过收集这些实物证据，再通过相关言词证据将这些实物证据关联起来，证明被告人实施了某一犯罪行为，以致我们很难否定某一行为是被告人所为。因此，虽然经济犯罪案件的辩护也要重事实和证据的细节，但辩护的重点还是厘清案件涉及的各种法律关系,进而对行为的法律性质作出判断。

如果我们在经济犯罪案件的辩护中沿袭普通刑事案件辩护的思路,仅仅纠缠于事实和证据的细节而不研究行为实施时的背景和前因后果,则将很难做到有效辩护。另外,在经济犯罪案件的辩护过程中,由于重点在法律关系性质的判断,因此单纯熟悉刑事法和证据法是远远不够的,还需要熟悉民事、经济、行政法律法规的适用情况。

辩护人接受委托后,虽然也注意到本案关于非法吸收公众存款金额的认定在事实和证据上存在许多问题,但辩护人认为,这不是本案的关键所在,辩护应当从非法吸收公众存款罪中的"非法""吸收存款""公众"三个关键要素入手,而定性分析的前提是对吸收公众存款金融属性的准确把握。专业知识对本案的分析至关重要。同时在法律关系的厘定上,辩护人需要对借条出具时的背景和前因后果作出全面、合理的解释,即借条是在什么情况下出具的,其基础法律关系到底是什么,真正的出借人和借款人到底是谁。此外,被告人和出借人之间存在何种社会关系以及亲近程度,能否影响对行为性质的认定。这些都是阅卷以及调查取证的重点。

本案辩护成功的关键就是没有将视野局限在所指控的借款行为本身,而是通过会见、阅卷以及必要的调查取证,向法庭展示了借条出具的背景和前因后果,将借条这一书证放在出具借条行为的背景和前因后果中进行法律关系性质的判断,同时对吸收存款的金融特征加以阐述,使本案法律适用分析建立在专业判断的基础上,从而实现了较好的辩护效果。

中共中央作出防范化解金融风险的重大部署后,司法机关加大了对金融领域经济犯罪的打击力度,而此类案件专业性强,不仅涉及事实认定和法律适用的问题,还涉及对金融政策的理解以及对民间新型融资活动性质的判断等问题。本案的表现形式:被追诉人李某某以职业化的方式,为借贷双方提供融资信息;借贷双方达成合意后,出借资金经李某某账户转给借款人以担保资金安全;李某某收取服务费用。办案机关认为,这是一种变相的非法吸收公众存款,李某某的撮合行为、接受和转出资金行为以及收费行为的实质是吸收存款,谋取利差。对此,辩护人没有急于从法律适用上进行分析论证,而是仔细梳理事实证据,认真研究银行存款的金融特征,得出吸收存款的背后必有资金池存在的结论,这为后续的法律适用分析打下了坚实基础。本案的成功辩护揭示出这样一个道理:在办理涉及金融领域的专业性较强的案件时，须从对金融概念的理解入手，挖掘案件背后的金融特征，从而准确把握刑法的规制对象，防止刑法对正常经济活动的过度干预，为民间新型融资活动保留必要的空间。

承办律师

奚玮律师，西北政法大学法学硕士、中国政法大学法学博士、北京师范大学刑事法律科学研究院博士后。现为北京盈科（芜湖）律师事务所管委会名誉主任暨刑事辩护中心主任、中国刑事诉讼法学研究会理事、安徽省律协刑事法律专业委员会副主任、安徽师范大学法学院教授、皖江企业合规研究院执行院长。

如何运用时效条款出罪?
——以杨某涉嫌非法拘禁罪为例

● 前 言 ●

有刑罚的产生,就有刑罚的消灭。刑法消灭,是指由于法定的或者事实的原因,基于行为人犯罪行为而产生的国家刑法适用权消灭。刑罚消灭的事由可以有如下几种:犯罪嫌疑人、被告人死亡,超过时效,刑法执行的终了,减刑,等等。其中,因为时效问题引发的刑罚消灭无论是在理论界还是在实务界都更容易引起关注和争议。

时效是指经过一定期限,对犯罪不得再行追诉或者对原判刑罚不得再执行的一项制度。它分为追诉时效和行刑时效。本文主要探讨追诉时效的相关问题。

追诉时效是指依法对犯罪分子追究刑事责任的有效期限。在法定期限内,司法机关有权追究犯罪分子的刑事责任,超过期限规定(除法定最高刑为无期徒刑、死刑,并经最高人民法院特别核准必须追诉的以外),都不得再追究犯罪分子的刑事责任。

《中华人民共和国刑法》第八十七条规定:"犯罪经过下列期限不再追诉:(一)法定最高刑为不满五年有期徒刑的,经过五年;(二)法定最高刑为五年以上不满十年有期徒刑的,经过十年;(三)法定最高刑为十年以上有期徒刑的,经过十五年;(四)法定最高刑为无期徒刑、死刑的,经过二十年。如果二十年以后认为必须追诉的,须报请最高人民检察院核准。"从这个条文我们可以看出,追诉时效期限的确定以法定最高刑为标准。那么这个期限是否可能会延长,不受时效期限的限制呢?答案是肯定的。《中华人民共和国刑法》规定的追诉时效延长的事由有两种。(1)第八十八条第一款规定:"在人民检察院、公安机关、国家安全机关立案侦查或者在人民法院受理案件以后,逃避侦查或者审判的,不受追诉期限的限制。"(2)第八十八条第二款规定:"被害人在追诉期限内提出控告,人民法院、人民检察院、公安机关应当立案而不予立案的,不受追诉期限的限制。"

上述第二种情况比较好理解,但是第一种情况容易引起争议。如:人民检察院、公安机关、国家安全机关立案侦查或者在人民法院受理案件以后,犯罪嫌疑人或者被告人没有逃避侦查或者审判的,是否受追诉期限的限制呢?

下面,笔者以自己办理的杨某涉嫌非法拘禁罪案为例,来探讨如何运用时效条款作为抗辩事由,让当事人无罪。

● 基本案情 ●

2015年7月29日,犯罪嫌疑人刘某邀集犯罪嫌疑人杨某、向某窜至北京被害人金某家,守候在金某家门口,后趁金某家保姆王某开门扔垃圾时,强行进入金某家逼金某还钱。刘某、杨某、向某三人在金某家中轮流看守金某,不准金某离开房间,甚至不准金某去哺乳自己的幼儿,同时用言语威胁逼迫金某赶紧筹钱。7月31日傍晚,金某以请刘某等人外出吃饭为由,在其舅舅做担保的情况下才得以离开房间,趁机逃脱刘某等人的控制。刘某等人非法拘禁金某两天多,导致金某被迫带着儿子及保姆离开北京,有家不能回,在外躲避几个月。

本案是由中央扫黑督导组2019年4月下发,某省配督办重点督办的线索所引发。公安机关于2020年6月12日对杨某等人立案侦查。杨某于2020年11月19日到公安机关投案自首,2020年11月27日因涉嫌非法拘禁罪被取保候审。

● 办案过程 ●

杨某在被取保候审之后,通过熟人介绍,在家人的陪同下找到了笔者。笔者接受杨某委托之后,案件很快就被移送检察院审查起诉了。

杨某向笔者详述了事情经过:去北京之前,刘某只是邀请杨某去玩,并没有告诉杨某是去北京办什么事情。到了高铁上,刘某才告诉杨某是去北京要债。2015年7月29日，杨某等人到了金某家，双方就协商还钱的事情，彼此之间都很友好。金某及她的家人安排杨某等三人在金某家中住下来，每人还送了一瓶鱼肝油、毛巾。晚上洗完澡大家就各自睡下了。2015年7月30日，双方继续协商，中途金某也曾去给孩子喂奶。2015年7月31日，刘某带着杨某、向某出去玩，下午回来之后去金某婆婆家的饭店吃饭，与金某发生了争执。在争执的过程的中，金某将杨某等人的行李丢到了门外，刘某还去附近的派出所报了案。杨某认为自己在金某家中，从未限制过金某的人身自由，也没有做过其他的事情，只是在金某的同意下跟着刘某住在金某家，且双方只是沟通协商还款，自己不存在非法拘禁的情形，也不存在非法入侵他人住宅的情形。

笔者作为杨某的辩护人首先表示了对杨某的信任，也分析了案件中可能存在并应当及时去搜集的无罪证据，但法律事实是怎样还得通过查阅证据才能知晓，具体的辩护策略也需要等查阅案件材料之后才能确定。

案子被移送检察院之后，笔者在第一时间将委托手续、公函等递交检察院申请阅卷，但被告知本案涉黑涉恶，涉及人数众多，罪名众多，案卷材料多达98本，由于系统原因不能马上刻录光盘，阅卷需要等通知。笔者初步判断，本案的情况可能远远比当初预期的要复杂许多倍。除了抓紧时间搜集可能存在的无罪证据外，还得想办法在第一时间查阅案卷材料。

经过多次的电话催促，大约等了20多天，笔者终于拿到了案卷材料，但是拿到手中的案卷材料是残缺不全的，基本的诉讼文书卷都是不完整的，起诉意见书也没有。笔者再次打电话与检察院沟通，才拿到起诉意见书和与之相关完整的文书卷。

在多次与检察院的沟通过程中，笔者发现检察院在处理本案的过程中对本案进行了分案处理，当事人有不属于涉黑涉恶范畴的可能。如果不涉黑涉恶，当事人所涉及的就是单个案子的犯罪，处理起来会简单许多。既然是单个犯罪，而且时隔多年才立案，这本身就存在一定的问题。

经过阅卷，笔者得出结论：本案已过追诉时效，根据《中华人民共和国刑事诉讼法》第十六条规定，犯罪已过追诉时效期限的，"不追究刑事责任，已经追究的，应当撤销案件，或者不起诉，或者终止审理，或者宣告无罪"。

具体理由如下：

如何运用时效条款出罪？

1. 杨某陪同刘某去北京找金某的时间是 2015 年 7 月 28 日至 2015 年 7 月 31 日期间。2015 年 7 月 31 日，杨某在金某家找金某要债的行为已经终了，没有造成严重后果，此后也再没有其他违法犯罪行为。办案机关第一次找杨某问话的时间是 2020 年 11 月 19 日，间隔时间已超过 5 年。《中华人民共和国刑法》第二百三十八条第一款规定："非法拘禁他人或者以其他方法非法剥夺他人人身自由的，处三年以下有期徒刑、拘役、管制或者剥夺政治权利。具有殴打、侮辱情节的，从重处罚。"第八十七条第一款规定："犯罪经过下列期限不再追诉：（一）法定最高刑为不满五年有期徒刑的，经过五年……"本案早就超过了《中华人民共和国刑法》规定的 5 年追诉期。

2. 办案机关于 2020 年 6 月 12 日才对杨某立案侦查。立案侦查后，杨某没有逃避侦查或者审判，不属于《中华人民共和国刑法》第八十八条第一款规定的不受追诉期限限制的情形。

3. 本案中涉黑涉恶情况举报、控告的被害人与杨某无关，所举报、控告的事情也与杨某所涉事情无关。本案的被害人既没有报案，也无举报、控告等行为。所以，本案也不符合《中华人民共和国刑法》第八十八条第二款规定的不受追诉期限限制的情形。

所以，我们主张本案已经过了追诉期限，杨某不应当再被追究刑事责任。

● 辩护效果 ●

检察院采纳了辩护人的意见，进行了分案处理并以超过诉讼时效为由，让公安机关撤回了对杨某的起诉意见。

● 律师思考 ●

超过追诉时效的行为意味着求刑权、量刑权与行刑权不能行使，也不能适用非刑罚的法律后果，因而导致法律后果消灭。

本案在适用《中华人民共和国刑法》第八十八条第一款的过程中存在争议：

第一种观点认为杨某的行为未过追诉时效。理由：侦查机关在追诉时效内已经对杨某立案侦查。只要在追诉时效期内司法机关立案了，案件就不受追诉时效的限制。

第二种观点认为杨某的行为已过追诉时效。理由：侦查机关虽然在追诉时效内对杨某立案侦查，但是不能证实杨某有逃避侦查的行为，故杨某的行为应当受到追诉时效的限制。

笔者倾向于第二种观点。因为根据《中华人民共和国刑法》第八十八条第一款规定，延长追诉时效必须同时符合两个条件，一个是侦查机关立案侦查，另一个是犯罪嫌疑人逃避侦查或者审判。在本案中，没有证据能够证明杨某有逃避侦查或者审判的行为，因此本案应当受到追诉时效的限制。

第一个要件——立案侦查应该如何理解？

《中华人民共和国刑事诉讼法》第一百零九条规定："公安机关或者人民检察院发现犯罪事实或者犯罪嫌疑人，应当按照管辖范围，立案侦查。"《中华人民共和国刑法》第八十八条第一款中的"立案侦查"与该条规定的立案侦查的意思是一样的。

《中华人民共和国刑事诉讼法》规定的立案大致有两类：一是"对人立案"，二是"对事立案"。张明楷教授认为，前者是指侦查机关发现了犯罪嫌疑人并将行为人作为犯罪嫌疑人立案；后者是指侦查机关仅发现了犯罪事实，但未能发现犯罪嫌疑人，仅就案件本身立案，未能将行为人作为嫌疑人。

立案侦查，笔者认为落脚点应该是侦查而非立案。只是立案但还没有开始侦查的，就不存在时效延长的问题。本案中，被害人金某并不是举报人，本案是被其他事情牵扯出来的案件，所以办案机关在历经近5年之后才立案。立案之后，过了很长一段时间，行为时间超过诉讼时效5年之后，办案人员才通知杨某到案。杨某主动到案之后，公安机关虽然找杨某谈过话，但是没有采取任何强制措施。

第二个要件——逃避侦查或者审判应该如何理解？

逃避侦查与审判没有直接的定义。张明楷教授认为这应限于积极的、明显的，致使侦查、审判工作无法进行的逃避行为，主要是指行为人在管辖机关已经告知其不得乱跑、藏匿甚至采取强制措施后逃跑或者藏匿；行为人实施毁灭证据、串供等行为的，不宜被认定为逃避侦查与审判。本案中，杨某在主观上没有逃避侦查的目的和故意，在客观上也没有逃避侦查的行为，是公安机关没有及时处理本案导致本案超过追诉时效，故本案应当受到追诉时效制度的限制。

以上就是笔者在办理本案过程中对追诉时效的理解和体会。

另外，笔者还认为：在刑事案件中，审查起诉阶段的起诉意见书是非常重要的，是我们办理刑事案件时非常重要的一个指引。通过起诉意见书，我们可以了解到犯罪嫌疑人所涉及的罪名、事情、情节、法律依据、主体身份、地位、作用、前科、羁押地点、拘留时间、逮捕时间等，以及侦查人员对这个案件的全部观点。因此，拿到起诉意见书是审查起诉阶段阅卷的前提。

在办案的过程中，许多刚入行的律师会陷入一个误区，单刀直入，只关注实体部分，不关注程序部分，对于案卷材料中的文书卷直接略过。事实上案卷材料中的文书卷部分包含了大量的信息，也是审核办案人员是否依法办案最重要的文书材料。

"根据事实和法律，提出犯罪嫌疑人、被告人无罪、轻罪或者减轻、免除其刑事责任的材料和意见，维护犯罪嫌疑人、被告人的诉讼权利和其他合法权益"，这是《中华人民共和国刑事诉讼法》第三十七条规定的辩护人应当履行的责任。

律师只有在平时工作和生活中不断积累和学习，才能有效维护犯罪嫌疑人、被告人的诉讼权利和其他合法权益。

承 办律师

罗秋林律师，湖南金凯华律师事务所律师。
姚茜律师，湖南金凯华律师事务所律师。

数亿元犯罪指控如何了

——吴某涉嫌职务侵占罪被判无罪案

● 案情回放，雾里看花连环扣 ●

2016年8月，某银行分行正在为一位高管举办离职欢送会。这位高管正是分管投行业务的银行行长助理、分行行长刘某。就在此时，刘某却被人叫出会场，来人竟是公安干警。

原来公安机关正在调查一起涉及3.16亿元的职务侵占大案。刘某涉嫌职务侵占犯罪而被现场带走调查。该案经历漫长的侦查、审查起诉阶段后，与刘某一同站上被告人席的，还有刘某的多位直管下属，包括该分行票据部总经理吴某、总行投行部资金处处长杨某、分行投行部总经理周某等。

起诉书指控，被告人刘某、周某、杨某、吴某等人在刘某和周某的主导和策划下，预谋参与该银行拟出资50亿元人民币实施的A定增项目，进而在项目后续环节非法占有银行回购款项。具体情况如下：

2015年7月，在银行具备出资50亿元人民币实施A定增项目能力的情况下，刘某、杨某故意制造参与A定增项目存在40亿元人民币资金缺口的假象，引入由周某实际控制的多家空壳公司介入A定增项目。同时，周某和吴某等人利用空壳公司，通过大量虚开商业承兑汇票的方式，从该银行系统的多家分行套取了60亿元资金使用权，其中40亿元以上述空壳公司名义被用于投资A定增项目。

2015年9月，刘某等人在40亿元资金票据即将到期之际，未经过该银行实际审批，利用职权动用该银行43.16亿资金，溢价收购了上述空壳公司持有的定增份额。空壳公司获取资金后，其中40亿元被用于承兑上述虚开的商业汇票，溢价的3.16亿元被空壳公司的实际控制人周某和作为行长的刘某等人非法占有，并用于海外投资。

在此过程中，被告人周某、吴某（该分行票据部总经理）等人在周某的主导和策划下，利用所控制企业在无实际贸易背景下，大量虚开商业承兑汇票，设计复杂的背书，以倒打款的方式，向银行骗取票据承兑（数额高达人民币60亿元），并将贴现款用于个人投资。

周某为了让承兑汇票能够通过该银行另一分行实现贴现，送给另一分行票据部总经理郑某等人好处费101万元。吴某在其中起到联系、介绍作用。

因此，起诉书认定吴某作为本案被告人之一，身为该银行北京分行的票据部总经理，涉嫌构成职务侵占罪、骗取票据承兑罪和对非国家工作人员行贿罪等多项犯罪的共犯。

按照《中华人民共和国刑法》（2017年修正）及相关司法解释规定，职务侵占的数额达到巨大标准（100万元以上），量刑范围为五年以上有期徒刑，可并处没收财产。而本案涉嫌职务侵占数额超过3亿元，显然量刑结果有可能在十年以上。另外，根据规定，对构成骗取票据承兑罪情节特别严重的，处三年以上七年以下有期徒刑，并处罚金，而本案涉嫌骗取票据承兑的数额高达60亿元，显然属于"其他情节特别严重"的情形。同时，对非国家工作人员行贿罪，数额巨大（100万以上）的，应处三年以上十年以下有期徒刑，并处罚金，而本案行贿金额是101万元，刚好过了三年以上的量刑标准。如果指控的上述罪名全部成立，吴某数罪并罚，量刑幅度可达11~15年，且还可能被判处罚金和责令退赔被害单位3.16亿元赃款。即便吴某将来被刑满释放，巨额的财产罚没也会令其在日后的生活中举步维艰。

● 分析案情，抽丝剥茧寻辩点 ●

案件被移送检察院审查起诉后，作为吴某辩护人的笔者阅卷后发现，全部卷宗多达157卷，所有事实均涉及金融领域业务，包括上市公司定增项目结构化融资、商票转贴现、资管计划和各类基金等，又牵扯到四五家不同银行之间的票据流转以及金融同业业务和资管公司的金融理财产品等。

经过对案卷材料的缜密分析和案情的深入把握，辩护人对照刑法关于入罪的要件，进行了抽丝剥茧式的反复论证，针对各罪拟定辩护方案，尽可能准确找到出罪或者罪轻的关键辩点。

关于职务侵占罪，吴某虽然参与实施本案的银行商票承兑，在客观上为周某的公司参与A项目定增计划创造了条件，但与其他嫌疑人有无共同的侵占预谋以及是否明知他人可能涉嫌职务侵占而提供帮助，此乃吴某是否构成职务侵占罪共犯的关键因素。关于骗取票据承兑罪，关键因素是吴某有无采取欺骗手段，导致各家银行在票据承兑、贴现过程中陷入错误认识，以及是否造成了有关银行在票据承兑中的经济损失后果。关于对非国家工作人员行贿罪，关键因素是吴某在其中究竟是主导还是协助，或者仅仅是起到了联络、介绍的次要作用？

不可否认的是，本案贴票各环节确实系通过吴某联系的，其在整个出票、背书、贴现、转贴现和承兑的环节中发挥了重要作用，且在没有真实交易背景下为他人获得60亿元贴现款再投资提供了便利。这虽然最终没有对银行造成经济损失，但对金融票据贴现管理秩序形成了危险。另外，吴某确实存在为他人行贿介绍送钱的行为。因此，针对骗取票据承兑罪和对非国家工作人员行贿罪的指控，辩护人为吴某做无罪辩护的空间不大，于是，去掉量刑最重的职务侵占罪成了本案辩护的核心目标之一。

在庭审之前，辩护人与吴某充分沟通，达成了一致辩护方案：全力辩护吴某犯职务侵占罪不能成立，避免吴某被判处重刑；对骗取票据承兑和对非国家工作人员行贿罪，则做罪轻辩护，以降低量刑标准。

● 庭审发力，步步为营明析理 ●

在庭审之中，对于吴某犯职务侵占罪的指控，辩护人认为没有事实和法律依据，指控不能成立。具体理由如下：

1. 吴某没有职务侵占的主观故意。吴某参与票据融资时，是项目发起的前期阶段。吴某的行为既是落实领导的工作指令，也是履行其工作职责，并且受到了总行有关部门的正常回应。吴某完全有理由相信A定增项目的正当性和合法性。所以，吴某参与该项票据承兑融资工作的主观目的完全是促进A定增项目顺利实施，与职务侵占（既包括自己侵占，也包括帮助他人侵占）没有关联。

2. 从高达3亿多元涉案侵占款项的处置来看，吴某既没有从中分得任何经济利益，也没有获得任何其他利益的许诺。而且，侵占行为发生在A定增项目计划完成之后的回购环节，吴某不仅没有参与，甚至还完全不知情。由此可见，吴某对于本案的职务侵占事实，既未参与，也未获利。

3. 吴某不存在明知他人涉嫌侵占而故意提供帮助的行为。即便吴某前期涉及票据融资的行为在客观上为后续的侵占获利提供了帮助，但由于吴某事前没有与他人针对侵占财物的通谋，事中也无与他人实施职务侵占的犯意联络，因此吴某的行为不构成职务侵占罪。

在做好职务侵占无罪辩护的同时，辩护人对指控吴某犯骗取票据承兑罪也做了"事实不清、证据不足"的辩护。主要认为吴某在两单票据业务中所起的作用是向票据市场介绍和推送业务单，然后让各家银行选择是否参与贴现。在本案两单商票流转的出票、背书、贴现和托收的过程中，所涉银行及其工作人员全都知道开票企业并无真实交易背景，但基于业务指标或追求手续费等原因仍然愿意进行流转和承兑，且票据贴现款已全部收回，相关银行均获得高额的经济利润，也没有一家银行遭受任何损失。更何况，吴某在主观上没有骗取票据承兑的故意，其目的仅是通过票据融资支持银行履行合约。

辩护人对指控吴某犯对非国家工作人员行贿罪无异议，但认为吴某在该部分事实中系起帮助作用的从犯，除了在他人实施行贿前传话之外，没有经手行贿款项，依法应当被从轻、减轻处罚或者免除处罚。

● 一审宣判，短押即放获自由 ●

一审法院在2017年11月组织庭前会议之后，又经历了漫长的补充侦查取证，于2018年5月第一次开庭审理后，直到2019年8月才组织了第二次庭审。

2019年12月31日，一审法院终于宣判。针对吴某涉嫌职务侵占罪的指控，法院认为：吴某只是按照领导的安排、指示行事，现有证据不能证实其有与其他被告人共同占有银行资产、共同从中获利的故意和行为，故指控不能成立。同时，针对非国家工作人员行贿罪的指控，吴某只起协助作用，属于从犯，故依法予以减轻处罚。对辩护人提出吴某涉嫌骗取票据承兑罪"事实不清、证据不足"的意见不予采纳。

最终，一审法院判决吴某犯对非国家工作人员行贿罪，判处有期徒刑1年，并处罚金5万元；犯骗取票据承兑罪，判处有期徒刑3年3个月，并处罚金10万元，数罪并罚，决定执行有期徒刑3年6个月，并处罚金15万元。从宣判到刑期届满释放，时间只剩下短短3个月。而同案被告人刘某、周某，因行为构成职务侵占罪、骗取票据承兑罪和对非国家工作人员行贿罪等，分别被判处13年6个月和11年有期徒刑。

一审法院宣判后，刘某、周某两名被告人同时提起上诉。2022年3月7日，再次历时两年之久，本案终于迎来二审宣判。二审判决维持了两名上诉人定罪量刑的主刑部分，但令人略感意外的是撤销了本案中对非国家工作人员行贿罪的罚金刑，包括吴某的行为构成对非国家工作人员行贿罪并处的5万元罚金。辩护人经研究发现，原来本案整个犯罪行为发生在2015年5月至10月期间，而专门针对对非国家工作人员行贿罪增加"并处罚金"的刑法修正案（九）是在2015年11月1日正式实施的。根据从旧兼从轻原则，二审法院对一审判决的适用法律错误进行了纠正。相比本案中刘某被判犯职务侵占罪并处上亿元罚金而言，吴某并处5万元罚金显得微不足道，但这一修改彰显了二审法官的严谨与公正。

● 结　语 ●

本案情节纷繁复杂，是金融犯罪的典型案例，暴露出银行业的某些陋习和隐患。部分运作模式如果不加以监管，对银行的正常经营将产生巨大的风险。

此案对于企业高管的刑事风险防范更是一个警示。随着经济的高速发展，企业高管犯罪逐年增多，常见的罪名主要有贪污贿赂罪、职务侵占罪、挪用公款罪、挪用资金罪等。总的来看，公司高管触犯刑事风险的原因，除了个人贪念之外，还涉及行业的制度和企业监管漏洞。因此，对于企业高管来说，只有不断增强法律意识，自觉遵守市场规则，大力推行企业合规经营，方能实现企业行稳致远，并保障自身的自由与安全。

承办律师

任忠孙律师，资深刑辩律师，广东卓建律师事务所创始合伙人、刑事法律部主任，卓建合规研究院院长，深圳市律协刑事合规法律专业委员会主任，广东省律协刑事法律专业委员会副主任，全国刑事律师机构"庭立方"认证严选律师。

周洪律师，专业刑辩律师，广东卓建律师事务所合伙人、卓建刑事法律专业委员会副主任，深圳市律协商事犯罪辩护法律专业委员会委员。

家庭纠纷变刑案，几年坚持，终获无罪

● 祸起萧墙 ●

2019年国庆长假后的第一天，C市的秦某来到我的办公室寻求法律帮助。她因涉嫌遗弃罪被C市E县公安局取保候审。在此之前，公安机关已经对其进行了两次讯问。

秦某的遗弃案源于其与丈夫赵某一家的家庭纠纷。

秦某与赵某系夫妻关系，二人有自己经营的酿造厂、奶站，还有自己的运输车队。2007年10月7日，赵某突遭车祸导致脑干损伤。赵某伤势严重，但肇事者没有找到。秦某一直陪伴赵某辗转北京、秦皇岛、石家庄等地治疗，家中的产业只能被迫停业或交由他人运营。赵某经过一年多的治疗保住了性命，但丧失了劳动能力，智商也仅有四五岁儿童的水平。家里经营的产业每况愈下，入不敷出，眼看就要做不下去了。2008年年底，赵某的父亲赵甲以让秦某去经营奶站为借口，趁机将其赶出了家门，并占有了全部的资产。秦某来到奶站时才被告知经营者变更为赵甲，其对奶站的各项业务已经失去了支配权。身无分文的秦某没有办法，只能带孩子回娘家居住。后秦某携女儿多次回家，均被赵甲拒于门外。2012年，赵甲为了便于处置赵某的财产，在秦某不知情的情况下，通过法院将赵某的监护人由秦某变更为自己。赵甲系退休乡干部，没有经营头脑，又游手好闲，酿造厂、车队和奶站在其接手后没有几年便全部亏损，接连倒闭，千万元的资产也被赵甲挥霍一空。

因赵甲一直怀疑秦某带走了几百万元的钱款，于是向E县公安局控告秦某遗弃其子赵某并携巨款潜逃。公安经过调查，认定秦某无转移财产的行为，故不予立案。赵甲不服该决定，认为事实不清，证据不足，向E县公安局提出复议。E县公安局认为既未对秦某进行取证，又未调取赵某银行流水记录，于是出具《复议决定书》，撤销了不予立案决定。公安再次深入调查后,未发现赵某的巨额财产被秦某转移的情况,赵某也并未因为秦某的离家不归行为而陷入危难境地,据此认为秦某的行为不构成遗弃罪,再次决定不予立案。

赵甲不服该决定,向C市公安局申请复核,与此同时,赵甲还不断去各级公安机关信访、缠诉。E县公安局迫于信访压力,经其法制部门商讨,决定立案,赵某也在C市公安局作出复核决定之前撤回了复核申请。至此,秦某遗弃案被正式立案。公安机关随即对秦某展开侦查,同时将秦某取保候审。秦某在被传唤后,委托我为其辩护。

侦检不利

我在侦查阶段递交了辩护手续,同时提交了《关于秦某的行为不构成犯罪的法律意见书》。侦查人员当面收下了手续和法律意见书,但还是把案件移送检察院审查起诉。

我在检察院阅卷完毕后,更加坚定了无罪辩护的信心:一是E县公安局在C市公安局维持不予立案决定后继续侦查并把案件移送检察院审查起诉的行为无效,二是本案的证据本身也不能证明秦某有罪。随后我提交了《建议对秦某不予起诉的法律意见书》。然而承办的检察官不但没有纠正,还两次退侦,根据律师的法律意见,请公安机关补正了立案的瑕疵,并将案件移送法院。

到了法院审理阶段,通过和承办法官沟通,我在庭前指出了公安没有立案就违法办案的违法之处和本案的证据问题,但是法官仍然要求通过开庭来解决问题。

与此同时,我先后到E县公安局、C市公安局、E县监察委进行了投诉,但结果可想而知。

庭审激辩

公诉机关指控:秦某在赵某进行康复治疗后期未能到医院照顾,直至赵某出院也未将其接回家中。赵某出院后一直随父母生活。秦某离家出走与赵某分居,未履行监护职责,被人民法院撤销监护人资格,并且还向人民法院起诉离婚。赵某至今由父母照顾。秦某身为赵某的妻子，明知赵某患病且无独立生活能力而长期拒绝扶养，情节恶劣，其行为已经构成遗弃罪。

我围绕着公诉机关的指控观点，就事实部分主要提出了如下辩护意见：

1. 公诉机关没有任何证据证明秦某有遗弃赵某的主观故意和客观行为，而是仅凭秦某未与赵某一起生活就推定秦某遗弃了赵某。秦某在赵某住院期间未能到医院照顾是因为在维持奶站的正常运营，防止家庭财产荒废，这也是家庭分工的一部分和维持赵某治疗费用的需要。

2. 秦某不是拒绝扶养赵某，没有遗弃的主观故意，而是赵某之父赵甲不让秦某扶养赵某，秦某离家出走也是因为赵甲的驱逐。赵甲终日喝得酩酊大醉，然后撒酒疯，辱骂、殴打秦某及其女儿，并将二人逐出家门，霸占家产。秦某连接近赵某都无法实现，更不要说照顾赵某了。在夫妻无法相见，家人无法团聚，财产被霸占，赵某起诉离婚在先的情况下，秦某起诉离婚也是无奈之举，而且起诉离婚也是秦某享有的合法权利，不能以此事实证明秦某遗弃赵某。

3. 秦某在此情况下，在客观上无法扶养赵某。秦某被赵甲从家中逐出，既无高等学历，又无长技傍身，身无分文又身患疾病，还要独自抚养女儿，并不具备扶养赵某的条件，再加上赵甲的阻挠，照顾赵某显然是不可能的。

此外，我还针对起诉书上公诉机关将"扶养"写作"抚养"一事与检察官展开激烈辩论，虽然咬文嚼字不足以支持律师的辩护观点，但可以体现律师的严谨负责。检察官在发问阶段处处设限。好在我庭前对秦某进行了辅导，因此秦某的回答没有出现纰漏。同时，对于检察官诱导性的发问，我直接举手要求法官予以纠正，法官也适当提醒检察官注意发问方式。庭审发问时，我围绕着是赵甲不让秦某扶养进行辩护，也展示了秦某一直身体有病、没有工作和需要独自抚养女儿的困境。在举证阶段，我提出公诉人出示的证据不但不能证明秦某有罪，还恰恰反证秦某无罪。控辩双方你来我往，各不相让。我通过对五名证人的发问，充分证明了不是秦某拒不扶养赵某，而是赵甲为了侵占赵某、秦某的夫妻财产，不让秦某履行扶养义务，赵某目前没有处于被遗弃状态，秦某的行为不构成遗弃罪。我还通过对被害人监护人赵甲的发问，进一步证明了其控诉是假，霸占钱财是真的事实。在最后陈述阶段，秦某的诉求是让赵某回家，一家团聚。秦某谈及与赵某婚后多年共同生活的点点滴滴，多次泪洒被告席。合议庭成员均为之动容。休庭后，审判长亲自劝慰秦某，并表示一定会作出公正的判决。

● 发回重审 ●

庭审结束后是漫长的等待，等来的却是秦某犯遗弃罪，被判处管制一年的判决结果。在领取判决书时，法官劝秦某接受判决，不要上诉。而且由于判处的刑罚较轻，秦某的家人也劝其接受结果，放弃上诉。秦某犹豫不决，遂与我商量是否上诉。我认为本案属于明显无罪的案件，而且法律明确规定了上诉不加刑，在这种情况下秦某无须妥协，所以坚决支持秦某上诉。其实秦某也有如此想法。她本人不能接受有罪的判决，只是出于家人的劝说才有些犹豫。在听到我的意见后，她彻底坚定了上诉以争取清白的信念。

我将案件仔细复盘后拟出了上诉状，详尽地列明了秦某无罪的观点，并上诉至 C 市中级人民法院。在此期间，我每思考出一个较为有力的辩护观点，就会驱车赶到 C 市中级人民法院递交一份补充法律意见书，并和承办法官进行沟通，将无罪的辩护观点充分展示给法官。这样的补充法律意见书我一共递交了三份。几个月后，在二审没有开庭审理的情况下，案件迎来了转机：C 市中级人民法院以事实不清、证据不足为由，将本案发回 E 县人民法院重新审理。

本案被发回后，合议庭更换了新的组成人员，但公诉人还是原来的检察官。因为控辩双方均没有新证据，这次开庭相对轻松。辩护人继续咬紧侦查机关立案违法的问题，坚持无罪辩护，而检察官仍然坚持原来的观点，但已经没有上次开庭时的气势。

在案件被发回重审的过程中，赵某的父亲赵甲死亡，庭后秦某多次要求法院与赵某家人协商，让赵某、秦某一家人团聚。法院从中进行了多次沟通协调，但均未果。

● 撤回起诉 ●

2021年3月10日,承办法官突然打来电话,告知我E县人民检察院撤回了对秦某的起诉,法律文书将随后安排寄出。又过了几天,秦某打来电话,忐忑地说检察院要求她去一趟,于是问我案件情况是否有变,以及她应当如何应对。我答复她是检察院让她去领《不起诉决定书》,这是法律规定的程序,检察院必须履行,不会节外生枝。果然,秦某领到了《不起诉决定书》。决定书认为:公安局认定的犯罪事实不清、证据不足,不符合起诉条件,依照《中华人民共和国刑事诉讼法》第一百七十五条第四款的规定,检察院决定对秦某不起诉。

我做律师二十多年了,这还是第一次遇到被告人被判处管制的案例。可能按照一般人的观点,刑罚如此轻的案件结果已经很好了。可是罪与非罪关系到秦女士个人的清白与否,也对其子女的升学、就业有重大影响。在这样的情况下,秦女士岂能随便认罪!也恰恰是因为秦女士和辩护人的坚持,本案才最终获得了无罪的结果。

承办律师

张金武律师,山东忆兴律师事务所执行主任。

如何把握无罪案件的证明标准

——黎某诈骗、妨害作证案，法院最终宣告无罪

● 基本案情 ●

（一）案情简介

2014年2月下旬，黎某与受害人张某口头约定，黎某向张某购买一批价值达105.8万元（单价16 000多元每吨，重约65吨）的花梨木。2014年2月24日、25日，黎某分别向张某银行账户转账60万元、40万元。张某委托萧某将黎某购买的2车花梨木连同萧某自购的3车花梨木从S市运回Z市某市场，堆放在露天堆场。黎某于同年2月27日带人到某市场看货，当日下午向张某的账户转账5.8万元。

2014年5月20日，张某向黎某的账户转账5万元（附言为付订木材款）。同年9月28日，钟某以自己名义将39.17吨木材移入其与萧某共同承租经营的某市场的室内仓库。

2015年4月9日，黎某以其看货后认为该批木材不是双方约定的花梨木，木材规格与约定不符，且没有木材产地、品种及权属等相关文件资料为由与张某发生争执。双方争议协商无果后，黎某诉至法院。一审法院判令张某向黎某返还预付货款及逾期利息。张某对该判决不服，提出上诉。二审法院裁定驳回上诉，维持原判。

2018年4月判决生效后，黎某申请强制执行，后双方达成执行和解，张某一方履行支付黎某涉案债务123.94万元（含黎某代萧某清偿所欠张某债务40万元）。

2018年5月开始，钟某以黎某存放一批木材于某市场中钟某承租的仓库内为由，要求黎某处置木材并支付从2014年2月起产生的租金。后黎某与钟某共同出具《证明》，证明木材为梁某所有，由梁某全权处理。同年12月22

日，钟某介绍的买家刘某以 3 500 元每吨的单价，共计 119 770 元购买了钟某要求黎某处理的该批木材（称重 34.22 吨）。钟某从中分得 91 991 元，余款 27 779 元由梁某转交给黎某。

2018 年 12 月 27 日，张某以黎某虚假诉讼为由进行刑事控告，公安机关不予立案受理。

某省检察院依据民事二审判决后出现的询问笔录、微信聊天记录、书证等新证据提起民事抗诉。经某省高级人民法院指令二审法院再审，民事再审判决撤销一、二审民事判决，驳回黎某的全部诉讼请求。

2020 年 6 月底，公安机关因张某报案称黎某虚假诉讼，以黎某涉嫌虚假诉讼罪将其抓获归案。同年 8 月 28 日，黎某家属与张某签订和解协议，就民事再审判决履行问题达成协议，黎某家属共支付张某 21 万元，视为黎某履行上述判决的部分款项，同时张某出具书面谅解书。

（二）控方指控

检察院指控如下：

2014 年 2 月 21 日，黎某以人民币 105.8 元向被害人张某购买花梨木 64.9 吨，在 S 市木材市场收取张某交付的上述木材后，将上述木材运送至某市场存放。黎某于次日到场验收并支付剩余货款。

黎某在处理部分木材后，由于木材价格下跌，面临亏损。为挽回损失，2015 年 4 月起，黎某捏造未曾收货的虚假事实，提供虚假证据，通过民事诉讼使得人民法院作出错误判决，致使张某被迫赔偿黎某本金及利息共计 123.94 万元，并被列入失信人名单以及被司法拘留十五日，且黎某拒不向张某归还木材。

2018 年 12 月 22 日，黎某因需要支付剩余木材存放于某市场中钟某仓库的租金，且为掩饰先前诈骗行为，指使梁某代为变卖上述木材，得款 119 770 元。

2019 年 1 月 17 日，在张某得知上述木材被变卖并向公安局报案后，黎某指使梁某做虚假证言，致使公安机关未能立案侦查。

2020 年 6 月 29 日，黎某被公安机关抓获归案。破案后，黎某家属代为赔偿张某人民币 21 万元。

检察院认为：黎某诈骗他人财物，数额特别巨大，且指使他人做伪证，应当以诈骗罪、妨害作证罪被追究刑事责任；黎某在判决宣告以前犯诈骗罪、妨害作证罪，法院应数罪并罚。建议法院判处黎某有期徒刑十二年九个月至十四年九个月，并处罚金二十至二十五万元。

● 法律评析 ●

（一）民事判决所确认的事实和认定事实所依据的证据能否作为刑事案件中认定事实的依据

刑事诉讼和民事诉讼的目的和价值取向不同，决定了两者的证明标准也不相同。

刑事诉讼的证明标准是案件事实清楚，证据确实、充分，并对确实、充分做了进一步的阐释，要求符合三个条件：一是定罪量刑的事实都有证据证明；二是据以定案的证据均经法庭程序查证属实；三是综合全案证据，对所认定的事实已经排除合理怀疑。之所以作出如此严格的规定，是因为刑事诉讼是为了惩罚犯罪和保障人权，对有罪的标准要求高。

而民事诉讼是为了解决纠纷，在追求公平时也要追求效率。在事实无法查清的情况下，无限期拖延，将不利于解决纠纷。正因为民事诉讼对效率的追求，民事诉讼证明标准采用优势证据原则。

显然，在更低的证明标准下所确认的事实，不能直接作为认定刑事案件的事实。民事诉讼中的证据不符合刑事诉讼证据的要求。

所以，在本案中，我们针对证据问题提出的辩护意见如下：

1. 民事判决所认定的事实，不能直接作为本案认定事实的依据。

如前所述，民事案件事实的认定不需要达到最高的证明标准，只需要达到优势证据或高度可能性的程度就可以，但是犯罪事实的证明则需要达到排除合理怀疑的程度。再审案件依据民事诉讼的证据优势原则认定的事实，不能作为本案认定事实和适用法律的依据。在再审判决后出现的新证据也可能推翻再审案件所认定的事实。故再审的判决结果不能作为本案定罪的依据。

2. 民事案件中的电子证据，需符合刑事诉讼法规定的取证程序，才具有证据能力，方可作为本案认定事实的根据。

本案的微信聊天记录都是由当事人在民事案件中主动提供。当事人删除一些不利于己方的内容的可能性不能被排除。微信聊天记录均产生于发

生民事纠纷以后，真实性存疑。

最高人民法院、最高人民检察院、公安部《关于办理刑事案件收集提取和审查判断电子数据若干问题的规定》第八条规定："收集、提取电子数据，能够扣押电子数据原始存储介质的，应当扣押、封存原始存储介质，并制作笔录，记录原始存储介质的封存状态。"本案储存微信聊天记录的手机没有被扣押、封存，电子证据的取证程序完全不符合前述规定。

（二）如何审查判断证言的真实性

证言作为言词证据，优点在于能够形象、生动地反映客观事物，及时揭示案件发生的原因、过程、后果和作案手段。但由于证言是经过人脑加工的，受感受力、记忆力、判断力及表达能力等因素的制约，因此其稳定性、可靠性较差。审查判断证言的真实性往往是证据辩护的核心内容。

对证人证言的审查判断主要是进行证据的双向对比，即横向对比和纵向对比。所谓横向对比，就是单独分析每个证据的来源、内容和形式，判断其是否真实可靠，前后有无矛盾。所谓纵向对比，就是对比不同证人之间的证言是否有矛盾、证人证言与其他证据之间是否有矛盾，是对案件中证明同一案件事实的两个或多个证据的比较和对照，看其内容和反映的情况是否一致，能否合理地共同证明某待证事实。

在司法实践中，审查判断证人证言的真实性需注意以下几点：一是证人当庭证言与证人庭前证言笔录是否发生矛盾；二是同一证人不同时间所做的证言是否前后矛盾；三是不同的证人之间的证言是否相互矛盾。

本案中，证言主要存在以下问题：

第一，证人萧某与黎某存在经济纠纷，有撒谎的动机。萧某的多份笔录中关于黎某是否到S市现场验货收货、木材的品质、木材到某市场由谁签收、2014年9月28日谁办理入室内仓手续等的证言，存在多个自相矛盾、与他人证言相互矛盾的版本。

第二，证人钟某有可能为逃避被追究保管不力的责任而撒谎，也有可能为了掩盖其私自处分部分涉案木材或逃避被追究刑责而撒谎。虽然钟某对39吨木材入仓及出售34吨木材的情况最为清楚，但他有明显的撒谎动机，其多份笔录中关于黎某2014年2月收货、交付磅单、口头约定租用仓库及租金、2014年9月谁办理入室内仓手续、刘某的身份等的证言，存在多个自相矛盾、与他人证言相互矛盾的版本。

如何把握无罪案件的证明标准

第三，被害人张某的多份笔录存在自相矛盾之处。张某在几份笔录中陈述黎某 2014 年 2 月 21 日曾到 S 市木材市场验货、收货，在有的笔录中又陈述黎某没有到现场，是通过电话沟通的。张某所述交付木材的重量也有多个版本，有 50 多吨、70 多吨、65 吨左右。由此可见，其证言真实性明显存疑。

（三）如何把握无罪案件的证明标准

无罪案件的证明标准，有其一般性，也有其特殊性。

所谓一般性，就是无罪案件也要符合"犯罪事实清楚、证据确实充分"的证明标准。所谓特殊性，就是无罪案件的证明标准与有罪案件有所不同。刑事案件的证明责任一般由公诉机关承担，被告人无须自证无罪，因此，只要被告人无罪的可能性存在，就表明关于有罪的证明至少未达到排除合理怀疑的要求，即法院应考虑认定被告人无罪。

本案也存在不能排除合理怀疑的情况。

我们通过对证据的比对和分析，向法官阐述了本案不能排除以下三种合理怀疑。

第一，2014 年 9 月 28 日入库的 39 吨花梨木并非 2014 年 2 月萧某带回的 2 车木材。

第二，2018 年 12 月 22 日从交易市场出库的 34 吨木材并非属于 2014 年 9 月 28 日入库某市场的 39 吨木材。

第三，2018 年 12 月 22 日存放在大堆场被出售的 34 吨木材不是张某卖给黎某的花梨木。

● 办案总结 ●

一个无罪判决一定是由众多因素所促成的，律师的辩护仅仅是其中一个因素而已。在现有的司法体制下，法官的担当是更重要的因素。作为辩护人，我们经常在想，刑事辩护的过程重要，还是结果重要？虽然当事人要的往往都是结果，但是只有做好了过程中的每一项工作，才能收获好的辩护结果。

我一直觉得，律师真正应该追求的并不是无罪辩护，而是有效辩护，即穷尽所有的合法方式，最大限度维护当事人的合法权益。所以，从这个角度来讲，过程比结果更重要。

既然如此，对于本案办理过程中一点点不成熟的经验，我们就需要总结一下，以期对同行办案有所助益。

1. 抽丝剥茧，梳理案件的主要事实。

如前所述，本案的事实十分复杂，时间跨度也很长，证人证言之间的矛盾也非常多。接手这个案件的时候，我们也觉得是一团乱麻。但不管事实怎样复杂，既然是诈骗行为，那就离不开一条主线，即行为人实施诈骗行为—被害人产生错误认识—被害人基于错误认识处分财产—行为人或第三者取得财产—被害人遭受财产损失。

也就是说，我们通过抽丝剥茧，首先梳理出构成要件事实，在此基础上，再进一步梳理案件的主要事实。

本案的关键在于，现有证据是否可以证实2018年12月钟某与梁某低价卖给刘某的34吨木材，就是2014年9月钟某入仓的木材，也是2014年2月张某委托萧某从S市运到某市场的木材。

一审判决认为：本案在案证据不能证实2018年12月22日钟某与梁某处理卖给刘某的34吨木材、钟某于2014年9月28日入仓的39吨花梨木材、2014年2月张某雇请司机委托萧某运至某市场的木材具有同一性。公诉机关指控黎某犯诈骗罪、妨害作证罪的证据主要有萧某、钟某二人出具的《情况说明》以及张某的陈述等主观性证据，并无相应的客观性证据或技术性证据予以印证，且缺乏相应物证（木材），缺乏关于2014年2月木材运抵某市场的相关交接书证，缺乏证人李某、刘某等人的证言。

在案的民事诉讼卷宗材料（包括当事人提交的视听资料、电子数据等证据）未经侦查机关依法调取核实，又未能与其他证据相互印证，故公诉机关据此指控黎某的犯罪事实显属不当。

2. 用好工具，将复杂事实条理化，将证据间矛盾可视化。

人类获取信息主要是通过眼睛。对眼睛来说，它更容易理解的是图形而不是文字。法律工作的本质是信息的传递和处理。正是基于人类思维的天然倾向性，在信息处理和传递过程中更多地使用图表或思维导图，能够帮助我们提高信息处理效率，减少信息传递异化。这一规律在法律业务领域格外重要。尤其是对于事实复杂的案件，可视化呈现的效果会更好。

在本案中，为了将复杂的案件事实清晰地展现在法官面前，我们制作了时间轴和思维导图。

通过时间轴，我们将关键时间节点全部梳理出来，将一系列程序的脉络整理清晰，以可视化的方式展现给法官。

同时，为了更好地让法庭注意到关键证人萧某、钟某及张某的证言真实性存在问题，证人证言明显存在前后矛盾、自相矛盾的情况，我们将与证明关键事实相关的几十份证人证言结合书证，以思维导图的方式整理出来，并提交法庭。这个思维导图可以清晰地表达证据之间相互矛盾之处。

3. 悉心沟通，争取尽早与承办人就案件争议焦点达成一致。

这一点谈不上是经验的分享，只能说是办案的一点感悟。

为什么说要争取尽早与承办人就案件争议焦点达成一致？因为刑事诉讼程序一旦启动，自身具有强大的惯性，而且越到后期惯性越大。在目前的司法体制框架之下，案件越是到后期，辩护人的意见被采纳的可能性越小，与办案人员达成一致意见的可能性也就越小。

所以，律师圈里一直有一个争议：在庭审前律师到底要不要将全部的辩护意见展现给检察官。我认为，除非是极个别的特殊情况，否则律师没有必要藏掖。特别是不能为了盲目地追求无罪判决而放弃不起诉的机会，毕竟，不起诉案件也是广义的无罪案件。

可以说，越早与承办人就案件争议焦点达成一致，越有利于维护当事人的合法权益，这也符合律师的执业原则。

4. 用好法律赋予的每一项辩护权利。

我对门金玲老师曾经在一次线上讲座上讲过的一番话特别有感触。门老师大致的意思是，律师办案并不是不能利用媒体，媒体的介入的确可以减少社会上不正当的因素对于司法的侵扰，但是律师一定要尽量站在道德制高点上。也就是说，律师只有在穷尽了其他一切法律上的方法还不能说服办案人员的情况下，才可以考虑利用媒体，否则虽然在个案上取得了成功，消耗的却是整个律师行业的资源。

在这个案件中，我们既然未能说服检察官不起诉，就只能把辩护的重心放在审判阶段，争取说服法官。

在这个案件的一审阶段，我们首先向法院申请调查取证，申请调取李某对木材做的鉴定报告，并向李某核实5车木材到某市场的签收情况。也申请向某市场调取2014年2月21日萧某将5车木材入库某市场的过磅单，以及向刘某核实他在2018年12月22日购买的34吨木材的品种及市场价。然后，我们申请被害人张某及5名关键证人出庭作证接受质询。不过，一审法院都没有批准。

可能很多人会觉得，申请调查取证和证人出庭都很难，法院同意的概率也不大，也就没有必要申请。这种看法是失之偏颇的。

诚然，在当前的现实状况下，法官有是否同意证人出庭和调查取证的权力。我们要思考申请调查取证和证人出庭的目的是什么。法官同意调查取证和证人出庭固然好，但是即便不同意，我们的目的就没有达到吗？

其实，申请调查取证和证人出庭还有一个目的，就是影响法官的内心确信程度。尤其是对于一些复杂、争议极大的经济犯罪案件，在诸如"非法占有目的"这样的主观事实的认定上，法官的内心确信程度可以起到决定性的作用。换句话说，即便法官不同意我们的证人出庭或调查取证申请，但提交申请本身也可能使法官加重对案件的合理怀疑，从而作出有利于被告人的认定。

庭前，我们又对被告人进行详细的庭前辅导，并完成了发问提纲、质证提纲和辩护词。

在庭审中，我们向法院提交了钟某与案外人欧某因花梨木存放纠纷产生的三份《民事判决书》和一份《执行裁定书》，以证明某市场内钟某的仓库中有其他批次的花梨木。因为木材是种类物，我们不能排除钟某在2014年9月28日办理入仓的39吨花梨木及2018年12月处置的34吨花梨木并非张某与黎某交易的那批花梨木的可能性。

庭后，结合庭审的情况及当庭发表的辩护意见，我们提交了《质证意见》和《辩护意见》的最终稿，指出起诉书指控的事实不清、证据不足，不能排除合理怀疑，无法认定被告人构成诈骗罪、妨害作证罪。

承办律师

彭磊律师，广东保信律师事务所合伙人、刑事部主任。专注于复杂经济犯罪的辩护，始终坚持专业、理性、客观、精细的辩护理念。

陈绵律师，广东保信律师事务所执业律师。专注于办理复杂经济犯罪案件、民刑交叉案件及涉税争议案件，擅长分析司法会计鉴定意见等财务证据。

女大学生深陷网络诈骗案

——诈骗案撤案始末

● 女大学生陷入骗局 ●

2019年9月16日,尹某某在自己的微信朋友圈看到一名网友发了一条兼职信息。作为一名在校大学生的尹某某正好想通过课余时间赚一些零花钱,便抱着试一试的态度给这名网友发信息询问兼职的具体情况。沟通后,该网友把尹某某推荐给了他的上级客服"莉莉"(微信号)。这名上级客服给尹某某介绍了平台的大概情况。在"莉莉"的游说下,尹某某交了599元的保证金(入职费),然后被拉入一些培训群、推广群。其工作主要是在朋友圈中发布上级客服发布的二维码图片。

尹某某通过和"莉莉"沟通得知,升为客服后有6 000元的底薪,前提是必须拉满15人次,成功推荐599元的"皇主"有300元提成,成功推荐399元的"至尊"有200元提成。为了能够拿到6 000元的底薪,尹某某应上级客服的要求,找了10多个自己的朋友,帮自己充人数,之后也发布过一些相关的朋友圈信息,但是并没有拉到会员。

● 倒贴兼职反被起诉 ●

尹某某拉的15人次中,一部分是单纯地借用别人的微信号,入职的会员费为尹某某垫付的,一部分是他人自己交的会员费,后尹某某立马将会员的提成费用退给了他们,但1人的费用未退。令尹某某惊讶的是,在她拉满15人次后,她并没有收到上级客服所说的6 000元底薪,也就是说,从2019年9月入职以来到2020年2月所有兼职的群解散,在拉满15人次后,尹某某没有拉过任何人,也没有收到过任何工资。

2020年2月，本案被国家反诈中心平台反馈到S市某区公安分局。尹某某4月被公安局采取强制措施。起诉意见书指控，2019年9月以来，尹某某以发送虚假刷单宣传的方式在网上招募会员，骗取15笔刷单保证金人民币8 000余元。

● 律师发现案件关键 ●

本案律师在接到尹某某的委托后第一时间与尹某某进行了多次沟通。充分了解案情后发现，尹某某拉的12人的15笔转款中，有7笔系尹某某自己垫付，7笔系尹某某将平台给的提成退还被害人，1人保证金未退，但垫付及退款的转账记录侦查机关并没有收集。通过了解案情，律师首先确定的辩护方向是尹某某在主观上并没有非法占有的目的。12人中有自己的近亲属并且是多次转账。拉满15人次只是为了升级成客服拿基本工资，之后尹某某并没有再拉到会员。7笔垫付和7笔退还的情形涉及的金额应当被扣除。扣除后案件达不到指控犯罪的标准。本案情节显著轻微，危害不大。本案的12人中，有尹某某自己的亲姐姐以及表弟等非常熟的人。根据诈骗罪的相关司法解释，诈骗近亲属得到谅解的，一般不以犯罪论处，并且在2020年2月疫情防控期间尹某某并没有发布任何信息。辩护人将上述核心的辩护意见以及调取的相应转款记录一并交给了侦查机关，并且与办案警官多次沟通。办案警官认为垫付的7笔费用可以扣除，但其他情形仍属于诈骗范畴。2020年8月中旬，办案警官并未采纳本辩护人的撤案辩护意见，将案件移送检察院审查起诉。

● 是否认罪认罚的博弈 ●

案件被移送检察院审查起诉后辩护人第一时间阅卷。总体的案件事实和当事人在侦查阶段说的大体一致。但尹某某的供述对其非常不利，其基本上承认了诈骗的犯罪事实和金额。通过分析尹某某的陈述，结合收集的垫付款和退款的证据，辩护人认为案件情形总体上对尹某某仍然有利，可惜的是侦查阶段提交的证据公安机关并没有附卷。

律师重新梳理了辩护思路，在侦查阶段的基础上，重点针对侦查机关的起诉意见,将未附卷的证据继续提交。此时,办案检察官开始与尹某某沟通认罪认罚,并且将不认罪认罚的不利后果告知了尹某某,同时说明如果尹某某不认罪认罚,则不排除有收监可能,因为该案属电信网络诈骗,而全国在严惩这类犯罪。尹某某无所适从。一旦尹某某签署认罪认罚具结书,就会给该案无罪辩护增加不少难度。

在梳理清楚案件事实以后,律师团队一致认为可以尝试辩护,恳请检察机关在查明案件事实的基础上不起诉或者要求公安机关撤案。对于当事人尹某某来说,不起诉或者撤案才可以最大限度地维护其自身利益。在与律师充分沟通后,尹某某没有签署认罪认罚具结书。律师团队向检察机关提出了尹某某诈骗案不起诉或撤案意见。

一、起诉意见书指控的部分事实不清、证据不足

(一)指控以非法占有为目的,事实不清、证据不足

尹某某拉的人中,大部分都不是看到尹某某发布的刷单信息而转账的,而是尹某某私下主动找他们帮忙,且事先有约定事后返还以及自己垫付的情形,嫌疑人供述、被害人证言和相关转账记录也可以相互印证。既然是垫付和事先约定返还,就说明尹某某在主观上只是想借用微信号凑人数,并不是想骗被害人的钱。另外,侦查机关遗漏了尹某某自己垫付以及返还的部分转账记录等无罪或罪轻的证据。

(二)通过拉拢部分会员变成客服后,又不断在网上发布虚假刷单信息招募会员,骗取刷单保证金,此指控不实

实习客服成为正式客服的条件是拉满"15人次"。尹某某按照平台要求拉满"15人次"后再也没有拉人和支付保证金。尹某某通过自己的近亲属、好友等提供的微信号,通过自己垫付和事先约定返还保证金的方式完成平台的升级任务,成为正式客服后再也没有拉人。从刘某某、严某某、韩某某等11人的证言可知,尹某某的"15人次"保证金都是在其升级为正式客服之前支付的,升级为正式客服后,尹某某并没有再拉人支付保证金。

(三)指控的被害人刘某某等人缴纳刷单保证金8 000余元与事实不符

尹某某1(姐姐)、单某某、张某某(表弟)、张某某、刘某某、高某某、詹某某等人在侦查阶段的证言与书证(相应的转账记录)均能表明,

15笔保证金中，11笔系尹某某自己垫付，另4笔明确约定事后返还。从被害人、犯罪嫌疑人的笔录及平台转账记录可以得出，当时系做活动期间，会员价为529元和399元，而不是起诉意见书中指控的全部为599元，总共8 000余元。起诉意见书指控的犯罪金额明显错误。

二、尹某某没有以非法占有为目的，没有诈骗的故意，其行为不构成诈骗罪

从嫌疑人的询问笔录、被害人的询问笔录以及对应的转款记录可以得出，12人转款中，8人涉及垫付，共11笔，4人的4笔系事先约定返还之情形，垫付及事先约定退还均不具有欺骗性。

且事先约定返还说明被害人知情并同意，并没有陷入错误认识，也就没有所谓被骗，这也说明尹某某在主观上没有非法占有的目的，没有诈骗的故意，至少对承诺返还的部分不具有诈骗的故意，因此此部分金额应当从起诉意见书中所指控的犯罪金额中扣除。

从尹某某供述和被害人证言中可以看出，"15人次"的转账中近一半都是尹某某自己垫付的，另外的部分也属于事先约定事后返还的情形。综合整个过程来看，不管是垫付还是约定事后返还，均反映出尹某某真实的意图并不是诈骗钱财。

三、尹某某垫付或事先约定返还的行为，不具有欺骗性。发布虚假刷单信息的行为与本案12名被害人交付保证金之间不具有因果关系，即尹某某拉"15人次"会员不是通过发布刷单信息，而是自己找人凑的人数，不符合诈骗罪的构成要件

诈骗罪的构成要件系虚构事实、隐瞒真相使他人陷入错误认识而自愿处分财产，遭受财产损失。在本案中，尹某某的垫付行为不具有欺骗性，因为自己不可能成为诈骗自己的对象，因此不属于诈骗。事先约定返还，实际上事后也完成返还，说明尹某某事先得到了被害人的同意，并且也履行了返还，被害人并没有陷入错误认识。被害人询问笔录中，8人都明确表示尹某某是找他们凑人数。这不仅有证言，也有相应的转账记录印证。退一步说，即使发布的刷单信息具有欺骗性，发布信息的行为也与拉的12人不具有因果关系。他们都是尹某某私下找的人，帮忙凑人数的，被害人事先知情，没有陷入错误认识，因此尹某某的行为不符合诈骗罪的构成要件。

四、犯罪数额尚达不到诈骗罪追诉标准，不构成犯罪

从本案的垫付和约定返还的情况来看，尹某某显然不具有非法占有的目的，因此涉及本案的所有金额都不应当计算在诈骗的数额中。

从被害人损失角度看，垫付和事先约定返还的部分不应计入诈骗数额，被害人损失并没有达到3 000元。涉及垫付的11笔保证金（6笔529元，5笔399元，共计5 169元）不应计入诈骗数额，因为尹某某不可能成为自己诈骗的对象。4人的4笔保证金系事先约定返还部分（4人529元，共计2 116元），同样不能计入诈骗数额，其中尹某平1人的保证金，尹某某只是忘记返还了。退一步讲，即便认为4人的4笔保证金具有欺骗性，认定数额也应当将返还的部分扣除（保证金2 116元-返还690元=1 426元），因为被害人并没有被骗。扣除后的金额显然达不到电信网络诈骗犯罪的追诉标准。

从行为人获取利益角度看，尹某某拉"15人次"只是为了凑人数，并且其中8人11笔转款涉及垫付（8笔全部垫付：2次400元，1次529元，5次399元。3笔部分垫付：1次300元，1次330元，1次380元），垫付共计4 334元，剩余4人的4笔系事先约定事后返还之情形（1人115元，2人230元，1人230元忘记返还），返还共计575元，以上垫付和返还情况有相关微信转账记录印证。

不管是从被害人损失还是从行为人获利角度来看，诈骗数额都低于3 000元，没有达到电信网络诈骗罪的立案标准，不符合诈骗罪的构成要件。

五、尹某某也是被害人之一。同一案件事实中，同一行为人不可能既是加害人也是被害人

尹某某是偶然间看到朋友圈里别人发布的兼职信息后被拉入群，交了保证金，后应上级客服的要求完成拉满"15人次"任务。从整个入职的过程及工作的内容来看，尹某某作为本案的嫌疑人的同时，也是受骗者之一。在此情境下，我们不能期待嫌疑人具有诈骗的主观目的，并且同一案件事实中，被害人不可能同时成为加害人。

通过再次的深入沟通，检察官逐渐采纳了辩护人的观点，但仍然只是将退还的金额扣除，对辩护人提出的尹某某没有非法占有目的的观点存在疑虑。最终检察院还是通知侦查机关撤销了该案。

本案中，尹某某涉案时 20 来岁，涉世未深，也是偶然间看到别人朋友圈发布的兼职信息，并且交纳了入职费，也是被害人之一。一旦被打上犯罪的标签，其接下来的人生发展必然会受到影响。本案的撤销结果对于尹某某来说具有重大意义。

承办律师

行江律师，隆安（合肥）律师事务所律师，安徽大学法学院副教授、硕士生导师，安徽省青年法律工作者协会会长、省检察院咨询专家、省律协刑事专业委员会委员，合肥市十佳律师。

董杰律师，北京中银（合肥）律师事务所专职律师，业务领域为刑事辩护、企业合规业务、争议解决等。

小案，大民生
——一起故意毁坏财物罪的无罪辩护手记

● 前 言 ●

随着当事人陆某某收到法院准许检察院撤回起诉的裁定书，历时一年有余的陆某某故意毁坏财物罪一案，终于以陆某某无罪告终。撤回起诉是典型的中国式无罪裁定。2个月后，陆某某又再次收到了检察院作出的《不起诉决定书》，意味着本案正式落下了帷幕。

回想本案辩护过程中的点点滴滴，陆某某的两位辩护人徐美美、林广军律师感慨万千。事实上，陆某某在遇见两位律师之前，完全不可能预见到本案能以无罪方式告终。要知道律师接受委托之时，陆某某已经正式跟检察院签署了认罪认罚具结书，控方的量刑建议为有期徒刑4个月。在司法实践中，类似本案的罪名及类似量刑建议几乎无法再起什么波澜，如无意外，案件将很快走完诉讼程序，然后当事人将被送往监狱服刑。正是两位负责任的律师的介入，使案件的结果走向了另一条截然相反的轨道。

律师负责任的态度从徐美美律师第一次与陆某某交流之时就体现了出来。交流中，徐美美律师发现陆某某对认罪认罚从宽制度完全没有认知，对于自己签署的具结书的法律后果一无所知。

两位律师继续深入了解案情后，发现陆某某对待认罪认罚的态度可能是本案最小的错误，案件最大的错误是本案指控的证据存在重大问题，案件事实也并非控方指控的那样。律师通过走访调查了解到的事实显示陆某某的行为可能根本不构成任何罪名……

● 业主维权是本案最大的背景 ●

正式接受委托后，两位律师迅速在第一时间开展了工作。两位律师在初步审查案件材料之后，发现从形式上而言，控方指控的证据还是比较充分的。指控的证据种类中不仅包括了证人证言、被害人陈述及陆某某的供述与辩解等言词证据，还包括了物证、书证的相关照片及当地发改委价格认定中心出具的对涉案物品价格认定的《价格认定结论书》等非言词证据。乍一看，控方的证据体系似乎表明对陆某某的指控已经板上钉钉。《价格认定结论书》中得出的结论也显示本案涉案财物的价格达到了故意毁坏财物罪的立案标准。

然而，两位律师走访调查后发现，本案事实并非陆某某一个人实施了故意毁坏财物行为，参与者包括了陆某某所在小区的大部分业主。根据陆某某提供的小区业主案发当晚进行维权的视频，当晚参与维权的小区业主有几百名，在场的业主几乎都参与了控方指控的所谓"故意毁坏财物"的行为。两位律师进一步接触小区业主了解到，小区业主之所以会在案发当晚与物业服务公司产生冲突，完全是因为小区物业服务公司日常恶劣的服务行为。根据小区业主提供的多年来的维权资料，该小区业主一直深受物业服务公司的欺压、迫害。小区业主提供的资料中甚至还包括了物业服务公司安保人员多次殴打小区业主的视频。业主被殴打的场面惨不忍睹。多年来小区业主敢怒不敢言。

案发前几天，物业服务公司又在没有征求并获得小区业主同意的情况下想收取摩托车停车费，对不交费的业主采取不准进入小区的措施。这一次，几百名小区业主终于忍无可忍，于案发当晚自发到小区大门口向物业服务公司讨要说法。因业主日常对物业服务公司的负性情绪积累太久，案发当晚，现场业主群情激愤。激动之下，几十名业主在维权过程中折断了小区大门口的道闸栏杆，并将道闸栏杆的控制系统箱推倒在地，但行为也仅限如此，除此之外他们未出现其他任何过激行为。

案发第二天，可能是因为涉及群体性事件，警方并未将当晚事件作为刑事案件处理，而是将之作为行政（治安）案件进行调查。但不知为何，案发十几天后，侦查机关又突然将当晚的事件作为刑事案件立案。奇怪的是，仅有陆某某一人被刑事指控，选择性执法极为明显。事后，两位律师了解到陆某某被刑事指控的同时，物业服务公司也对案发当晚在场的多名其他业主提起了民事诉讼。

两位律师认为这是一起有目的的刑事指控，背后的意图非常明显，想通过刑事指控与民事诉讼达到让小区业主不敢再进行维权的目的。如果这个推断成立，那就意味着若陆某某最后被成功定罪，当晚一起参与维权的其他业主则有可能陷入困境，存在随时被刑事指控的风险。即使警方不再提起针对其他业主的刑事指控，其他业主也会产生寒蝉效应而不敢继续维权，而最后的结果就是小区业主继续遭受物业服务公司的欺压。因此，陆某某案件有了社会学上的意义，其结果对其他业主有着重大影响，可谓牵一发而动全身。

● 无罪辩护的条件已经具备 ●

律师并未止步于案件背景调查，还专门就涉案财物的相关价格进行了市场调查。鉴于案发当地并没有类似涉案物品的厂家或商家，两位律师选择了隔壁城市 G 市进行市场调查。正是此趟 G 市之行，让律师坚定了做无罪辩护的决心。在 G 市，两位律师走访了解到的价格与价格认定中心得出的价格之间竟相差近十倍。要知道，故意毁坏财物罪的立案标准是 5 000 元。如果律师调查的结论属实，那么本案涉案物品的价格远未达到立案标准，即使陆某某的行为不存在争议，陆某某被指控的行为也因为达不到立案标准而属无罪情形。为了印证 G 市市场调查的真实性，林广军律师还专门到涉案物品在 S 市的生产厂家进行实地调研。实地调研的结论完全印证了 G 市市场调查结论的真实性。至此，天平开始往无罪辩护这边倾斜。做完市场调查之后，两位律师确定做无罪辩护的条件已经具备。

确定无罪辩护的方向之后，两位律师立即建议陆某某改变原来认罪认罚的态度，并对陆某某详细地说明了改变认罪认罚态度可能带来的风险与后果，即一旦无罪辩护失败，陆某某被判处的刑期就可能会比量刑建议多几个月。听完律师的说明，陆某某的一番话让人感动不已，也给了两位律师继续往前走的巨大勇气："我相信你们，大不了多关几个月。4 个月和 7 个月没多大区别。"当事人的信任是无罪辩护最大的动力。正如徐美美律师随后在微信朋友圈所言："难走的路，不寻常的路。不知道可以走到哪一步。背后高度的信任使我愿意竭尽所能勇敢地往前走，往外走！"

● 小案中罕见的两次庭前会议 ●

仅就涉案价格而言，本案属于典型的小案，检察院提出的量刑建议也仅有4个月。类似案件在审判实践中极少有庭前会议，更别说有两次。两次庭前会议，一次是律师申请召开的，一次是法院依职权召开的。律师申请召开庭前会议，主要事项有以下几点：申请排除非法证据；申请证人出庭作证；申请价格认定中心的工作人员出庭，就价格认定结论中存在的问题进行说明；等等。申请是表面上的，申请背后的目的是想提前了解一下庭审对手及法官的断案风格，为正式庭审做好心理铺垫。法院依职权召开庭前会议跟第一次庭前会议有关，解决的是第一次庭前会议未解决的问题。

在第一次庭前会议中，两位律师提出的申请主要有：（1）申请案发当晚参与维权的同小区的多名业主出庭作证；（2）申请组成七人合议庭，因为本案在当地关注度极高，对当地而言属于社会影响重大的案件，符合组成七人合议庭的条件；（3）申请价格认定中心人员出庭作证，就价格认定结论中存在的问题接受质询；（4）申请对涉案物品进行重新认定，理由是价格认定的结论不客观；（4）申请在庭审过程中展示物证，理由是证据材料中的物证照片不能反映物证的全貌。

在第二次庭前会议中，除了补充一些申请外，律师还提交了亲自调取的关于涉案财物价格方面的证据，同时还就实体问题发表了相关的提纲性意见，建议检察院撤回起诉。建议当然不可能获得法庭及检察官的支持，但这是律师表达辩护意见的一种方式。虽然庭前会议中提出的申请大部分都被否定了，但两次庭前会议的效果很显著，达到了辩护律师提出申请的目的。

● 控方的问题就是辩方的机会 ●

控方指控的证据材料中有一个显著的特点，就是指控的证据材料极少。全案证据材料的页数，包括诉讼文书在内仅有90多页，但在这么少的证据材料中，几乎每一份证据材料都存在问题。比如：本案的证人证言都与被害人有利害关系却没有其他证据印证，真实性明显存疑；物品的实际损失

与《价格认定结论书》中的认定结论不一致；等等。

坦率地说，每一位律师都喜欢有严重问题的证据材料，因为对于律师而言，控方每一份有问题的证据都是律师展现能力的机会。两位律师当然不会放过这样的机会。为了打好这场仗，两位律师在开庭之前进行了精心的准备，审查了每一份证据的薄弱之处，并撰写好相关的法律意见，包括发问、质证、辩论等法律意见，除此之外，还搜集了很多证据材料来印证辩护观点。

● 当地从未有过如此被人关注的案件 ●

根据中国庭审公开网当天的数据，仅在庭审当天观看本案庭审直播的人数就超过10万人，后累计播放次数达50多万次（当时中国庭审公开网支持回放）。这个数据不要说在当地极为罕见，即使放到中国的任何一个其他城市，也都少见。

本案之所以会引起当地群众这么关注，是因为其社会影响太大了，尤其是对居住在小区内的业主，其重要性怎么形容都不为过。稍微分析就能理解其中的意义：首先，因为本案是业主维权引起的案件，因此一旦陆某某被判处有期徒刑，就会在陆某某所在小区产生重大影响，主要会对该小区的业主产生一种寒蝉效应，往后业主将再也不敢进行正当维权了，物业服务公司也将会更加肆无忌惮；其次，毫无疑问，这起案件最终的处理决定也会对当地任何一个其他小区的业主产生指引作用。

庭审竟持续了一整天。在庭审过程中，控辩双方在每一个存疑的地方都进行了激烈的交锋，庭审过程用火花四溅来形容也不为过。事实上，控辩双方的交锋从法庭调查的发问环节就开始打响，质证环节也充满了火药味，法庭辩论环节则达到了交锋的高潮。律师几乎做到了寸土必争。从陆某某认罪认罚的自愿性，到案件的程序性问题，再到案件的实体性问题，辩护脉络层层递进，一步步将控方的证据体系打翻在地。

总的来说，两位辩护律师的辩护思路主要遵循以下几点：第一，否定《价格认定结论书》的有效性，这是此次无罪辩护中最大的抓手；第二，从证人证言的合法性与真实性着手，否定所有证人证言的有效性。检察院最后撤回起诉，在很大程度上与这两点辩护意见有关。

《价格认定结论书》的问题。对《价格认定结论书》进行质证是本案辩护的关键。除了向法庭提交庭前亲自调取的证据之外，在庭审过程中两位律师还通过视频方式，向法庭完整展示了本案被破坏的道闸栏杆是如何被破坏的及哪些物品被破坏了。在论证过程中，两位律师通过翔实的数据对《价格认定结论书》中存在的问题一项项地进行驳斥，将《价格认定结论书》中存在的问题彻底地揭露出来。

证人证言的合法性问题。案件发生之后警方并未将此事作为刑事案件处理，而是将之作为行政（治安）案件处理。但不知何故，十几天后，警方突然提出刑事指控。突然改变案件的性质，在法律上不存在障碍，但行政案件如转为刑事案件，相关言词证据必须经过重新收集才能作为刑事案件的证据使用。但本案警方显然未意识到这一点，在审查起诉阶段，检察院也未意识到这个问题。如此重大的漏洞，两位律师在庭审过程中当然不会放过。

证人证言的真实性问题。几乎所有的证人都是物业服务公司的工作人员或与其有利害关系的人，即证人证言都与本案被害人有着重大的利害关系。依据有关法律规定，此类证据有其他证据印证，才具备一定的证明力，否则证明力极低。

最后的结果证明，两位律师的辩护策略是成功的！

● 办案心得与启发 ●

坦率地说，这起案件的辩护能取得成功，主要是因为控方指控体系太弱。控方指控的证据根本不可能达到"事实清楚，证据确实、充分"的证明标准。其实，控方作出撤回起诉的决定，完全是因为无可奈何。被律师质疑的最重要的两类证据完全无法通过补正或者作出合理解释进行补救。

本案虽是一起小案，却是一起颇具挑战性及启发性的案件。挑战性主要体现在，律师敢于在当事人已经签署认罪认罚具结书的情况下进行无罪辩护。除此之外，本案的辩护策略对律师办理认罪认罚案件也具有一定启发作用，比如：认罪认罚案件到底有没有辩护的空间；律师在办理认罪认罚案件中应以什么心态对待；律师在发现案件存在疑点时，应不应该跟司法人员提出来以及什么时候提出来会更合适；等等。

● 专家对本案的评价 ●

庭立方专家顾问评语：这是一起极具风险和挑战的案例。林广军、徐美美律师介入案件时，因故意毁坏财物罪被采取刑事强制措施的当事人在之前的审查起诉阶段已经签署了认罪认罚具结书，检察院已经提出了量刑4个月的量刑建议，且法院也已经决定适用速裁程序审理。尽管律师介入后确信当事人的行为不构成犯罪，但谁能保证……果然，在律师征得当事人同意，做无罪辩护后，法院改按普通程序审理，检察院撤回量刑建议，当庭请求法庭判处当事人三年以下有期徒刑。好在两位律师运用其精湛的专业技能和对本案走向的精准分析，通过脚踏实地的调查取证，在当事人的充分信任和配合下，终于取得了检察院撤回起诉的理想的效果！值得点赞！

承 办律师

林广军律师，广东卓建律师事务所合伙人，卓建刑事专业委员会委员，卓建合规研究院刑事合规中心副主任，第十一届深圳律协商事犯罪辩护法律专业委员会委员。执业以来，专注于刑事辩护领域。

徐美美律师，北京市盈科（南宁）律师事务所律师，玉林市律协刑事专业委员会副主任。

司股权争夺引发的刑事案件

——挪用资金不起诉案办案手记

在司法实践中,免予刑事处罚、公安机关撤销案件、检察机关作出不起诉决定、检察院撤回起诉并作出不起诉决定等处理结果,都是具有中国特色的无罪判决,被称为"中国式无罪"。

本案诉讼程序长达四年半时间,远远超出了同级别的刑事案件处理时间。本案案情走向跌宕起伏,辩护人在原判法院对两起指控只认定一起的情况下并未满足,在二审阶段仍坚持无罪辩护,庭前向法院提交书面意见阐明案件事实和证据,指出一审判决不当之处,促使二审法院开庭审理,将案件发回重审。辩护人不懈努力,终于使被告人被判无罪。本案有幸被评为"中律评杯"2020年度十大有效辩护案例。

● 接受委托,了解案情 ●

这个案件是律所同事李东律师介绍的。他本身是一位十分优秀的律师。出于对当事人利益的考虑,他郑重将委托交给主攻刑事辩护的我。为了充实辩护的力量,他还同时邀请了罗云鹏律师与我共同辩护。

通过接待家属,了解案情和案件的背景、前因后果等边际事实后,我认为这是一件公司股东之间纠纷所引发的刑事案件。

本案源自 H 公司内部利益及股权争夺矛盾纠纷,因公司实际出资人、实际控制人冯某军涉嫌其他犯罪在逃,所以李某社代持其股份,但并不参与公司管理。李某社女婿许某利用其作为公司出纳的职务便利,私自从公司转走 220 万元。公司股东之间出现嫌隙。同时,冯某鹏与李某社、公司之间发生关于转让 60%股款纠纷。在此情况下,冯某军作为原告起诉对被告人 H 公司、第三人李某社、徐某、冯某鹏股东资格确认纠纷案。S 市 Y

区人民法院经过审理，确认冯某军为 H 公司股东，持股比例为 90%。后经上诉，在 Y 区人民法院主持下，原被告人、第三人和解，并根据法院制作的《调解书》进行对账，对账结论是 H 公司、控告人李某社给付冯某军 31 300 000 元，并明确冯某鹏给 H 公司所写的借条作废。在 Y 区人民法院，李某社对上诉人予以谅解，并出具了撤销案件申请，不再追究上诉人的刑事责任，并撤销对上诉人的控告。但是上诉人一方根据《调解书》申请法院强制执行，并依法查封了 H 公司名下 70 多处房产，李某社则继续逼迫上诉人一方妥协，通过上访给法院施加压力，干扰司法。

冯某鹏在父亲冯某军被抓获之后，接替父亲的工作，作为公司的实际负责人。后因与冯某鹏产生矛盾，李某社以项目收入的 49 237 111 元全部由被告人掌管支配为由向 X 市公安局举报冯某鹏职务侵占、挪用公司资金 13 笔，共计 7 461 000 元。

公安机关受案后，经侦查确认了六七百万元金额，分立两个罪名，分别是职务侵占罪、挪用资金罪。检察院经过三次审查起诉，最终指控两起挪用资金的犯罪事实：（1）被告人冯某鹏在任 H 公司副经理期间，利用职务上的便利，于 2014 年 9 月 19 日、2014 年 9 月 29 日、2014 年 10 月 6 日将公司款 10 万元、5 万元、10 万元借给李某录个人使用，案发前仍未归还公司。（2）2015 年 2 月 17 日，被告人冯某鹏将出纳许某于 2015 年 1 月 26 日转给其卡号的 9 万元转入王某琳卡中。2015 年 2 月 18 日，被告人冯某鹏将公司资金 20 万转账至王某琳卡上。2015 年 3 月 14 日，该卡内上述 29 万元连同卡内其他资金被用于购买车。

办理刑事案件，不仅要关注案件本身的事实，还必须了解与案件发生有关的背景和边际事实。这些事实虽然并非关键事实和定罪量刑事实，但毫无疑问对辩护工作大有裨益。

● 初次会见 ●

接受委托后，我和罗律师第一时间到看守所会见了冯某鹏。见到冯某鹏后，第一印象是他虽然文化程度不高，但头脑灵活，表达能力出众，不仅可以把案情讲得很清楚，对法律和司法制度的理解程度也高于常人。

一个案件，仅仅依靠律师的专业能力是不够的，还需要家属和被告人的共同配合，而被告人本人的整体素质对律师办案也是很重要的。实践证明确实如此，被告人冯某鹏在法庭上表述完整而又富有逻辑，思维敏捷而又论证有力，意志高涨而又豁达宽容，为辩护工作加了分。

冯某鹏对自己行为不构成犯罪很自信，检察院以证据不足为由不批捕则更加印证了这点。

● 法院批捕，申请取保 ●

案件被移送法院之前，被告人一直被取保候审。辩护人经分析认为起诉书指控的两起事实均不能成立，准备做无罪辩护，向法院递交手续的同时，申请对被告人取保候审。

辩护人到法院阅卷前，提前准备好了取保候审申请书，但要求被当面驳回。本案卷宗材料不少，有用的却不多，这是因为公安机关立案后，围绕控告人李某社的报案材料进行了全面侦查，收集了大量的证据。最终检察院仅仅指控了两起犯罪事实，却没有一起是控告人控告的13起中的任何一起犯罪事实。

● 确定辩护方向 ●

阅卷后，辩护人对案件进行了全面分析，确信此案的定性是错误的，冯某鹏的行为不构成挪用资金罪。案件定性的关键是，冯某鹏将公司资金借给李某录是个人行为还是公司行为，是否经过公司同意，是否履行了公司出借的审批程序。个人成立挪用资金罪是未经单位的同意而私自将本单位资金归个人使用或者借贷给他人。如果经过公司的同意，任何人都可以以公司的名义或者个人名义，将公司资金借贷给他人，因为这是公司行为，体现的是公司的意志，而非个人行为。以上判断我与法院沟通后确认是正确的，同时也是案件最大的争议焦点。事实证明，案件的进展远比我想象的艰难，各方利益的交织比我想象的更复杂，让我深深地体会到争取无罪的结果难于上青天。

一个月后，法院安排了开庭。庭审进行得很顺利，基本能够保障我们

公司股权争夺引发的刑事案件

的诉讼权利。庭后我通过裁判文书网查询,发现该法院曾办理过一个类似的挪用资金案,判了八九个月,不同的是那个案件被告人退还了赃款。按照法律规定,挪用资金数额较大,拒不返还赃款的,处3年以上、10年以下有期徒刑。

本案纯属控告方和冯某鹏之间的民事纠纷,属于民事法律调整范畴。控告人借用刑事手段解决纠纷十分不明智,因为借用刑事手段解决股东权益纠纷,贻害无穷。

庭后我多次与法官沟通。刚开始法官非常不耐烦,基本没有给我沟通的空间和机会。后来法官态度明显骤变,接电话的语气都不一样了,也肯见面沟通了。我猜测法官认识到了案件的问题。

出判前,法院也开始做被告人工作。法院一楼有律师接待室。法官拿着一张政法委致法院的函,大概意思是控告人一方向政法委上访反映情况。当时我感觉到法官有些畏难情绪。法官虽没有明显劝说被告人认罪,但明示检察院指控的第二起事实不成立,暗示第一起的25万元如果不能返还,就要按规定判刑。

法官可能看出了我的疑惑,于是带着我上楼去了办公室。法官坐在电脑前,打开一个Word文档。我定睛一看,原来是冯某鹏案的判决书。法官用鼠标从上到下滑动。看样子法官已经做好了有罪判决的准备,专门把我带到办公室给我看他制作判决书的成果无外乎是向我展示法院判决有罪的决心。法官指着电脑屏幕,对我说挪用资金数额较大、拒不退还的,处3年以上、10年以下有期徒刑。

走出办公室,法官低声对我说:"他退还25万元到公司,未来还是他自己的,也没有什么损失,马上能走出看守所。不退还就要三年起刑。"

我会见时,冯某鹏却不以为然,坚决不认罪、不退还,因为他不认为自己私自挪用了公司资金,况且双方在对账时,达成协议,所有借条作废,包括这笔25万元的借条,这意味着他已经不欠公司的了。最终冯某鹏放弃了退还25万元,立即走出看守所的条件,坚持为自己洗刷清白。

临近出判前,我在出差路上,接到刑庭庭长的电话,想要约见我们律师谈谈案子。我和罗律师如约而至,与他在办公室谈了近一个小时。刑庭庭长表示:一是法院进一步核实了案件证据情况;二是审委会有两种声音,一种是有罪,另一种是无罪;三是之前是法院批捕的,他们有点骑虎难下。

走出法院后,我和罗律师都一致认为案件大概率会朝有利的方向发展。然而不到一周时间,案件判决了,冯某鹏被判了三年有期徒刑。

● 阶段性成果:二审发回重审 ●

二审程序目的在于查明事实真相,保证司法公正。然而一直以来二审不开庭成为原则。在不开庭审理的情况下,二审法院无法听取控辩双方的观点,很难全面把握案件事实,作出公正的评价和裁判。

面对二审开庭率很低的情况,律师应当首先争取开庭,于是我向二审法院提交了开庭审理的申请书,跟法官进行了口头沟通。终于二审法院决定开庭审理,并将案卷移送市检察院审阅。在等待开庭消息时,我却接到不开庭的通知,让我尽快提交书面辩护意见。起初我不理解法院为什么不开庭了,但内心预感案件要被发回重审。我提交辩护意见时问书记员,案件会不会被发回重审。书记员微微一笑,默默不语。我问什么时候出结果,她便回答应该会很快。我看她急着要书面辩护词,觉得法院应该急着下判。果不其然,很快二审法院就以事实不清、证据不足将案件发回重审。

● 发回重审,胜券在握 ●

二审法院将案件发回重审,一般都是发回原审法院重新审理。家属认为发回原审法院重审对案件不利,改判无罪阻力很大,于是我提出指定管辖申请,认为本案由原审法院继续审理,无法保障公正的判决结果,建议指定其他人民法院审理。

案件被发回重审后,法院重新组成合议庭。这次我和河北的崔惠民教授一同为冯某鹏辩护。法院根据我们律师当庭提交的证据及其线索,将案件退回检察院补充侦查。

补充侦查完毕,我联系法官要求阅卷。法官在电话里大概说了一些补充的证据材料。阅卷当天恰巧法官外出,书记员便把我接到办公室。她从柜子里拿出一沓材料。我大致浏览了一下,没有找到法官说的那些证据。书记员专门给法官打电话,确认就是这些材料,我就全部拍了下来。纳闷之余却有意外之喜,我无意中看到了中级人民法院制作的发还提纲,一共有三点意见，且都是无罪的意见。

崔教授在取证方面做了大量工作，我也找过关键证人调查了解，决定调整辩护策略，反守为攻，提供25万元的真实用途，即用于公司的某项目。这样就需要我们主动提供新证据或者证据线索。

在追诉冯某鹏的同时，公安机关还对公司的财务总监徐某也进行了挪用资金罪的追诉。在徐某涉嫌挪用资金一案中，有一笔共60万元，徐某直接转给某项目相关账户，没有侵害公司的资金使用权，其行为也不符合挪用资金罪的客观要件。检察院对徐某已经作出了不起诉决定，同理，检察院应当撤诉或者法院应当对冯某鹏作出无罪判决。

对于我们律师提交的新证据，检察院进行了补充侦查，而补充的证据都紧紧围绕我们的证明方向，可以证明冯某鹏无罪。此时，控方证据体系发生了根本变化，补充的证据已经将案件事实完全还原，起诉书指控冯某鹏将25万元借给李某录个人使用的事实无法成立。补充的证据经法庭质证，可以证实25万元用于公司某项目之上，且借条作废。

本案被发回重审后经历了三次开庭。三次开庭下来，我预感案件会有好的结果：一是因为案件证据发生了重大变化；二是因为我多次向法院申请变更强制措施，但法官一直回复让我等等。由此可以推测，要么法院改判无罪，要么检察院撤诉。

● 突然来电，检方撤诉 ●

2019年12月20日中午，法官突然来电，让我通知冯某鹏的家属带上保证人，下午立即到法院办理取保候审。惊喜之余，我连忙问法官是不是案件有结果了。法官说检察院申请撤诉了。果然不出我所料，检察院以证据发生变化为由撤回起诉。

我和冯某鹏的家属来到法院。法官亲自给我们送达了准许撤回起诉裁定书。这个裁定书赋予了被告人上诉权。冯某鹏的家属问我要不要上诉，我便详细解释了一下，并告知其放弃上诉，等待检察院的不起诉决定。

根据检察院刑诉规则和司法实践，对于需要撤回起诉的案件，检察院一般有五种处理方式：一是在撤回起诉后三十日以内作出不起诉决定；二是对于需要重新调查或者侦查的，建议监察机关或者公安机关重新调查或者侦查；三是建议监察机关或者公安机关撤回处理；四是以补充侦查方式将案件退回公安机关后不了了之；五是补充新的事实和新的证据再行起诉。

本案毫无悬念，2020年1月15日，检察院对冯某鹏作出了不起诉决定。

● 重获自由 ●

本案最终能够取得如此有利的结果，值得做一个总结。《人民法院审判人员违法审判责任追究办法（试行）》第二十二条规定："有下列情形之一的，审判人员不承担责任：……（三）因出现新的证据而改变裁判的……"这个案件在被发回重审后出现了新的证据。法院积极退查，经过补充侦查获得新的证据，且这些证据均是对被告人有利的。这样既可以全面查清案件事实，又能规避改判的责任。

我一直坚信我们律师的辩护观点经得起法律和历史的检验，根据撤回起诉法定理由发起进攻型辩护，更容易达到辩护目的。

从法院办完取保候审手续出来，我就和家属直奔看守所。终于，冯某鹏走出了看守所。他一直对案件结果抱乐观态度，现在终于重获自由，喜悦之情溢于言表。冯某鹏见到我，对我表示诚挚的谢意。对于我来说，唯一的遗憾是，没有等来向往已久的无罪判决书。

承办律师

李耀辉律师，河北世纪方舟律师事务所律师。

惊魂跨省抓捕，合规化解危机

——记深圳某公司涉嫌帮助信息网络犯罪活动获无罪案

● 惊魂跨省抓捕，公司中层覆没 ●

2021年伊始，全国人民沉浸在迎接农历新年的喜悦中，一场突如其来的刑事风险正在笼罩着深圳Y公司。浙江省H市公安局接到被害人报警，其收到955开头的银行短信，点击短信链接操作后发现银行卡内钱款被刷走。经初步审查，公安发现该条短信系深圳Y公司运营的通信平台发出的。

于是，H市公安组织跨省抓捕行动，于2021年1月23日以涉嫌帮助信息网络犯罪活动罪为由，对Y公司法定代表人杨某1、主要负责人李某1（杨某1配偶）、销售部总监杨某2、运营部总监李某2、技术部周某、财务部韦某、销售部廖某7人采取刑事强制措施。

至此，Y公司陷入刑事风险泥潭，整个公司的经营管理一度陷入瘫痪状态。

● 行业动机不可马虎，主观意图关乎自由 ●

忠赢律师团第一时间介入本案辩护工作，指派5名律师奔赴浙江省H市，开展会见当事人、与办案单位沟通工作。其中周洪律师担任深圳Y公司的法定代表人、控股股东兼董事长杨某1的辩护人；陈曦尧律师担任深圳Y公司管理人、杨某1妻子李某1的辩护人。

律师经会见了解到，深圳Y公司系中华人民共和国工业和信息化部批准的集通信技术研究、产品研发、电信增值运营、移动商务服务于一体的高新技术企业。2020年11月，深圳Y公司与蚌埠Z公司签订《企业手机短信/彩信发送业务服务协议》，约定由 Y 公司为 Z 公司提供发送手机文字短信或彩信服务，Z 公司以××元/条向 Y 公司支付服务费。

签署合同前，Y 公司对 Z 公司与某银行支行签订的服务外包协议，以及某银行的授权证书照片等资质材料进行书面审查。同时，Y 公司对 Z 公司拟发送短信的内容在运营平台进行内测，点击链接能够正常跳转至银行官网界面。据此，Y 公司和 Z 公司正式签署合同，并通过平台发送相关银行短信（含网站链接）。

殊不知，Y 公司平台所发送的短信内容中的网站链接竟是 Z 公司（诈骗团伙）制作的钓鱼网站网址。该网站误导、蒙骗短信接收者导致财产损失。

了解以上案件事实后，辩护人认为，侦查机关认定 Y 公司相关人员涉嫌帮助信息网络犯罪活动罪存在问题。本案证明 Y 公司在主观明知的前提下为 Z 公司提供网络诈骗的帮助行为的证据明显不足；同时 Y 公司虽然在业务审查上存在漏洞，但在能够认识到的风险范围内尽到了审慎的审查义务。

据此，忠赢律师连夜撰写《法律意见书》，提交侦查机关。《法律意见书》要点如下：

第一，侦查机关缺乏有力证据证明涉案人员"明知而帮助"，涉案人员亦没有司法解释规定的推定明知的情形。

第二，涉案人员及相关员工已经尽到审慎的审查义务，审查流程不完善或者疏忽大意不能说明相关人员主观明知。

第三，涉案人员在得知对方有诈骗行为后，第一时间在当地派出所报案，可见其并非提前明知。

● 两人取保三人呈捕，喜忧参半继续前行 ●

忠赢律师在提交《法律意见书》后，和侦查机关保持沟通联络。因羁押期限恰逢春节假期，案件进展需要假期结束后才能得知。2021 年 2 月 22 日是本案 5 名涉案人员被拘留的第 30 天。为了争取最后的时间和侦查机关再次交换意见，忠赢律师提前结束春节假期，赶往 H 市。

忠赢律师和侦查机关办案人员多次表达辩方意见，终于，2 月 22 日上午,侦查机关对 Y 公司法定代表人杨某 1、运营部总监李某 2 作出取保候审的决定;但同时对主要负责人李某 1、销售部总监杨某 2、销售部廖某仍不予取保候审,并向检察院提请逮捕该三人。

果然,刑辩是一场持久的较量。虽然有两名当事人获得了暂时的自由,但是本案的辩护对律师来说仍是一场硬仗。

在侦查机关提请逮捕的第二天,陈曦尧等三名律师通过 12309 检察服务中心等渠道获得了检察官的信息及联系方式。第一时间约见检察官说明来意,并提交了《不予批准逮捕法律意见书》。检察官认真听取意见后表示会结合侦查材料综合判断。

2 月 26 日,陈曦尧等三名律师再次前往 H 市。成败在此一举。忠赢律师通过向 Y 公司调取业务审核制度等相关材料,增强李某 1 等三名涉案人员在主观上不存在明知的辩护意见的证明力。

3 月 1 日是本案审查的最后一天。陈曦尧等三名律师之前和检察官联系时得知上午检委会将讨论本案,于是,一早就在检察院诉讼服务中心等待审查结果。临近中午,在大家都有些泄气的时候,检察官打电话给陈曦尧律师,说道:"检察院采纳你们律师的意见,决定不予批准逮捕。"

瞬时,大家悬着的心终于放下了!

● 全案不捕皆大欢喜,变罪诈骗晴天霹雳 ●

2021 年 3 月 1 日,侦查机关为李某 1 等三名涉案人员办理了取保候审,陈曦尧等三名律师顺利接出了李某 1 等人。至此,本案取得了阶段性的胜利。

然而,案件的程序并没有完全结束。在取保候审的一年之内,侦查机关要对案件作出进一步决定。因此,忠赢律师的下一个目标就是全案不起诉。

为了更加了解企业的运行机制和管理漏洞,忠赢律师进驻企业,为 Y 公司提供梳理公司章程、修改既有制度、开展法律培训、完善审核流程等针对性服务。Y 公司对各项合规整改工作逐一落实,从管理到运营大幅提升效能。

然而,就在 Y 公司如火如荼地开展合规建设的时候,2021 年 10 月底,

Y公司7名涉案人员陆续收到被移送检察院审查起诉的通知，起诉的罪名变更为诈骗罪！如果罪名成立，当事人的法定刑期可能从三年以下变更为十年以上。

● 合规整改企业重启，全案撤案完美结局 ●

当事人们面对无厘头的轻罪变重罪、犯罪嫌疑人数的增加，十分焦虑。而忠赢律师面对局面复杂且情况不明的案件变化，第一时间展开对帮助信息网络犯罪活动罪与诈骗罪二者的研究，并对新型信息网络犯罪过往判决及典型案例进行了详尽的分析；同时对两项罪名的区别与共性、立法沿革、司法适用现状及罪名辩护疑难点进行了全面梳理，全面地对证据进行调查审查和研究判断。经过翔实的研判，认为侦查机关审查起诉变更罪名的做法，从事实、证据和法律规定上均站不住脚。

忠赢律师在之前法律文书的基础上，结合Y公司现阶段管理制度、组织体系、运营审核、合规文化等方面的合规整改成果，重新形成法律意见，再次前往检察院和承办检察官交换意见。承办检察官听取律师的意见后，表示对侦查机关的起诉罪名也存在疑问。同时，承办检察官对Y公司涉案后积极合规整改的举动感到惊喜和赞赏。经过和检察官再次有效沟通，我们对案件的走向有了更加清晰的共识。

过了一段时间，忠赢律师收到检察院最终的处理结果：将全案退回公安机关，做撤案处理！不久，本案7名当事人均收到了《终止侦查决定书》《解除取保候审决定书》。至此，本案终于画上了圆满的句号。Y公司终于可以卸下包袱，重新扬帆起航。

● 结　语 ●

忠赢律师代理本案前后经历了近一年时间。其间案件发展跌宕起伏，颇有戏剧性。本案能够获得圆满的结果，存在多种因素。首先，我们要真诚地感谢本案检察官认真听取了律师的意见，尊重事实和法律，坚定地作出不批捕和建议撤案的决定。其次，我们对Y公司经营管理者的担当精神表示赞赏。在案发后，经营管理者仍然有毅力进行合规整改、负重前行。

再次，我们要感谢努力的自己，我们秉持仁心、匠心和初心，为当事人争取了应有的权利。

同时，本案对企业的合规风险防范也是一个警示。一家本是合法正规经营的公司，因为对业务员所拉的一单业务审核不严，使自身陷入困境，进而连累公司人员。当事人若没有成功被取保候审，继续被羁押，势必会造成公司人心不稳，管理混乱，经营异常，甚至导致公司倒闭，大量员工失业，社会不稳定因素增加。所以，企业刑事合规工作的关键在于事前防控。合规经营才是企业行稳致远之根本。

承 办律师

陈曦尧律师，广东卓建律师事务所律师，卓建合规研究院刑事合规研究中心主任，第十二届广东省律协职务犯罪辩护法律专业委员会委员，第十一届深圳律协刑事合规法律专业委员会秘书长。

一、例股东纠纷引发的案件

法律的魅力就在于公平，司法的要义则是体现公平。在历经一年多的辩护后，当事人 C 某某最终得到了法律应有的回应——绝对不起诉决定。在此，笔者首先要向承办检察官及检察机关表达诚挚的敬意和谢意，正是有了他们的敬业、专业精神，才有了辩诉双方间的良性互动。本案很好地诠释了法律职业共同体的司法理念。

● 股东报案，殃及池鱼！ ●

这个案件源自公司股东间的利益纠纷。

笔者的当事人 C 某某在一家小额贷款公司担任董事长助理一职，后又兼任风控经理。该公司经省金融办批准依法经营小额贷款业务。与 C 某某同期被刑事立案的还有公司董事长 W 某某、总经理 Z 某某。笔者在侦查阶段介入本案时，C 某某、Z 某某已被取保候审。从 C 某某口中得知，本案是公司另一名股东 A 某某联合其他少数股东向公安机关提起控告引起的。控告称：董事长 W 某某利用职务便利，以公司名义向七名自然人借款千万余元，未入公司账目，直接将借款汇入 W 某某控制的其他公司使用，至今未归还。现七名债权人要求公司承担归还义务，控告 W 某某涉嫌挪用资金罪，要求公安机关立案调查。

公安机关经初步查证认为，本案除了报案人股东 A 某某所陈述的事实外，还有一节事实是 W 某某以股东身份为他人担保贷款，且贷款有被 W 某某自用的可能性。笔者就这节事实进一步询问 C 某某，发现包括本案报案人 A 某某在内的公司多位股东都有在公司担保贷款的先例且有董事会纪要许可。C 某某在本案的角色与作用仅是在兼任风控经理后做了一些正常的履职行为，如在相关借款协议上盖章、审批流程等。笔者认为，如果 W 某某的行为构成犯罪，那么公司所有涉及担保借款的股东包括 A 某某都将涉及犯罪。同时，笔者也了解到，W 某某与 A 某某存在利益纠纷，A 某某欲借刑事控告之公权力达到维护个人私权利的目的。

侦查终结，移送检察院

在侦查阶段，笔者无法看到案卷材料。但根据当事人 C 某某的陈述及现有的公司材料，笔者认为本案构罪存疑。同时，笔者在与侦查机关多次交流中，也推断出侦查机关在现有证据面前，对 C 某某的犯罪认定有所纠结。在此基础上，笔者形成了书面的法律意见书提交公安机关，大胆地提出了当事人 C 某某无罪的辩护观点。侦查机关对辩护观点没有作出正面回应，但基于办案压力仍将本案移送检察院审查起诉。

与检察院的专业、良性互动

本案被移送检察院审查起诉后，C 某某继续被取保候审。

笔者将起诉意见书中确定的两节事实摘要如下：

（1）董事长 W 某某利用职务便利，与 Z 某某、C 某某串通，采用编造贷款用途、冒用和借用他人身份信息领取银行本票的手段，以客户贷款名义从公司挪用资金，并将资金用于经营 W 某某控制的其他公司、偿还债务、借款给报案人 A 某某、支付利息等，涉及挪用资金达 1 亿余元。

（2）董事长 W 某某以公司名义对外借款数千万元，将资金直接转账至 W 某某控制的其他公司用于归还借款、支付利息、经营公司等用途。

在审查起诉阶段，当事人 C 某某向检察机关提交了一份书证《公章使用登记表》。该证据证明借款协议以及续借协议公章使用情况均有登记记录，核准人均是总经理 Z 某某，证明 C 某某在相关借款协议上盖章的行为不体现其本人意志，是 C 某某在核准人 Z 某某签字同意后的正常履职行为。

所幸的是，承办检察官非常愿意聆听笔者的辩护观点，双方就专业上的困惑进行了深入探讨。笔者分节对 C 某某的无罪理由概括如下：

1. 关于第一节事实，违规但不构成犯罪。

（1）贷款公司资金的主要用途是贷本收息，主要权能是收益权。W 某某等人虽然采取了虚假手段，但均依照规定正常还本付息。公司资金的收益没有受到损害。

（2）在卷言词证据和书证均反映出公司65%以上的股东（包括报案人A某某）都有向公司担保贷款，实际使用、还款均是股东的行为。这种做法由公司董事会集体决议。C某某仅仅是沿袭了前风控经理的操作流程。

（3）不能以W某某担保的贷款金额大小及无法及时归还后果来评价是否构成犯罪。事实上，证据材料反映出公司其他股东，尤其是报案人A某某尚有大额担保贷款未归还。如果W某某、C某某、Z某某的行为构成犯罪，其他股东包括A某某的行为也将构成犯罪。

2. 关于第二节事实，C某某没有帮助W某某挪用资金的行为。

（1）C某某仅仅作为公章保管人实施了盖章行为，是正常履职行为。《公章使用登记表》显示核准人均是Z某某。

（2）W某某的行为实际上是为了规避贷款公司不能对外融资的规定。后续委托支付的资金流向不属于C某某的职责范围，故C某某没有实施帮助行为。

3. 对于以上两节事实，C某某与W某某之间没有犯意联络，C某某作为风控经理在股东担保贷款程序中签字及作为公章保管人盖章不存在优待W某某的情形，不符合共同犯罪的主客观两个要件。

4. 即便W某某的行为构成挪用资金罪，报案人A某某也不是适格被害人。有关挪用资金罪的刑法规定所要保护的法益是公司对资金的占有、使用、收益权。

汪瀚检察长说过，很多事情不一定都要变成案子。他所倡导的"绿色司法"理念是让办案人员把有限的司法资源投入打击严重犯罪行为、维护社会稳定中，更加注重突出办案重点，努力回应人民群众强烈的平安需求。显然，本案不在打击之列。经过数次交流，承办检察官基于专业的职业素养也认为本案确实存疑。几经周折，检察院最终作出了一份绝对不起诉决定。

● 办案回顾 ●

一棵树上没有两片完全相同的树叶。每一起无罪案件都有它的特殊所在。那些经过反复挖掘事实、研究犯罪构成、发散辩护思维，形成有理有据的书面辩护意见和证据,与办案机关进行良好沟通的律师,其辩护效果大体会符合自身和当事人的心理预期。而如果在刑事辩护漫长的周期和严谨的法律适用链条中,遗漏了某个事实和法律规定、将思维局限在固有框架内,最后辩护未取得有效成果也就不难理解了。

承 办律师

周辛艺律师,浙江泽大律师事务所高级合伙人、刑事诉讼部主任,民革浙江省第十三届、第十四届委员会监督委员会委员,司法部法律援助案件质量评估专家,浙江省律协刑事专业委员会委员,杭州市律协刑事合规专业委员会副主任,浙江大学光华法学院实务导师。

功夫在诗外

——记张某涉嫌非法占用农用地罪、污染环境罪获不起诉一案

● 一城一事 ●

谈案子那天,张某的家属来了一群人,显示了对案子的重视。家属当场就确认委托我介入该案件,作为补充力量,与当地唐律师一起担任张某的辩护人。

这是一个异地的案子。

有人说外地案子辛苦,既要在路上花很多时间,又可能受到当地司法机关的刁难。可我反而觉得办外地的案子更舒适,当事人不会要求你去找所谓关系,而且既然请了你介入,就是认定你的专业能力。而借着办案的机会,到全国各地去看看,既能够了解当地的风土人情,也能够了解当地的司法环境。

一城一故事。从办理刑事案件开始,自己办理的每一起外地案子,都和一座城市有着密切的联系。想到案子就会想到城市,想到城市也会想到案子。

J市是广东省的一个小城市。广东大部分城市我都去过,但是J市我之前还没有去过。由于没有直达的飞机,我只能先到广州再坐动车前往J市。

● 初次交锋 ●

此时,当事人张某已经被逮捕,案件也已经被移送检察院了,涉嫌的罪名是污染环境罪、非法占用农用地罪两个罪名。我来之前,家属大体向我介绍了案情。

Y公司是一家主营工业废物回收处理的公司，是该地区唯一一家具有危险废物处理资质的企业。公司共有四名股东，分别是宋某、张某、曾某、陈某。2018年，中央环保督察组在对该省进行"回头看"的过程中，接到多个村民反映，称Y公司乱堆乱放危险废物，严重破坏当地生态环境。督查组遂将该情况交该省公安厅挂牌督办。公安机关以污染环境罪、非法占用农用地罪对该公司四名股东进行刑事拘留并立案侦查。张某是公司股东之一，平时主要负责公司的财务工作。

到了J市后，我先去看守所会见张某。张某是一个比较干练的女性，与之前接触的女企业家有很多相似点，说话干脆利落，同时能够清楚表达自己的诉求和观点。在这个案子上，她提出了自己的看法：第一，Y公司未犯污染环境罪，因为公司存放危险废物是当地政府要求的；第二，非法占用农用地罪方面也有问题，因为公司已经整改过了，应该不存在继续占用的问题；第三，这个案子的无罪可能性不是很大，毕竟是中央环保督察组督办的案子，而且这是第二次查了；第四，如果无法获无罪判决，那么希望律师尽量帮她争取取保。对于张某的想法，我有点吃惊，她竟然能够这么理性地看待自己的案件，而且有理有据，又非常务实。我跟她说我们一定会争取最好的结果，请她放心。

会见完张某后，我到Y公司的办公场所与公司的临时负责人李某进行沟通。因为四个股东都已经被逮捕，公司业务全面暂停，员工大部分也放假了。李某是公司的老员工，现在只剩下他帮忙打理公司的事务。我主要关心的是张某提到的公司存放废渣一事。如果这是政府的要求，那么Y公司应该有相关的文件证明。李某将这件事的来龙去脉给我讲了一下。

2015年夏，不法分子在J市某区乱弃强酸性废渣。J市环保局L分局（以下简称"L区环保局"）查处后，将相关废渣暂存于Y公司厂房，因为Y公司是本市唯一一家具有危险废物处理资质的企业。双方约定存放时间为一年，且L区环保局按照协议支付了相关费用。一年期满后，Y公司多次发函请求L区环保局将废渣运走，但L区环保局没地方存放，并未依约清运，故该批废渣一直存放到2018年。其间，Y公司的危险废物经营许可证于2016年年底到期。公安机关对这一节事实以涉嫌构成污染环境罪为由进行侦查。我让李某将相关的文件、信函等找出来给我。他说要搜集下，很多材料不一定找得到了。我说这个很重要，最好尽快搜集到。

见完李某后,我就到当地检察院去阅卷。与承办本案的 Z 检察官见面时,我提出了取保的想法。Z 检察官说不可能,本案证据比较充分,而且张某作用比较大,不符合取保的条件。因为案件材料还没看,我决定先研究后再与检察官进行沟通。阅好卷,在归还案件材料时,我跟 Z 检察官说:"我会见张某时,她跟我说在污染环境罪一案中,Y 公司多次向 L 区环保局书面致函要求某区环保局回收相应的危废物资,但是 L 区环保局没有答复,也没有转运。如果 Y 公司涉嫌污染环境罪,那么我想 L 区环保局有关人员也有责任,至少涉嫌渎职犯罪吧?" Z 检察官听了,脸色明显不太好看,只是简单地说,这个问题我们会考虑的。

核心问题

在回上海的路上,我把相应的材料初步看了一遍。这个案件实际上并不复杂,但是如何制定辩护策略,使得案子能够更好地解决,是需要慎重思考的。

这个案件涉及的非法占用农用地罪是一个较少见的罪名。

《中华人民共和国刑法》第三百四十二条规定:"违反土地管理法规,非法占用耕地、林地等农用地,改变被占用土地用途,数量较大,造成耕地、林地等农用地大量毁坏的,处五年以下有期徒刑或者拘役,并处或者单处罚金。"

《最高人民法院关于审理破坏林地资源刑事案件具体应用法律若干问题的解释》第一条规定:"违反土地管理法规,非法占用林地,改变被占用林地用途,在非法占用的林地上实施建窑、建坟、建房、挖沙、采石、采矿、取土、种植农作物、堆放或排泄废弃物等行为或者进行其他非林业生产、建设,造成林地的原有植被或林业种植条件严重毁坏或者严重污染,并具有下列情形之一的,属于《中华人民共和国刑法修正案(二)》规定的'数量较大,造成林地大量毁坏',应当以非法占用农用地罪判处五年以下有期徒刑或者拘役,并处或者单处罚金:

(一)非法占用并毁坏防护林地、特种用途林地数量分别或者合计达到五亩以上;

(二)非法占用并毁坏其他林地数量达到十亩以上;

（三）非法占用并毁坏本条第（一）项、第（二）项规定的林地，数量分别达到相应规定的数量标准的百分之五十以上；

（四）非法占用并毁坏本条第（一）项、第（二）项规定的林地，其中一项数量达到相应规定的数量标准的百分之五十以上，且两项数量合计达到该项规定的数量标准。"

《起诉意见书》指控的两节案件事实分别是：

1. 2015年8月，J市环保局接到该区某地有固体废物造成周边植物死亡的情况报告后，安排其直属单位环境监测站从固体废物中采样并送至有资质的环境监测中心检验。结果显示该固体废物为危险废物。J市相关领导在得知结果后，联系无资质处理危险废物的Y公司制订处理方案。2015年9月，J市环保局领导授意与Y公司签订《危险废物临时贮存协议》，宋某、张某在明知Y公司没有资质处置、贮存危险废物的情况下，仍与L区环保局签订《危险废物临时贮存协议》，并将处置的79.2吨危险废物运至Y公司工厂贮存，造成第二次污染。

2. 犯罪嫌疑人宋某、张某、曾某、陈某四人就Y公司运收污泥的数量剧增的后续处理问题进行商量。宋某提出以污泥混合红泥的违规方式进行混合后运至Y公司林场处进行堆放。张某、曾某、陈某同意宋某的做法，并且一致同意按25元每吨的价格由公司向宋某支付处理费用。至2015年5月，宋某雇人将大量污泥运至Y公司林地上随意倾倒、堆放。经J市林业科学研究所鉴定，Y公司堆放污泥非法占用林地面积达2.55公顷，占用林地类型为用材林林地，占用林地的原有植被被全部破坏，其损害程度为严重。

我初步认为，这两个罪名都有一定的问题。

第一，《起诉意见书》明确提到是政府授意Y公司来处理这些危险废物，而政府不可能不审查相关的资质，而且相关材料证明Y公司在当时是有相关资质的。同时，如果像张某所讲的，Y公司一直向环保局出函要求转运危险废物，那么没有转运导致后续的污染环境这个责任让Y公司承担显然不合理。

第二，污泥混合红泥的方法究竟会对林地产生什么影响？虽然《起诉意见书》写着损害程度为严重，但是据张某和李某讲，林场的植被这3年都长得很好，而且经过鉴定，这些污泥也不具有相应的毒性。那么，即使有相应的将污泥埋在林地的行为，如果没有改变林地的使用方式，是否还构成此罪？

回到上海后，我们团队开始进行分工，有的搜集法规案例，有的进行阅卷摘录，相继也得到了一些好的消息。首先Y公司的李某找到了相关的材料。2015年当地环保局与Y公司签署的《危险废物临时贮存协议》，以及同年环保局出具的《证明》显示：鉴于不法分子乱丢乱放大量强酸性污泥，严重影响附近村民的日常生活和健康状况，环保局为紧急处置该情况，决定将上述污泥临时贮存在Y公司的厂区；约定的一年代存时间到期后，2016年至2018年年间Y公司多次向环保局提交《申请转移报告》，但当地环保局长期没有给出明确答复，造成相关污泥长期滞存。这些材料证明了我们的推测，Y公司并没有主观故意。Y公司是应当地环保局的要求贮存危险废物。随后危险废物滞留，也非Y公司的意愿，而是因为当地环保局未给出明确答复。在这种情况下，Y公司在主观上并没有犯罪的故意，因此其行为不应构成污染环境罪。

通过阅卷，我们也发现了关于非法占用农用地罪的一些问题。

第一，Y公司2015年被城管局责令清理之后，遗留部分污泥原地覆土植树后，该片林地植被长势良好，生态环境已得到有效恢复。换言之，Y公司堆放污泥的行为造成实质性的土地破坏，构成非法占用农用地罪存在严重疑问。

第二，Y公司堆放的污泥是否属于法律所禁止的固体垃圾？本案系中央环保督察组接村民举报引发。举报材料称Y公司"2013年至今将重金属污泥倾倒在林场里面""固废以电镀泥为主，其毒性对生物和百姓生活造成了极大的杀伤力"，但实际并没有相关证据。本案所堆放的污泥系曾某联系深圳等地水厂收购而来，并非"重金属污泥""电镀污泥"。同时，根据相关的检测报告，污泥内各种物质含量均未超过国家限值，污泥不属于具有浸出毒性特征的危险废物。

第三，Y公司占用土地的面积是否测算准确？关于Y公司堆放污泥实际占用土地的面积，目前唯一的数据来源是公安机关于2018年6月28日所做的《现场勘验笔录》。公安机关对现场挖掘的九个土坑面积进行合计，得出总面积为2.55公顷，便将Y公司实际堆放污泥的面积确定为2.55公顷。此后其他第三方材料均沿用这一数字，未就面积的计算方式做出过说明。因此，实际上 Y 公司堆放污泥的面积、占用农用地的面积均未得到合理确认。

第四，2015 年后，城管局要求 Y 公司移走相关的污泥，Y 公司也开会讨论过，决定聘请外面的公司运送污泥，但后续为什么没做？

带着这些疑问及接近 2 万字的《律师意见书》和整理的 13 份证据材料，我再次奔赴 J 市，打算与承办的 Z 检察官再次沟通，也希望能够成功为张某申请取保。

● 实地走访 ●

第二次到了 J 市，我跟李某说想去案发的林地看看，了解案发现场。

车开上山后，到了某处只能徒步前进。走了约 15 分钟，我们到了案发地。我的第一感觉是，这个地方看不出来是被环境污染的地方，植被都很茂密，有些树也长得很高。Y 公司在这里有一个砖厂，收购的红泥是用来制砖的。我看到了几个大坑。李某跟我说，这是公安为了查找污泥挖开的，后来污泥被送去做检测了，但坑至今还没填上。

"那下面都是污泥吗？"我问。

"有的有污泥，但是面积不应该这么大。"李某说。

"污泥后来被拉去哪里了？"我继续问。

李某带我到了两个有顶棚的大坑："都堆到这里来了。"

可能时间久了，我感觉这污泥和一般的泥土没什么区别，也没有什么味道。

"毕竟埋了三四年了。"李某可能看出我的疑问，开口说。

我没再说话。这次实地走访收获很大。从案件的起因到案件的性质，再到存在的一些疑点，我觉得一些谜团都解开了。办理刑事案件时，如果有条件，我都会去现场走走。现场给人的感受比卷宗材料来得直接，有时候还会带来不一样的灵感。

● 再次交流 ●

下午我再次去见 Z 检察官，我向他递交了我们的《律师意见书》。

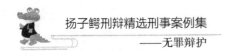

"你是认为全案无罪？"Z检察官说。

"对的，理由我在材料里写了。"我把我们的观点又简单复述了一下。"关于污染环境罪，Y公司在主观上没有故意。一家环保局管的企业不可能违背环保局的意思去经营吧？关于非法占用农用地罪，证据不足，现有证据材料没有办法认定污泥属于固体垃圾，也没有办法认定受损林地面积是2.55公顷。当时现场勘验的程序是错误的，更关键的是没有证据证明林地受到严重损害。我今天去实地看过，植被都很茂盛。如果不是公安机关挖了几个坑，我们根本看不出林地受损。"

"那么有没有可能对张某先进行取保？"我问道。

"我们会研究的。"Z检察官最后说。

● 意外收获 ●

见了张某，我把下午与Z检察官沟通的内容以及我们对这个案件的疑问和法律意见告诉了她。张某对我们的工作表示感谢，并且没有像第一次会见时那么拘谨。她谈了自己的家庭、自己的女儿，并且说她这一年都是在上海与J市两地跑，因为上海有家公司想并购Y公司，她一直在负责这个事情，到上海开了好几次会。

"也就是说，你今年很多时间在上海？"我问。

"对的，一半时间吧。"张某说。

"那么你们公司开会你也不可能都参加吧？"

"当然，实际上我们开会的形式很随意，很多事情宋总确定了，给我打个电话就行，甚至下次见面时说就可以。大家都认识这么久了。"

"那么关于污泥混合红泥，公司以25元每吨的价格收购，并且堆放在你们林场这个事情你知道吗？"

"我一开始不知道，因为这个不是我们的主营业务，也没多少钱。后来宋总他们做了，案发了我才知道。"

"是案发后才知道，还是做了之后他们没告诉你？"

"没告诉我。那段时间我在上海，应该有机票记录的。"

"在上海？那《起诉意见书》说你们开会讨论过这个事情不属实了？"

"他们可能开过会，但我肯定没参加过这个会。而且当时宋总说他处理

这些污泥,是要运走的,并不是说倒在我们林场。公司之前已经被处罚过一次了。这次我们的意见肯定是拉走。"

交谈到此,我感觉有意外收获了。我让张某把在上海的时间、她坐的飞机的时间段、在上海住的酒店、项目负责人员等情况再交代清楚。

这个案子目前碰到的问题就是,如果做无罪辩护,势必面临来自不同方面的压力,检察院就可能直接把案子送上去,到时让法院来决定。刑事案件到法院后无罪的可能性是很低的,而让检察院对全案四个人都不起诉,显然难度也很大。

作为张某的律师,我能否从张某的角度入手进行辩护,让检察院只认定张某是无罪的?如果不能免除Y公司的刑事责任,那么是否有可能将张某与Y公司切割开,在Y公司的行为构成单位犯罪的情况下,让检察院单独免除张某的刑事责任呢?

根据张某提供的信息,我觉得是有可能的。她没参加会议,对于犯罪行为不知情。她一直认为宋总或者公司的做法是将污泥运出,而不是倾倒在林地。即使本案存在单位犯罪,张某也不属于单位的主管人员,也不属于直接责任人员。如果不"硬碰硬"的话,这个案子也许有转机,我心里暗暗想。

在这一思路指导下,我决定再待一天,整理下材料,明天再去与Z检察官沟通案子。我让张某的女儿搜集张某这段时间的机票、在上海住的酒店、项目的材料等。然后我做了证据梳理,撰写了一份新的《法律意见书》,根据现有证据材料,指出:(1)张某受大股东宋某欺骗,对于堆放污泥的违法性认识有误;(2)张某虽然事后参与了Y公司关于清理污泥的决策,但是该决策会议只是授权宋某去处理此事,张某对于宋某后续的实际所为并不知情;(3)张某在客观上没有参与实施原地覆土植树、非法占用的行为;(4)张某在Y公司的共同犯罪中不属于"直接负责的主管人员和其他直接责任人员"。综合以上几点,我提出:张某与Y公司涉案行为所造成的后果之间不存在因果关系,张某的行为不构成非法占用农用地罪。

第二天见了Z检察官,我向他提出了新的观点,明显能感觉到他对这个观点感兴趣。

"我们会针对这个事实再去给张某做份笔录。如果她确实没有参与,我们也不会冤枉她。"Z检察官说。

"是的，Y公司在你们这里也算一个大公司。如果张某能先出来，Y公司就能慢慢恢复正常运营。"我顺势把案子引到保护民营企业的角度。

"对，我们也不希望企业垮掉。这个案子我们当地政府也很重视。希望相互理解。"Z检察官说。

"当然，相互理解。还希望检察院能够尽快查清。"

● 去掉一罪 ●

回到上海后，过了一周左右，我接到Z检察官电话，他说时间不够了，他们决定把案子退回公安机关补充侦查，不过他们经过考虑，认为Y公司的行为不构成污染环境罪，决定去掉此罪。但是对于非法占用农用地罪，Z检察官还是坚持他的看法，认为污泥属于固体垃圾，而且给林地造成了一定的危害。至于张某不知情，他说这是需要补充侦查来认定的。

一个月后案子回到检察院。我再次去J市阅卷与会见。案件的补充材料主要是补充了四名股东的笔录。

我针对补充材料，向检察院提交了一份《补充律师意见书》，主要从以下几个方面进行阐述：

1. 张某在主观上对后山堆放污泥一事，以及后续处理情况并不知情，不存在共同犯罪的故意。

首先，就2015年3月至5月，Y公司将污泥堆放至公司后山一事，案卷材料反映该情况系宋某力主实施，且宋某在决策时欺骗其他股东该行为合法，使得张某等人陷入对于行为性质的错误认识。其次，Y公司被责令整改，但未将污泥全部清理一事，系宋某一手操办，且其对其他股东有所隐瞒，谎称污泥已被全部运走。张某自始至终对污泥的处理情况并不知情，更加谈不上存在非法占用农用地的共同犯罪故意。三个股东笔录相互印证：污泥的后续清理一事系宋某一人负责，其他三名股东并没有具体过问。在清理的过程中，宋某将部分污泥留在后山，直接覆土植树，却欺骗其他股东说已将污泥全部运走。张某在此过程中对污泥清理的真实情况毫不知情，不可能知晓宋某将污泥留在原地一事，更加不可能存在非法占用农用地的共同犯罪故意。

2. 在案件发生期间，张某主要忙于公司并购一事，在客观上对于涉案

行为没有参与。

在 2015 年至 2016 年间，张某在公司内主要负责联络公司并购事宜，为此长期在 J 市、上海两地往返奔波，因此对公司的具体经营事项并没有实际过问。四人笔录内容相互印证：在 Y 公司将污泥运送至后山堆放，以及受责令整改、清理污泥的前后两节事实中，实际操办的都只有宋某一人。就前后两个环节来看，张某对具体的事宜均没有插手过问，没有参与实施非法占用农用地的客观行为。

3. 本案系单位犯罪，即使 Y 公司的行为构成犯罪，张某也不属于主管人员及其他责任人员，不应承担刑事责任。

根据相关内容可以认定，Y 公司业务主要由宋某、陈某两名大股东决定，日常管理工作更是由宋某一人主管。张某在公司中只是分管财务工作，并不参与具体业务，其地位与作用均较为次要。尤其是公司里的技术性事宜都是宋某负责，因此张某并非污泥堆放及处理一事的直接主管人员，不具有主管责任。因此，张某对前后两节行为都没有犯罪故意，也没有直接参与过相关行为，其在本案中也不具有直接责任。

4. 案发前，涉案林地生态环境已恢复，本案社会危害性较小。根据相关证据，案发前污泥堆放处植被长势良好，已经形成较为茂密的林地。且《检测报告》结果亦证实，所测的固体废物不是具有浸出毒性特征的危险废物。根据上述情况，Y 公司虽然在后山违法堆放污泥，并未全部清理，但上述行为未对土地造成实质性的破坏。

5. 鉴于本案尚有部分事实尚未查清，现有证据存在以上问题，恳请检察院对张某作出不起诉处理。

6. 鉴于目前国家呼吁平等保护民营企业的形势，对张某作出不起诉决定，让其尽快回归社会，也有利于 Y 公司继续运作。

● 终获不诉 ●

我向 Z 检察官当面递交了材料，并且进行了说明。Z 检察官也清楚地了解我们只是对张某做无罪辩护。

后续检察院又第二次将案件退回公安机关补充侦查，我也会见了张某几次。我们都在焦急等待着检察院的最终决定。一方面希望好消息能够来临,另一方面也做好开庭的准备。会见张某时,她显然比我更焦急,因为她似乎看到了希望的曙光,而这段时间,这束光好像又消失了。我安慰道,对于很多敏感的案件,检察院要作出不起诉的决定是需要讨论的,所以时间长不一定是坏事。

有一天晚上,在杭州的某个酒店,我正在准备第二天开庭的材料。我记得很清楚,那天是平安夜。我接到一个来自 J 市的电话。一接通电话,是张某的声音,她被取保出来了,给我报喜。她爽朗的笑声,立即驱散了冬日的寒冷。

"节日快乐啊,谢律师!"

"节日快乐,张女士,平安夜平安!"

检察院认为,张某涉嫌非法占用农用地罪的犯罪事实不清、证据不足,不符合起诉条件,决定对张某作出不起诉的决定。

历时近 8 个月的案件终于结束了,而我与 J 市的故事也结束了。

● 回顾总结 ●

随着国家对于生态环境保护的总体重视程度上升,近年来环境类案件在司法实践中出现的频率在大幅增加。环境类案件多牵涉不同主体之间的博弈。办理本案之后,我进行了回顾总结。律师在办案的过程中,一方面要考虑案件本身的法律因素,另一方面也要通盘谋划、寻找各方均较为容易接受的替代方案,如此方能取得良好的辩护效果。

在本案中,我觉得从一开始打算做全案无罪辩护,到改变策略为张某力争不诉,这一战术是"赌对"了。有时候,律师在制定策略时,还是需要根据不同情况进行调整。

功夫在诗外,律师有时候不一定要就诗里的故事死较劲。

承 办律师

谢向英律师,上海博和汉商律师事务所高级合伙人,华东政法大学刑事律师实务研究院副院长,硕士生导师。曾为中央电视台《律师来了》栏目公益代理律师,获上海市普陀区优秀律师、青年英才等荣誉。

替人"背黑锅",蒙冤21年

——石某涉嫌合同诈骗终获无罪判决

● 迟来的正义 ●

2021年11月22日下午,Y省Z市中级人民法院的无罪判决书寄来了。一个申诉案件的再审无罪判决,一份迟来的正义。

对于这个案件,一审法院判了十年有期徒刑,二审法院改判五年有期徒刑,罪名是合同诈骗,刑期也早已执行完毕。这样的案件与其他案件相比通过申诉而获得无罪判决的难度更大。

申诉难,难于上青天。从当事人老石当年被刑拘到其收到无罪判决已经过了近21年。人生能有多少个21年呢?服刑五年出来后他也一直不服,一直在申诉。

申诉成功要靠坚持,靠专业,靠运气,靠贵人相助,靠天时地利人和。当然这些因素统统具备了,当事人也未必能获得一份无罪判决书。但是老石等到了。对于这份无罪判决书,最该感谢的人是他自己。

● 接下老石的案子 ●

律师和当事人是互相成就的。当事人要选择律师,律师也要选择当事人。若律师和当事人相互信任,案件办理起来往往都比较顺利。最初是老石在上海工作的儿子小石到我们律所来面谈的。小石那天没带什么材料,大概和我讲了他父亲案件的情况。我觉得二审法院改判过,五年的刑期也早执行完了,要通过申诉来改判无罪,何其艰难啊。但是在没有了解清楚之前,我也不能妄下行不通的言论。我让小石把详细的材料发给我,也让他把老石带到我们律所来当面谈一下。

之后小石把案件材料发给我了。我认真看过之后认为案件确实有问题。没过几天，小石带着父亲老石来我们律所和我们面谈了。作为当事人的老石，在我们面前仿佛想把一肚子的委屈、心酸和不甘都倒出来。老石说的时候有些激动，说了很多："我好好的经理当着，我干吗要去诈骗呢？发货通知是我弄的，但是是领导同意的，后来他还让我出具了一张介绍信，另外一个同事出具了两张。供货协议是什么情况，我根本不知道。章不是我盖的，和我手里保管的章不一样。而且，我从中没有得到一分钱，所有的钱都被杨某、姜某拿走了。他们拿钱也都不经过我。我没有权限。"

老石的普通话不是很标准，很多我也听不懂，但这没有关系，因为案件情况我已经通过小石给我的材料了解清楚了。我认定老石是被冤枉的。老石的讲述对我来说是非常重要的，倒不是因为他讲了什么有用的辩点，而是因为他真实受过的那些委屈和痛苦我可以感受到。和老石的见面让我更加坚定了立场。在父子俩走后，我和吴律师的一致评价是，这父子俩是好人。我们愿意接下他们的案子，为老石申诉，并竭尽全力。

飞来横祸

Y省Y县得益于地势、气候等综合条件，是我国主要的卷烟烟叶产业基地之一。当地的烟草烟叶交易频繁。20多年前的一起烟叶交易，让远在湖南的老石陷在了冤案里。

Y县人民检察院的起诉书是如此记载的：1997年，杨某认识了姜某，之后二人一起做烟叶生意。1998年8月，杨某与同在Y县做烟草生意的同乡谭某取得联系，并让谭某从Y烟草公司发烟叶到B县。因Y县烟草公司要拿到B县的手续证明才发货，谭某便让杨某去B县办手续。同时，杨某将姜某介绍给谭某，并告知谭某，姜某是B县烟草公司的员工。姜某找到老石（老石时任B县烟草公司员工），要求老石以B县烟草公司的名义发一个发货通知到Y县烟草公司。老石在未经公司领导批准的情况下，出具了一份发货通知便条。但Y县烟草公司提出，发货通知无效，需要有双方签字盖章的供货协议。姜某再次找到老石。老石在姜某给的协议上盖了废旧的合同章。在烟叶运到J市火车站后，姜某找到B县烟草公司总经理向某，请向某同意B县烟草公司出具介绍信让其提货。向某同意了，并安排老石和另一员工出具了介绍信。之后，B 县烟草公司以其名义出具了烟叶调拨单，并将该烟叶销售给 C 市烟厂，C 市烟厂也将烟叶款汇给了 B 县烟草公司账户。之后，B 县烟草公司提取了手续费和扶植费后，剩余款项被杨某和姜某取走。Y 县烟草公司分文未得。

2001 年 9 月 4 日，老石被 Y 县公安局刑事拘留。

2002 年 7 月 11 日，Y 县人民法院提起公诉。

2003 年 1 月 10 日，一审法院判决。一审法院认定，老石明知姜某、杨某要进行合同诈骗，还出具了发货通知和供货协议，这是帮助行为，因此认定老石为合同诈骗的从犯，最终判老石犯合同诈骗罪，并判处有期徒刑 10 年，处罚金 5 万元。老石不服，提起上诉。2003 年 3 月 28 日，二审法院判决。二审法院基本确认了一审法院认定的事实，但认定 Y 县烟草公司的经济损失大部分已经被追回，可对上诉人从轻判处，从而将被告人的刑期大幅度缩短，其中对老石改判有期徒刑 5 年，罚金不变。

● 明显"背黑锅"，内情蹊跷 ●

根据判决书可以归纳出来的案件事实：Y 县和 B 县两家烟草公司公对公交易，中间在 C 市烟厂倒了一手，C 市烟厂的烟叶款也付了，但老石所任职的 B 县烟草公司没有把烟款付给供货的 Y 县烟草公司。为什么呢？因为烟叶款被两个中间商杨某、姜某以广东 M 市一个烟叶经理部的名义领走了。所有的放款都是 B 县烟草公司总经理向某签的字，也是他向会计打的招呼。

B 县烟草公司的总经理向某明知烟叶款应当支付给 Y 县烟草公司，却接受广东 M 市的发票，将烟叶款支付给杨某、姜某，甚至与杨某、姜某合谋，共同制造了一份虚假的合同，提供给自己烟草公司的会计来领取款项。杨某、姜某所有的取款所对应增值税专用发票均为广东 M 市的发票，而 B 县烟草公司并不欠 M 市烟草经理部任何款项。

老石就是出了一个给 Y 县烟草公司的发货通知，还出具了一个去火车站提货的介绍信，其他啥也没干、啥也不知道，怎么能被认定为具有非法占有目的呢？

这个案件的焦点就是查明向某为什么把 B 县烟草公司账上的款项让杨

某、姜某以 M 市烟草经理部的名义提走，而且是在很长一个期限内，分很多笔陆续提走的，而 B 县烟草公司又和 M 市烟草经理部没有真实业务。这里面有什么问题？简单的案件，却被弄得非常复杂。之前调查的焦点居然放在了 Y 县和 B 县两家烟草公司的供货和合同上有没有缺漏，最后法院把这个环节界定成了合同诈骗，老石也因此被以合同诈骗罪判刑入狱了。

老石之前请的一审、二审律师也都做的无罪辩护，而且辩护非常有力，但都无济于事。

● 屡战屡败，屡败屡战 ●

二审法院判决后，老石下监服刑。

老石的家人替其向原二审法院提起申诉。2005 年 5 月 16 日，原二审法院认为：老石作为 B 县烟草公司职工，对姜某身份系明知，涉案的供货协议为其亲拟，印章也为其所盖，"没有证据证实老石受谁所骗"，"至今未能提供老石无罪的证据"，据此认定老石家人的申诉理由不符合再审条件，并驳回申诉。

2005 年 9 月 11 日，老石刑满出狱，仍旧没有放弃喊冤。2008 年，老石以其受他人欺骗才开出发货通知和供货协议，B 县烟草公司总经理向某才是指使者，是本案首犯，其属替罪羊为由向 Y 省高级人民法院提出申诉。Y 省高级人民法院在审查后没有采纳老石的申诉意见，依然认定老石明知姜某的行为，与本案其他被告人相互勾结，骗取烟叶销售款，并于同一年驳回了老石的申诉。

老石提出的申诉理由是完全站得住脚的。我认为司法机关一直纠结于供货通知是不是老石受骗后传真过去的、供货协议到底是真的还是假的等问题是不妥的，陷在了把公对公合法交易错误定性为合同诈骗的思路里。老石讲的当然都是事实，这些事实也是被最终的无罪判决书所认定的。当然，即使按照公诉方的方向来论证，老石也不可能被认定为有非法占有目的。他没有虚构事实、隐瞒真相，也没有让 Y 县烟草公司陷入错误的认识，在他发出供货通知的时候烟叶已经发出了，他更没有从中获利。

老石不服，继续向最高人民法院申诉。

柳暗花明，再次失望

2015 年最高人民法院经审查认为，原判认定老石具有参与实施合同诈骗的共同犯罪故意的事实不清、证据不足，老石的申诉符合《中华人民共和国刑事诉讼法》规定的应当重新审判的条件，并指令 Y 省高级人民法院对本案进行再审。

2016 年 Y 省高级人民法院作出再审决定，认定原二审法院对老石定罪量刑的部分事实不清、证据不足，应当通过再审对相关证据材料予以重新审查认证，以查清事实，并指令原二审法院另行组成合议庭对本案进行再审。

随后原二审法院另行组成合议庭进行了审理。其刑事裁定书中写道："公诉机关在再审中认为，认定老石有主观犯罪故意不恰当，现有证据能证明杨某、姜某的行为构成合同诈骗，建议将本案发回 Y 县人民法院重新审理。"也就是说，检方也已经认为对老石的有罪裁判确有错误，并且在庭审中也清楚表明了要求纠错的意见。但令人意外的是原二审法院拖延了三年才下裁定，而且直接裁定维持原判。一切又回到了原点。

曙光又现，无罪判决

还是在老石的继续坚持下，也是在各方的努力下，2021 年 4 月 22 日，原二审法院再次作出再审决定。

2021 年 8 月 20 日，老石的案件在原二审法院开庭审理。我们满怀期望，精神抖擞地出庭辩护，出庭检察员在庭上也提出了依法改判的意见，所以庭审并没有什么激烈对抗。

其实在等待判决的过程中我们的心里还是很忐忑的。老石父子更是如此，就怕又出问题。还好，这一次命运眷顾了老石一家。法院于 2021 年 11 月 17 日判决老石无罪。

虽然这个案件的办理过程极为曲折，但是我们还是要感谢法院还了老石清白。勇于纠错，对于应该作出无罪判决的案件依法作出无罪判决，是法院的使命。

承办律师

周小羊律师，北京盈科（上海）律师事务所高级合伙人、管委会委员，扬子鳄刑辩发起人，盈科长三角刑辩中心主任，上海市律协刑事合规业务研究委员会委员，民革上海市委民主监督工作委员会委员，上海市静安区新的社会阶层人士联谊会理事，苏州大学王健法学院实践导师。

吴正红律师，北京盈科（上海）律师事务所执业律师，扬子鳄刑辩团队核心成员。

无法排除合理怀疑，虚假诉讼罪不成立

● 案情简介 ●

控方认为：2014年8月16日，L某联系S某（已判决），请求帮助筹集资金偿还贷款。L某通过个人账户汇款470万元至S某账户。S某出资280万元补足750万元，并于2014年8月16日从其账户分别汇款700万元、50万元至J省某绿化公司账户用于偿还贷款。该贷款实际上是L某借用J省某绿化公司名义所贷，用于自己生产经营并由其筹措资金偿还，故上述750万元汇至J省某绿化公司账户后由银行直接划扣还款。控方指控2017年6月，S某伙同诉讼代理人G某共谋捏造了该笔750万元汇款系J省某绿化公司向其本人所借的事实，向法院提起虚假民事诉讼，要求J省某绿化公司归还借款750万元及利息。2018年7月28日，某县人民法院依法作出民事判决，判决J省某绿化公司应于本判决发生法律效力之日起十日内向S某支付借款750万元及利息。民事案件败诉后，J省某绿化公司遂向公安机关报案，控告S某和L某、代理人G某共谋，捏造事实，提起虚假民事诉讼，要求追究上述人员虚假诉讼罪的刑事责任。L某、S某先后被办案机关采取强制措施。案件进入刑事诉讼程序。一年后代理人G某也因涉嫌虚假诉讼罪共犯被某县公安机关刑事拘留。我接受委托后，抓住37天黄金救援期展开辩护，和承办案件的检察官多次沟通，就相关案件争议焦点和疑点交换意见。最终检察机关以事实不清、证据不足为由，对G某不予批准逮捕。公安机关接到不批捕决定书后，对G某采取取保候审措施。后在审查起诉阶段，虽然案件经过补充侦查，但检察机关仍以指控犯罪事实不清、证据不足为由，对G某作出不起诉决定。至此，无罪辩护成功，当事人获得人身自由，也保住了职业前途。

● 办案经过 ●

2020年9月的一天,我接到G某朋友的电话,说G某托人带话,强烈要求家属必须委托我来辩护,对我很信任,因此亲属想星期二到我办公室面谈,请我抽点时间接待一下,并连声表达感谢。基于这种信任和真诚的态度,我立即同意接受委托。星期二上午办完委托手续后,我下午就去会见了G某。G某看到我后很是兴奋和感激,说一直盼我早点来,怕来晚了耽误辩护。信任如此,无须多言,我们立即进入正题。我向G某全面了解案情,做了20多页笔录,对相关细节问题进行了询问、核实,对相关证据、民事卷宗材料进行分析和研判。根据生活经验和逻辑法则,我判断G某的行为不构成犯罪,便和G某确定了无罪辩护思路,希望他充满信心,相信正义一定会到来。我基于无罪的内心确信,加班加点工作,两天内很快形成了10 000多字的辩护意见书,分析和论证了无罪观点和理由,拟提交承办案件的检察官。

案件进入批捕阶段前一日,正好是星期五,我获知侦查机关要在该日下午下班之前将案卷材料报送检察院审查批捕,我上午就安排刑辩团队的付作轩律师带着辩护手续和辩护意见书等材料下午一上班就去检察院案管科守候。下午4点半左右,公安机关将卷宗材料送到案管科。案管科接收并登记后,付律师将辩护手续和法律意见书及证据材料等提交检察院案管科。案管科告知付律师,确定案件承办人之后就将律师提交的材料转交给承办检察官。

周末结束,星期一刚一上班,我就打电话给承办检察官沟通意见。承办检察官很友好,特别强调了他第一次遇到在这个阶段有律师提交10多页观点通透的法律意见书,说他周末认真阅读了法律意见书,认为其中的一些观点和思路很有见地,并说大家应当相互学习、相互尊重,共同保证法律正确实施。可见,承办检察官是一位尊重律师意见的人。我抓住这个良好的机会,又将辩护观点向承办检察官阐述了一遍。承办检察官认真倾听了意见,认为我很尽职尽责。

到了审查批捕阶段的第三天,我又去会见G某。G某说星期二下午承办检察官已提审过他,但对他的辩解不大相信,认为后补的代理协议及风

无法排除合理怀疑，虚假诉讼罪不成立

险告知书都是为了掩盖罪证、逃避法律责任而弄虚作假的。承办检察官内心有这样的想法，对于G某来说就相当危险，所以我必须说服承办检察官，动摇其内心这种确信很重要。当天下午会见结束，我在回律所路上思考，如果到了律所再打电话给承办检察官，可能就过了下班时间，便将车停靠在路边，随即拨通了承办检察官的电话。由于之前的良好沟通，有彼此尊重和信任的基础，电话一拨通，承办检察官的语气很友好。我针对承办检察官提审G某时提出的两个疑点，说了我自己的看法：

第一，如果涉案代理人与当事人共谋虚假诉讼，他们就是一条绳子上的蚂蚱，代理人出现了刑事风险，想把责任推卸给当事人，而使自己金蝉脱壳，这个时候按照常识常理，当事人不可能同意。当事人不可能同意代理人通过补签代理协议和风险告知书，把责任撇得干干净净，而让当事人独自承担责任。当事人同意补签代理协议，说明代理人此时仍然对虚假诉讼不知情。代理人一直确信是据实诉讼，没有捏造事实，进一步说明代理人没有参与虚假诉讼。

第二，代理人在公安立案之后给当事人发了一条手机短信，提出如果存在虚假诉讼就撤诉，但当事人一直没有回复。这恰恰说明代理人内心无愧，内心坦荡，其根本不知道虚假诉讼，此时在质疑当事人。

上述两点可以说明，代理人对虚假诉讼根本不知情，没有共谋和实施虚假诉讼。

承办检察官听了我一番话后说："刘律师这样说，确实有一定道理。"此时，我悬着的心才渐渐平静。

在审查批捕阶段的最后一天，我内心一直在忐忑不安中。我想家属和G某比我更焦虑不安。终于在下午5点半左右，承办检察官给我回电，说他们经过研究，决定不批捕。半个小时后，派出所通知家属办理取保手续。在审查起诉阶段，证据没有发生新的变化。最终，无罪辩护成功。

辩护观点

有效辩护，本质上是对辩点的挖掘和运用。如何分析、论证，达到说服人心的目的，从而使司法机关采信律师意见，对案件作出有利于辩方的认定，是需要律师仔细思考的。现将法律意见书中的辩护观点简述如下：

第一，指控G某构成虚假诉讼罪共犯的事实不清、证据不足。现有证据均是口供，且口供之间存在无法排除和解释的疑点、矛盾。综合全案证据不能排除合理怀疑，无法得出唯一结论。违背常情常理的行为，不能用于认定代理人有犯罪嫌疑，反而能证明其内心坦荡、问心无愧。

第二，法律不能强人所难，不能要求代理人能精准预测当事人有虚假诉讼行为而拒绝代理或者去高度怀疑其当事人。

第三，事后补签代理协议和风险告知书，不是为了掩盖罪证，也不存在欲盖弥彰，恰恰证明代理人内心坦荡。如果代理人和当事人共谋提起虚假诉讼获取非法利益，按照常理，双方就是同一根绳子上的蚂蚱，谁也跑不了。在这种情况下，如果代理人因害怕遭受司法打击，想通过补签代理协议等来让当事人独自背负责任，当事人绝对不可能同意，肯定会威胁代理人，想尽一切办法使大家出罪。当事人补签了代理协议，说明在补签协议时当事人仍然信誓旦旦告知代理人，起诉的民事法律关系是真实的，没有捏造，没有虚构，也进一步说明代理人对虚假诉讼不知情，没有犯罪故意。

第四，公安机关立案调查之初，代理人怀疑当事人可能存在虚假诉讼，就给当事人发了一条短信，告知其若有虚假诉讼则撤诉，但当事人没有回应。如果代理人参与了虚假诉讼，当事人可能会在短信中回复这一切都是代理人策划的，辩解自己都是听代理人的，会问接下来如何善后。这时代理人就很难撇清自身责任。因此，代理人发短信给当事人恰恰说明代理人没有参与虚假诉讼，内心是坦荡的，所以才敢于发短信询问。

第五，本案涉及700多万元借条的证据在其他案件中作为还款证据，在本案中作为出借证据，证明方向完全相反。如果代理人明知该证据在其他案件中出现，在本案中却将之作为出借证据提起虚假诉讼，则无异于提起自杀式虚假诉讼。一个资深代理人不可能愚蠢到如此地步。尤其在众多证人可以证明真相的情况下选择虚假诉讼，这是根本不可能的，也不符合生活逻辑和经验法则。

● 办案总结 ●

办理本案的过程有以下几点值得总结：

第一,律师一定要抓住拘留后至审查批捕阶段的黄金救援期,展开卓有成效的辩护工作。在此期间律师要及时会见,全面了解、掌握案情,根据办案机关讯问时的细节,对指控逻辑、指控事实进行分析和判断。如果指控事实不成立,有出罪可能,律师一定要撰写"大道至简,通俗易懂,逻辑清晰,一目了然"的辩护意见书,力求在文字表述、法学研究等方面给人震撼和感染力,以达到说服人的目的。

第二,律师在和案件承办人及时、充分沟通时,要有辩护意见的腹稿,胸有成竹,将观点和理由,用通俗易懂、入情入理的表达方式传达给对方。要时刻关注、把握案件的进展及办案人员的内心想法。比如本案进入审查批捕阶段第三天,我得到案件承办人内心有G某事后补签协议和风险告知书是为了欲盖弥彰的有罪指控思路后,立即和案件承办人沟通,提出了合情合理的相反的看法,最终也影响了案件承办人的内心确信。

总之,刑事辩护关乎一个人的自由、生命和尊严。律师应当具有专业的知识、高度的智慧、适度的勇气,也应当有胸怀、有情怀、有担当,才能真正为当事人辩冤白谤,实现公平正义。

承办律师

刘录律师,江苏大楚律师事务所刑事部主任,江苏省刑事辩护专业人才,先后被聘任为宿迁市人民政府法律顾问、泗洪县公安局法律顾问、宿迁市人大规范性文件审查专家组成员、宿迁市公安系统"公律对接"律师。所办部分案件曾被中央电视台《社会与法》《今日说法》等栏目报道。在2018年宿迁市司法局"以案释法"典型案例评选活动中获一等奖。所办案件在2019年入选江苏法院十大典型案例。

赵某某涉嫌盗窃罪案

——自取抵债物资不属于盗窃

● 基本案情 ●

被告人赵某某,家住在河南省M县××乡××村。因涉嫌盗窃罪于2009年5月19日被M县公安局刑事拘留,同年6月2日被执行逮捕。于2009年11月18日经M县人民法院决定,被取保候审。于2020年11月23日经M县人民法院决定,再次被取保候审。

经审理查明:2007年9月,被害人王某某因铁矿工程所需与时任村主任赵某某2签订修路协议,约定修路造价为18 000元(后增加到18 500元),时间为一个月,开工首付2 000元,修路结束后一星期内付清剩余款。后经赵某某2安排,被告人赵某某实际负责施工。王某某先付给赵某某2 2 000元,赵某某2则将2 000元付给赵某某。被告人赵某某修路完工后,先后多次向赵某某2讨要剩余修路款16 500元,其中一次向王某某要剩余修路款,均未成功。王某某的铁矿工程一直未再开工。基于以上原因,赵某某分别于2007年冬和2008年春的某天,将该矿上的空压机、小型柴油发电机组、卷扬机各1台拉走,先存放于自家门口3个月左右,随后放到其邻居家院内,之后将小型柴油发电机组和卷扬机分别租赁给他人使用,将空压机卖掉。经M县价格认证中心鉴定,空压机、小型柴油发电机组、卷扬机价值共计19 260元。另查明:王某某于2009年5月18日到公安机关报案。公安机关于2009年5月19日立案。被告人赵某某家属于2009年11月18日赔偿王某某26 000元。王某某表示不再追究这事。

M县人民法院审理本案后,根据《中华人民共和国刑事诉讼法》第二百条第(三)项之规定,于2021年7月16日判决被告人赵某某无罪。

一审法院判决后,M县人民检察院认为被告人赵某某的行为构成盗窃罪，提出抗诉。

在二审过程中，赵某某的辩护人继续提出无罪辩护意见，S市人民检察院向S市中级人民法院申请撤回抗诉。

S市中级人民法院审理认为，原判认定事实和适用法律正确，S市人民检察院撤回抗诉符合法律规定，裁定如下：

准许S市人民检察院撤回抗诉。

M县人民法院刑事判决自本裁定送达之日起发生法律效力。本裁定为终审裁定。

● 主要问题 ●

本案的主要问题在于：
（一）自取抵债物资的手段不当，行为是否属于盗窃。
（二）检察院抗诉以后，终审法院是否支持改判。

● 裁判理由 ●

一审法院认为：被告人赵某某通过赵某某2为王某某的铁矿工程修路，完工后一直未获得剩余修路款16 500元。被告人赵某某多次讨要此修路款未果，为此与被害人王某某产生纠纷。在此情况下，被告人赵某某分别于2007年冬、2008年春，先后两次组织人员到王某某的铁矿上，将该矿上的空压机、小型柴油发电机组、卷扬机各1台拉走（价值共计19 260元）。被告人赵某某拉走设备的行为是在与被害人王某某之间有经济纠纷，且多次要账未果的情况下进行的。被害人王某某虽对被告人拉走设备的行为不知情，但被告人赵某某拉走设备的行为是有原因的。被告人赵某某私自拉走设备的行为不妥，手段不当。本案证人赵某某2证言、被害人王某某陈述及被告人赵某某供述与辩解等证据能够证实赵某某拉走被害人设备的原因，不足以证明赵某某有非法占有的故意和目的。因本案尚缺乏其他证据证实赵某某在主观上有非法占有他人财物的目的，以及实施了盗窃犯罪行为，故赵某某的行为不符合盗窃罪的构成要件，其行为不构成盗窃罪。公诉机关指控被告人赵某某的行为构成盗窃罪，证据不足，指控的犯罪不能

成立。

最终一审法院采纳了辩护人赵某某的行为不构成盗窃罪的意见,对赵某某作出无罪判决。

一审法院作出赵某某无罪的判决后,公诉机关以赵某某的行为构成盗窃罪为由提出抗诉。在二审当中,公诉机关撤回抗诉,二审法院作出准许公诉机关撤回抗诉并维持原判的裁定。在二审阶段,面对可能涉及罪与非罪的这起原审无罪判决案件,二审法院坚持证据裁判原则,严把证明标准关,依法作出准许检察机关撤诉的裁定,确保了案件的质量和司法公正,切实避免了冤假错案。

● 辩护观点 ●

赵某某的一审辩护人即提出赵某某无罪的辩护观点,并被一审法院采纳。

因为公诉机关不服一审无罪判决,提出抗诉。在二审阶段,赵某某委托王玉琳、李娜两位律师为其辩护。

王玉琳、李娜律师继续提出了赵某某无罪的辩护意见。二审辩护人的主要观点如下:

第一,本案一审法院判决被告人赵某某无罪,认定事实准确,程序合法,依法有据,二审法院应该维持原判。

第二,这个矿山公司注册登记的法定代表人是赵某某2,工程承包人是王某某。王某某承包该矿山工程后,因为雨水冲击,路被冲毁了。王某某找赵某某2修路,造价是18 500元。赵某某2找来赵某某施工,由此产生了修路费用(有证可查,且一审法院已经查明该事实)。

赵某某将路修完,可是发生了找王某某要钱无果,找赵某某2要钱,赵某某2往王某某处推的事件。而且,王某某只经营了很短时间就放弃经营,去向不明,导致矿山停产停业,赵某某要账无门。在此情况下,赵某某只能听从赵某某2的意见将矿上遗留物资拉回村子,以物抵债。并且,其实施过程发生在白天,赵某某还找多人帮忙。赵某某的行为根本不符合盗窃罪的隐蔽特点。

因此,法院不能因为赵某某2拒绝承认其许可赵某某去拉物资的事情而改变定性,将以物抵债行为认定为盗窃,更应该从前因后果来结合分析论证,作出符合生活逻辑,符合常识、常理、常情的判断。

第三,第七次全国刑事审判工作会议强调必须坚持党的绝对领导,必须坚持以人民为中心,必须坚持证据裁判原则,必须贯彻宽严相济刑事政策,必须坚持政治效果、法律效果与社会效果相统一,必须加强调查研究,坚持刑事司法理论、政策与时俱进。本案被告人从矿山拉回部分物资是为了抵债,并不是为了秘密窃取、非法占有。法院如果将赵某某的行为定性为盗窃罪,则对赵某某不公平,且难以实现政治效果、法律效果与社会效果相统一。

第四,《最高人民法院关于建立健全防范刑事冤假错案工作机制的意见》规定:"6. 定罪证据不足的案件,应当坚持疑罪从无原则,依法宣告被告人无罪,不得降格作出'留有余地'的判决。定罪证据确实、充分,但影响量刑的证据存疑的,应当在量刑时作出有利于被告人的处理。……7. 重证据,重调查研究,切实改变'口供至上'的观念和做法,注重实物证据的审查和运用。只有被告人供述,没有其他证据的,不能认定被告人有罪。"

根据以上法律意见,一审法院注重了"证据裁判原则"和"有利于被告人原则",已经做到了"确保无罪的人不受刑事追究、有罪的人受到公正处罚"。这种结果来之不易。

二审法院不能因为检察院的抗诉而放弃正义来选择错误的答案。

综上所述,被告人赵某某无非法占有、秘密窃取的主观故意,其行为不符合盗窃罪的构成要件。本案一审实体认定依法有据,程序合法,充分体现了"政治效果、法律效果与社会效果相统一"。二审法院应该维持原判,维护一审法院智慧的成果,维护来之不易的公正判决、正确判定的结论!

● 难点的突破 ●

一审法院判决无罪后,原公诉机关完全不接受这个结果,提出了抗诉。

本案时间跨度长,对被告人有利的证据少,且公安、检察机关一直坚持的是被告人有罪,他们获取和向法院提供的证据更多是支持有罪。虽然一审法院作出了无罪判决,但是在二审阶段司法机关容易改变思路,有可能撤销一审判决而作出被告人有罪的判决。

针对上述情况,在二审阶段,辩护人的辩护重点不仅限于针对二审法院。辩护人将辩护意见前置到上级检察院,向S市人民检察院提出建议撤回抗诉的辩护意见。最终S市人民检察院撤回了抗诉,为此案最终"维持原判,被告人无罪"的结果扫清了障碍、铺好了路径。

在此,二审辩护人对一审辩护人提出无罪辩护表示感谢。二审阶段的辩护工作虽然费尽周折,但是最终达到了维持无罪的目的。这正是借助了一审辩护人打下的良好基础。

承办律师

王玉琳律师,北京尚衡(呼和浩特)律师事务所管委会主任,内蒙古自治区律协蒙汉双语工作委员会副主任,高级律师,蒙古国特授外籍律师,内蒙古自治区优秀律师,内蒙古自治区法规政策性别平等评估专家,2019年度"全国维护妇女儿童权益先进个人",2021年度"内蒙古十佳法治人物"。承办的案件多次获得国家级奖项。

李娜律师,河南省律协风险防范法律专业委员会执委,三门峡市律协刑事法律专业委员会副主任。

她的罪与非罪，相距了一个律师的距离

随着到处开始张灯结彩，过节的氛围越来越浓。眼看已经过了腊月二十三，离过年仅有整七天了。张女士经营了近十年的烟酒小店也随之迎来了一年一度的销售旺季。她虽然每日起早贪黑，很累，但依旧乐此不疲，更加珍惜每年腊月至次年元宵之间的赚钱黄金季。

十多年来，凭着努力和勤奋，经营这样一个近20平方米的小店的她已经在这个国际化大都市买了房和车，2个孩子在这里读书，丈夫也已经有了稳定工作。这可谓让人羡慕的相亲相爱的一家人。

● 迎新快乐，戛然而止 ●

腊月二十九晚上，张女士和先生、孩子其乐融融地围坐在店里吃晚饭。过小年，四菜一汤外加酒饮的晚餐，着实让张女士享受着天伦之乐。除了酒，这几乎是她每天的标配生活，可以一边吃饭，一边照顾生意，不影响销售，而且往往晚饭时间，也是一天又一个销售的高峰。

就在张女士和先生举起酒杯与两个孩子举起的可乐杯即将碰到一起的时刻，门口出现的1辆闪烁着警灯的警车和随之下来的两名警察吸引了一家人的目光。张女士放下酒杯，起身恭迎两名警察，并问对方要买点什么。两名警察未回答，而是径直走过柜台，站在了张女士两边。还未等张女士反应过来，两名警察便亮出了工作证，告诉张女士，他们是公安局的民警，问张女士是否叫"张××"。张女士说"是"。随后警察要带张女士上警车。这时张女士的先生觉得有点不太对劲，遂起身看个究竟，张女士也向警察说，自己没有报过警。先生作为男性，显然要更加理性一些，插话问警察，她涉及什么事情了。警察说有人举报其销售假冒的五粮液和茅台酒，需要查封店铺并要求张女士配合调查。听到这里，张女士禁不住瘫倒在地。其丈夫马上扶起她，两个围观的孩子也吓哭了。

经过一番交涉，半个多小时后，店铺被封，张女士被带往公安局。

● 一度努力，无果而终 ●

张女士的丈夫在安顿好两个孩子后，赶到公安局大厅，之后被告知张女士需要留在公安局。

无奈，张女士的丈夫只能在夜色中拖着沉重的脚步回到了家。次日一早，他安慰并送两个孩子到校，向单位请假后再次赶到公安局，又守了2个多小时后，下午1点多，终于见到了办案警官和妻子，被告知妻子涉嫌销售假冒注册商标的商品罪，要被刑事拘留并送往看守所，还被要求签署家属通知书。

张女士的丈夫忍住心痛，坐在车里，打通了好朋友的电话，诉说了遭遇。朋友劝他赶快给妻子找个律师，咨询一下专业人员。放下电话，他翻看手机，找到了之前因为酒驾而被处罚的朋友。这个朋友推荐了曾为其辩护的我。

我听了张女士的丈夫介绍的基本情况，虽然当时是年三十了，但基于职业的敏感性和操守，我与他约好下午3点在律所办公室见面谈。

下午3点不到，张女士的丈夫已经到了律所办公室。他憔悴的样子已经说明了他过去十几个小时所经历和承受的一切。我基本听明白了他的陈述，看了他手头的刑事拘留家属通知书，上面写着：涉嫌销售假冒注册商标的商品罪。我初步判断，张女士销售的五粮液、茅台酒等酒类可能涉及假冒。与张女士的丈夫确认了委托，签署了《聘请律师合同》后，我让他先回去过年，并表示我会基于一个专业律师的操守，为其妻子提供专业的法律服务。

接下来的整个春节长假对我来讲有点漫长而难熬，帮助和救助张女士的念头总是萦绕在脑海。

节后，我收到看守所会见预约成功的短信通知，根据预约时间早早驾车赶到看守所，会见了张女士。

看到我到来，还未等我表明身份和说出专业的会见前言，张女士已经泪如泉涌。我急忙安慰她，让她不要太有压力，并告诉她，我会积极提供专业帮助，她的先生也牵挂着她，孩子也都已经安排好。见她的情绪稍微

她的罪与非罪，相距了一个律师的距离

稳定了，我抓紧切入正题，按照会见提纲和专业操守，与她完成了交流，做好了笔录。看看表，时间已经过去了近一个半小时。也许是节后刚刚上班，也许是我的运气特别好，这天会见的人少，所以我没有被催促赶快结束。我获得了这个案件较为详细的第一手的当事人陈述信息，为之后展开的一系列辩护工作夯实了基础，筑牢了防线。

根据会见的情况，我连续工作，修改了辩护内容，提出了羁押必要性审查的意见，想方设法联系到了办案警官。我在电话里提出能否约个时间，过去当面汇报沟通，递交书面意见，但客气的警官说他比较忙，让我把材料快递过去。我只好再次逐字逐句地审阅书面意见，之后让助理以飞快的速度，赶在当日中国邮政下班前，寄出了 EMS 专递。快递员告诉我，次日中午 12 点前可以送到。这个时间深深刻在了我的脑海。

次日午饭后，我便准备联系警官，但直到下午快 4 点，才接通办案警官的电话。他告诉我，尚未看到我的材料。着急之下，我放下电话，就让助理查询快递情况，结果显示对方已经签收。估计是收发人员签收了，还未送到警官手上。我只能耐着性子等待。

就在等待的过程中，我接到了张女士丈夫的电话，说警察去搜查了店铺，扣押了店铺内的全部五粮液和茅台酒。我急忙让其拍扣押清单并发给我。看到他发给我的清单，与此前会见张女士时了解的内容一一对照，发现相差无几。我再次坚定了此前的判断。

我在下午 5 点 20 分再次拨通了办案警官的电话。我借此机会，抓紧向他口头再阐明一下我的基本辩护意见，认为本案的数额不够立案标准，而且也没有其他特别的情形。我说，我会见当事人后，根据了解的情况，她进货的渠道是固定的，而且店里全部的五粮液和茅台酒两款酒的进货不多。按照张女士告诉我的情况，即使按照其零售的价格，数额合计也不到 5 万元，更不要说进货价格，更是远远低于 5 万元。因为供货商是比较熟悉和固定的，基本可以随时给店里送货，所以她店里库存比较少，过春节前会稍微多一些，但一般每个品种最多一箱，按此推算，涉案数额怎么也不会达到立案标准。警官听我说了关键的点，就说："我们还在侦查，今天已经去搜查了店里。没有依据，我们怎么会采取措施。"我说，请警官根据搜查和扣押的物品再看看，是否可以变更强制措施。警官断然拒绝了我想将张女士先取保出来的想法。我也只好暂时作罢。一天又这样过去了。

接下来的 20 多天，案件依旧无实质性进展。张女士的心态，她先生的心情，可想而知。她的先生几乎每天都要打不少电话给我，使我压力陡增。

第 26 天，我与办案警官在看守所相遇，我会见，他提审。在等待的间隙，我与他抓紧做了交流，但他还是坚持要按照程序报审批捕，如果申请批捕不成功，再变更措施。我问他大概什么时候报审批捕，他告诉了我时间，说今天已经周四，提审后将准备材料，预计下周内报审批捕。

● 二度搏击，成功取保 ●

与张女士的会见很顺利。我再次核实了相关内容，给其解释了接下来可能的程序和可能被提审的内容。确认她完全理解后，我结束了会见。我赶回办公室，开始准备给检察院的辩护意见。

度过了周末，迎来了新的一周。从周二开始，我天天打探案件的进展情况。周五上午，我终于等到了检察院的电话。办案检察官需要听听我的意见。我再次抓住机会做了阐述。从沟通的情况看，检察官似乎和我形成了统一的观点，认为本案的涉案商品价值达不到立案标准，公安机关虽然做了说明，但没有更进一步的证据链证明张女士涉案的金额达到了法定的立案起点金额。

等待的过程总是让人很煎熬。第 37 天上午，我厚着脸皮想再联系一下办案警官，但数次电话都未能接通。情急之下，我拿起电话，联系检察官，竟然接通了。检察官说检察院没有批准逮捕，估计公安机关会联系我。听到这里，我十分惊喜。果不其然，下午一上班，办案警官来电话，要求我们去配合办理取保候审手续。挂了电话，我迅速给张女士的丈夫打电话，告诉了他时间、地点和注意事项。他也许是激动，也许是意外，忘记和我说声"谢谢"就挂断了电话。紧接着他用微信发过来一句"万分感谢"和一个表达感谢的手势。我欣然地舒了一口气。

傍晚，张女士在先生的陪护下回到了久别的家中，还不忘打了一个微信电话给我。我为她高兴。

她的罪与非罪，相距了一个律师的距离

● 三度奋战，惊险连连 ●

公安机关根据检察院的意见和我们提出的看法，在之前价格征询的基础上，委托了相关价格鉴定机构，对涉案的货品做了鉴定。近2个月后，我看到了结论，涉案酒品的价值为49 900元。看到这个数字的那一刻，我简直不敢相信。这个数额，就是风险极高的数额，离5万元只差了100元。

办案人员根据补充的案件材料，又为张女士做了三次笔录，并再次搜查了其店铺，并突击查了供应商的仓库等，之后将本案移送检察院审查起诉。

根据了解到的信息，我再次向检察院提交了书面的辩护意见。经过漫长的等待，检察院给出结论：将本案退回公安机关补充侦查。

一次搜查店铺加两次补充笔录后，案件再次被移送检察院审查起诉。

我再次了解了案件的最新证据材料，再次与检察官沟通。检察官让我等待最后结论。

过了数日，检察官电话通知："这个案件再次被退回公安机关了。我们建议公安机关不要再移送了……"听到这个消息，我不禁觉得空气都是甜的。我诚恳地向检察官说了声"非常感谢"。之后立刻拿起电话，把结果告诉了张女士，并给她解释了这个结果的法律意义。她连连道谢。

● 守得云开，终见月明 ●

案件终以公安机关撤案、张女士无罪而告终。张女士终于获得了自由。她的罪与非罪，似乎仅仅就差一个律师的距离。

纵观本案的办理过程，我觉得以下几点值得分享：

1. 细节决定成败：抓牢案件细节，斟酌案情细节，锚定涉案细节。接手本案后，我听取了当事人丈夫的描述，会见了当事人，同时积极与公安机关沟通。协助公安机关办案的同时，结合所获得的全部信息分析判断，找出案件中可以辩护的细节，仔细斟酌，形成辩护思路，为当事人争取权利。本案中，综合各方的信息，我了解到了涉案商品的价值数额。这是最直接而又可以在短暂的时间内取得沟通效果的辩护点。这个细节成了全案的支点。

2. 吃透才能专业：吃透法律，吃透案情，吃透程序。相关法律明确规定了销售假冒注册商标的商品罪非法经营数额在五万元以上或者违法所得数额在三万元以上的，或假冒两种以上注册商标，非法经营数额在三万元以上或者违法所得数额在两万元以上的才能被追究刑事责任。律师只有在吃透法律、吃透案情、吃透程序的情况下才能作出专业而准确的判断。

3. 坚守才能得赢：坚守判断，坚守操守，坚守底线。检察院先后两次将本案退回公安机关补充侦查。律师坚守根据案件细节和相关法律规定作出的专业判断，坚守法律人的职业操守，坚守法律底线思维，最终赢得了胜利。

承 办律师

魏建平律师，上海市浩信律师事务所高级合伙人，上海律协社会责任促进委员会副主任、公共法律服务建设委员会副主任、申请律师执业人员实习考核面试考官、城市更新和城市治理法律服务和研究中心研究员，民革上海市委社会与法制工作者活动中心副主任，上海市徐汇区中青年知识分子联谊会副会长，上海市徐汇区监察委员会特约监察员，获评徐汇区首届社会治理创新奖、上海市司法行政工作先进个人、徐汇区司法行政系统先进个人等，著有《辩护智慧——刑事辩护中的情与理》等专著五本。

员工之死,老板担责?
——重大责任事故案免责记

● 案情简介 ●

老王是 L 有限公司一名普通的焊接操作技术工人。其在职期间,L 有限公司承包了 B 有限公司的一项干粉站料仓设备结构施工工程。2020 年 10 月 4 日,在这个在老王看起来和往常一样平凡的工作日,意外却不幸地降临在他身上。上午 9 时许,在 L 有限公司承包的干粉站料仓设备结构施工工程封闭作业期间,老王站在高约 4 米的钢结构横梁上进行焊接作业时,不慎跌落至横梁下方设备平台(高约 2 米)上受伤,导致其头部流血。随后,他被工友们及医护人员抬上 120 救护车,紧急送往 A 市人民医院抢救。到医院时,老王已无生命体征,当场被宣告死亡。

事故发生后,A 市事故调查组调查后认定:老王(死者)系违章作业,未正确佩戴安全防护装备,对本起事故发生负有直接责任。L 有限公司负责人李某明知公司未取得相关建筑资质证书,仍承包干粉站料仓设备结构施工工程。在施工期间,未能制定单位安全教育和培训计划方面的工作方针,未能定期组织员工进行日常的安全培训,未尽督促、检查本单位的安全生产作业之责,未采取必要的安全防范措施,造成生产作业隐患,酿成生产安全事故,对本起事故发生负主要责任。随后,L 有限公司负责人李某因涉嫌重大责任事故罪,被公安机关立案侦查。

2020 年 11 月 4 日,A 市人民政府作出事故调查报告批复,同意 A 市事故调查组出具的《事故调查报告》中对事故原因的分析和事故责任的认定,并依法对事故责任单位和人员提出相关处理意见。后经 A 市公安机关立案侦查,本案于 2021 年 6 月 16 日被移送检察机关审查起诉。

● 案情分析 ●

一、事故调查组遗漏了李某、张某积极参与事故抢救、积极配合公安机关调查、安抚死者亲属的重要事实

案发当日,也就是2020年10月4日,公安机关就已经对本案立案侦查,对两名在场人员徐某、张某进行了询问,对尸体进行了处置,而对李某、张某积极组织参与事故抢救、积极配合公安机关调查、安抚死者亲属的重要事实没有进行详细的调查。当时徐某的卷宗材料中也提到"还有几个人也看见的,具体名字我不清楚"。也就是说,案发时现场还有其他相关知情人。

当然,我们也了解到,公安机关处理重大责任事故的程序一般都是先立案,然后由市应急管理局(或者事故调查组)出具调查报告并提出对相关单位和责任人的处理建议,最后公安机关根据调查报告的建议追究相关责任人的刑事责任。事实上,公安机关也确实是这么执行的。但是,辩护人通过查阅全案卷宗及询问李某本人,了解到:李某在得知事故发生后,就立即委托张某积极参与事故抢救、积极配合公安机关调查、安抚死者亲属,李某本人也在积极筹款并委托当地律师参与事故处理,同时,于2020年10月9日将筹得的50万元汇到某镇调解委员会负责人账户上,以支付赔偿。能够依法充分证明李某、张某上述情况的证据有赔偿协议书、汇款收条、某镇调解委员会出具的证明、微信聊天记录、通话记录、行程记录、情况说明……而A市事故调查组出具的调查报告中遗漏了李某、张某积极参与事故抢救、积极配合公安机关调查、安抚死者亲属及积极赔偿的事实。

二、办案机关违反了刑法适用平等原则

《中华人民共和国刑法》第四条规定:"对任何人犯罪,在适用法律上一律平等。不允许任何人有超越法律的特权。"

本案中,公安机关追究相关责任人刑事责任的基本依据是2020年10月12日某公司"10·4"一般高处坠落事故调查组的调查报告中关于事故责任人的处理建议。经过某市人民政府批复同意的该调查报告认定:"卞某,某公司实际控制人,将本公司干粉站料仓设备结构封闭工程发包给不具备相应资质单位建设,导致安全生产事故发生。鉴于其在事故发生后,能够主动安抚死者亲属,积极对事故善后,在某公司主要负责人未能及时赶赴现场对事故善后的情况下,及时与死者亲属签订协议书,并承担协议书赔偿款项,建议由某公司按照公司内部管理规定进行处理。"

同理,在事故发生后,李某立即委托张某积极组织、参与事故抢救,积极配合公安机关调查,安抚死者亲属,李某也在积极筹款并委托当地律师参与事故处理,并于2020年10月9日将筹得的50万元汇到某镇调解委员会负责人账户上。2020年12月,李某又积极主动签订赔偿协议书,以支付死者赔偿费。从卷宗证据材料上看,李某、张某做的补救措施甚至比下某还要多。

诚然,事故调查组提出的只是处理建议,不具有法律效力,但是作为司法机关,应当严格遵守"刑法适用平等"原则。

三、犯罪嫌疑人李某具有"积极组织、参与事故抢救,或者积极配合调查、主动赔偿损失"等可以酌情从宽处罚情节

根据《最高人民法院 最高人民检察院关于办理危害生产安全刑事案件适用法律若干问题的解释》第十三条:"实施刑法第一百三十二条、第一百三十四条至第一百三十九条之一规定的犯罪行为,在安全事故发生后积极组织、参与事故抢救,或者积极配合调查、主动赔偿损失的,可以酌情从轻处罚。"本案中,李某的行为符合该条的规定,司法机关可以酌情从轻处罚。

四、关于犯罪嫌疑人李某的定罪量刑问题

犯罪嫌疑人李某归案后能如实供述,愿意接受处罚,适用认罪认罚从宽制度。犯罪嫌疑人李某第一次被市公安机关讯问时,就如实供述了自己的犯罪事实,也签署了认罪认罚承诺书。最高人民法院、最高人民检察院《关于常见犯罪的量刑指导意见(试行)》(以下简称《意见》)中规定:"对于被告人认罪认罚的,综合考虑犯罪的性质、罪行的轻重、认罪认罚的阶段、程度、价值、悔罪表现等情况,可以减少基准刑的30%以下……"

案发后,犯罪嫌疑人李某四处筹款,积极赔偿死者家属的损失,并签订了赔偿协议,获得了死者家属的谅解。《意见》规定:"对于积极赔偿被害人经济损失并取得谅解的,综合考虑犯罪性质、赔偿数额、赔偿能力以及认罪、悔罪程度等情况,可以减少基准刑的40%以下……"

根据2011年12月30日《最高人民法院关于进一步加强危害生产安全刑事案件审判工作的意见》的规定:"13.审理危害生产安全刑事案件,应综合考虑生产安全事故所造成的伤亡人数、经济损失、环境污染、社会影响、事故原因与被告人职责的关联程度、被告人主观过错大小、事故发生后被告人的施救表现、履行赔偿责任情况等，正确适用刑罚，确保裁判法律效果和社会效果相统一。"

辩护人对犯罪嫌疑人李某被指控涉嫌重大责任事故罪的定性没有异议，但辩护人认为犯罪嫌疑人李某的主观恶性和人身危险性相对较小，案发后也认罪悔罪。而且李某是L有限公司的负责人，如被判处较重刑罚，将对其公司产生很大的不良影响，不利于社会市场经济的发展。

《起诉意见书》指控犯罪嫌疑人李某未能尽督促、检查本公司生产安全之责。然而，李某虽是企业负责人，但不可能对企业事务做到面面俱到。企业的各个部门都有相应的工作事项和职责，分工明确。李某并非项目的现场指挥者，其将督促、检查本单位的安全生产工作落实到全方位存在客观实在的阻碍。

辩护人始终坚持认为：本案中犯罪嫌疑人李某作为L有限公司的实际控制人，对公司疏于管理，最终酿成大错。但是一旦企业涉及刑事风险，动摇的就是企业之本，对企业起诉、定罪直至刑事处罚，会产生难以预料的蝴蝶效应。基于当前的大环境，希望检察机关依法保护企业正常生产经营活动，充分落实"少捕""少押""慎诉"的司法理念，在最终讨论并处理该案时，将企业合规纳入考量因素，以事实为依据，以法律为准绳，根据犯罪的事实、性质、情节和对于社会的危害程度，依法作出不起诉量刑建议，让犯罪嫌疑人李某在该司法案件中感受到公平正义。

● 终免于刑责 ●

2021年9月17日，A市人民检察院组织公安机关、辩护人、人大代表等参与公开听证。9月18日，检察院最终对涉案犯罪嫌疑人李某作出了不起诉决定，并提出了要求企业依法作出合规整改的建议。

● 律师点评 ●

说服办案人员的核心在于以事实为根据，以法律为准绳。观点的阐述首先应当列明所依据的法律条文，引用法条务求精准。

承办律师认为本案能够取得良好的辩护效果，主要归结于以下几点：

一、律师指出证据缺失，从而推动有效辩护

律师根据控方构建出的证明犯罪事实的证据体系，指明漏洞，提出证据存在遗漏与缺陷，从而否定控方证据所证明的事实。其中，律师不仅要审查单个证据的证明力，还要综合衡量整个证据链形成的真实性、合法性以及关联性。

二、律师能够精准捕捉到遗漏的有利于当事人的事实

律师通过认真、反复阅卷，发现政府批复的事故调查报告遗漏了李某积极抢救、积极配合调查、安抚死者亲属及积极赔偿的事实，并据此希望检察院考虑到李某的犯罪情节和对社会的危害程度，力求实现政治效果、法律效果和社会效果的有机统一，从而让李某在该案中切实感受到法律的公平和正义。

三、律师与承办检察官多次有效沟通

通过对全案进行分析、梳理，律师制作并向承办检察官提交了审查起诉阶段法律意见书，围绕犯罪嫌疑人李某的客观行为、犯罪情节及其地位、层级、职务等情况，充分说理阐述，综合分析李某的责任轻重和刑事追究的必要性。律师始终敢于坚持自己的意见，并积极就相关事实、证据方面与办案人员进行探讨与沟通。

四、律师通过多方努力，积极调停

案发后，律师晓之以理、动之以情，做好李某和死者家属的思想工作，帮助李某获得了死者家属的谅解，减少了本案的社会危害性。

承办律师

陈志学律师，江苏尚学律师事务所主任，泰州市律协刑事业务委员会主任，泰州市法学会刑事诉讼法学研究会会长，江苏省刑事专业律师，江苏省律协刑事法律业务委员会委员，江苏省律协刑事律师培训授课专家库成员，江苏省律协刑事专业人才专家库成员，2016—2017年度和2018—2019年度泰州市优秀律师，泰州市业务能手，泰州市法治建设法律专家。

察民刑交叉本质，主动介入，辩冤白谤

——赵某涉嫌诈骗罪案在侦查阶段被撤销

在我代理的赵某涉嫌诈骗罪一案中，我多次提交辩护意见并积极与侦查机关沟通。最终侦查机关采纳了我的意见，认定本案系民事纠纷，作出撤销案件决定，当事人也喜获清白。

● 被房东倒打一耙的二房东 ●

甲区公安分局侦查认定：2018年，赵某作为二房东，与宁某某签订房屋租赁合同，租赁期限为2018年7月12日至2019年7月11日，而赵某与原房东路某的租赁合同显示其租赁期限截至2019年4月14日。2019年4月，原房东路某找到宁某某要求其交出房屋。于是宁某某向公安报案，称被二房东赵某诈骗。据此，公安机关认定赵某的行为涉嫌诈骗罪。

由于赵某自小精神不佳，其亲姐姐找到我，哭诉着弟弟遭受的冤屈。根据其描述，赵某系二房东，已经租赁该房屋多年，与路某合作良好，并自费装修用于经营，后出租给宁某某。但原房东突然反悔，置二人多年合作情谊于不顾，执意收回房屋，想对赵某修缮一新的房屋坐享其成，于是案发。

通过对案情关键点的分析，我初步判断此系民事纠纷，或不构成诈骗犯罪，并向当事人家属详细讲解辩护思路。

● 多线工作并进，实现辩护过程精细化 ●

2020年12月18日，辩护人于接受委托后第二天，便前往公安机关与民警沟通，了解案情，随后到委托人家中会见因身体原因被取保候审在家

洞察民刑交叉本质，主动介入，辩冤白谤

的赵某，做好情绪安抚，并制作了详细的会见笔录，对案件来龙去脉有了充分的把握。

本案存在一个特殊情况，即当事人一直受精神疾病困扰，其被取保候审后，在家中靠家人照料生活起居，无法主动前往公安机关配合调查。辩护人在接受委托后，一方面悉心安抚当事人的情绪，耐心做好法律辅导，使其能够更好地配合办案人员调查案件真实情况；另一方面，通过详细了解案情，多次与办案人员沟通，让办案人员更多了解当事人对本案的认知，从而完整把握整体案情。

● 紧扣诈骗罪的构成要件，还原和解构案件事实 ●

辩护人总体认为，本案系典型的民事纠纷，是否存在刑事犯罪有待商榷。

具体理由如下：

（一）本案系典型的民事纠纷

本案情节系典型的次承租合同期限超出原租赁合同期限，而且赵某也在积极促成原租赁合同的续签。

《最高人民法院关于审理城镇房屋租赁合同纠纷案件具体应用法律若干问题的解释》第十五条规定："承租人经出租人同意将租赁房屋转租给第三人时，转租期限超过承租人剩余租赁期限的，人民法院应当认定超过部分的约定无效。但出租人与承租人另有约定的除外。"第十八条规定："房屋租赁合同无效、履行期限届满或者解除，出租人请求负有腾房义务的次承租人支付逾期腾房占有使用费的，人民法院应予支持。"

根据上述法律规定，由于次承租人已经缴纳租金至7月份，赵某需要退超出原租赁合同部分的租金。如果次租赁人宁某某主张损失赔偿并确有损失，赵某应在合理范围内予以赔偿。

因此，本案系民事纠纷，可以通过民事途径解决。

（二）赵某没有非法占有的目的

1. 赵某与宁某某之间的租赁合同已经实际履行大部分。

赵某与宁某某之间的租赁合同显示，租赁期限为2018年7月12日至2019年7月11日。赵某与路某之间的租赁合同显示，原租赁合同续签后，租赁期限截至 2019 年 4 月 14 日。截至 2019 年 4 月 14 日,赵某与宁某某的租赁合同已实际履行 9 个多月,已经完成合同 3/4 以上。

2. 赵某未能履行剩余部分的合同是事出有因,非恶意违约。

首先,根据当事人家属提供的赵某与路某的对话录音,赵某未能履行剩余 3 个月的合同是事出有因,系赵某与路某产生纠纷所致,而且路某告诉赵某房子租赁事宜已不在其管理范围内。此时,赵某无法找到此时的房屋管理者进行续租。

其次,路某与赵某因为利益问题产生纠纷,尚不能达成一致意见,导致原租赁合同无法续签。

再次,在次租赁合同已经履行大部分的情况下,因原租赁合同的续签工作出现赵某未能预料的情况而无法进行,次租赁合同超出原租赁合同部分赵某无法履行。

因此,在合同大部分已经履行的情况下,根据录音内容我们可以推断赵某对实际发生的合同不能履行部分并不具有非法占有的目的。

(三) 原次承租人与路某签订新的租赁合同,是赵某无法履行次租赁合同的主因,赵某没有诈骗的故意

赵某家属称,路某与原次承租人宁某某签订新的租赁合同,也是导致赵某原租赁合同无法续签的原因之一。赵某家属称,这份合同存在是在派出所时办案民警所说。

如果该合同存在,那么宁某某应当是在赵某与路某原租赁合同期限届满前就已得知赵某无法获得原租赁合同的续签。而且,辩护人认为,正是宁某某与路某签订的租赁合同导致赵某无法在原租赁合同续签工作中获得续签可能。赵某无法履行次租赁合同系原次承租人导致的。

因此,原次承租人不存在被骗,而且正是其自身行为导致赵某无法履行合同。

综上所述,本案系典型的民事纠纷,系次承租人与出租人直接签订新的租赁合同导致承租人无法与出租人续签租赁合同并进而发生合同违约行为。承租人赵某没有非法占有的目的,其与次承租人签订租赁合同不符合诈骗罪的构成要件,其至多在民事上给予赔偿即可。

洞察民刑交叉本质，主动介入，辩冤白谤

● 辩冤白谤，喜获撤案 ●

辩护人多路并进，一方面与承办人员沟通，向公安机关提交《侦查阶段辩护意见》，另一方面向检察机关提交《立案监督申请书》。2021年8月4日，侦查机关对赵某作出终止侦查决定。赵某终于拿到期盼已久的撤销案件决定书。

● 具备跨法思维，准确界定民刑交叉案件实质 ●

办理民刑交叉案件，尤其是对于案件中经济犯罪与民事欺诈之间的模糊地带，应当以刑事控告和辩护作为手段，最终追求以民事调解达到诉讼目的，解决双方矛盾。

《中华人民共和国民法典》（简称《民法典》）的颁行提供了重新审视我国国家治理能力是否实现现代化这一重大问题的契机。国家治理能力现代化呼唤以人民为中心的以"重民轻刑"为前提的"民刑共治"新模式。对各类违法失范行为的治理，应该优先适用《民法典》民事侵权责任条款，而不是动辄入罪入刑。否则，民法规范尚未适用，刑法规范即已先行，这无疑违背了刑法最后保障法的原理。

不论是诈骗罪还是合同诈骗罪，都应当符合诈骗罪的行为构成，即：行为人实施欺骗行为—对方陷入错误认识—对方基于错误认识处分财产—行为人取得财产—被害人遭受财产损失。

欺骗行为与非法占有目的没有必然联系。简单地以欺骗行为推定非法占有目的是错误的。只有采用冒名、提供虚假担保等欺骗方法逃避返还骗取的财物的，才能被认定为具有非法占有目的。

因合同当事人不履行或不完全履行合同而引发的合同纠纷在现实中大量存在。只要行为人愿意受合同约束、不逃避承担合同责任，就不应被认定为具有非法占有目的。行为人以签订、履行合同为名骗取财物后，故意不履行合同，并逃避返还骗取的财物的，才能被认定为具有非法占有目的。

在本案中，当事人赵某作为二房东，无权将房屋租赁给宁某某至其原合同租赁期以外。从表面上看，赵某似乎诈骗了其无权处分期限涉及的租

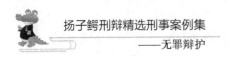

赁款，但民事欺诈与诈骗罪的本质区别就在于行为人是否具有非法占有目的。赵某与路某已经有过长期的租赁合作。赵某认为接下来仍然会长期合作，且为了长期经营还将该房屋进行装修。这足以说明赵某没有非法占有租赁款的主观故意。

在办理本案过程中，辩护人将案件事实从民事上和刑事上进行实质判断，认为本案用民事法律处理更为适宜。

承办律师

赵刚律师，靖霖（济南）律师事务所副主任，靖霖人身伤害犯罪研究与辩护部副主任，靖霖企业家刑事风险研究与防范部副主任，专注于刑事辩护。

徐传瑜律师，靖霖（济南）律师事务所新型犯罪研究与辩护部副主任。

"推一把"还是"拉一把"

——记一件适用企业合规获不起诉的虚开增值税专用发票案

● 公司经营困难,不得不节约支出 ●

A 公司系软件开发类的初创公司,在成立初期的前几年几乎把全部工作重心都放在产品研发上。虽然 A 公司在成立初期通过几轮融资获得了启动资金,但是 A 公司的软件产品尚处于研发期。没有产品就没有收入,而这种状态一直持续了两三年。要知道,开发软件产品的程序员们的薪资待遇普遍都不低,而 A 公司大部分员工都是软件工程师。可想而知,人力成本巨大,融资也难以为继。A 公司再不削减支出,恐怕要运营不下去了。

郑某是 A 公司的法定代表人以及实际控制人,为了避免公司就此停摆,不得不考虑降低人力成本。听说通过人员外包的形式可以少缴纳一些社保,便想要咨询长期从事人力资源工作的专业人员。后经人介绍认识了专门做这块业务的方某。

● 人事外包服务竟涉罪? ●

郑某联系方某后,方某自称有相关的客户和资源,为 A 公司推荐了有对应业务范围的技术公司 B 公司,并安排 B 公司与 A 公司签订了技术服务合同。合同约定:B 公司为 A 公司提供相关技术服务;A 公司向 B 公司支付服务费及业务税费,支付的服务费中包含了 B 公司承诺以灵活用工等方式为员工缴纳相应税费的费用金额;B 公司为 A 公司提供服务,代发员工的部分工资并承诺为员工缴纳个税。

这样一来,A 公司按照最低工资标准发放工资,可以社保最低基数为员工缴纳社保，员工剩余部分工资以外包服务的形式让 B 公司发放。社保缴纳基数调低了，员工就能多拿一点现金，A 公司也可以少交一些社保，降低企业用工成本。

每月月初 A 公司将发放明细给 B 公司。B 公司计算出代发总额、服务费、业务税费总额后通知 A 公司支付。A 公司付款后 B 公司按发放明细将款项发放到员工账户并为 A 公司开具服务费发票。A 公司会计在收到 B 公司寄来的发票后，看是有合同对应的，就对发票进行了认证和进项税申报。

原本以为是合理的人力资源筹划，但未曾想，不久郑某接到了公安机关的电话，被传唤配合调查。原来，公安机关在工作中发现，方某推荐的 B 公司没有实际经营的业务，收受 B 公司发票的 A 公司涉嫌虚开增值税专用发票罪，便对 A 公司及法定代表人郑某予以立案侦查。

2020 年 9 月，公安机关传唤了法定代表人郑某，还让 A 公司的会计带着财务账簿、发票等材料到公安机关接受调查。到案后，郑某将当时公司经营困难以及寻找人力资源外包筹划的过程和盘托出。公安机关则在查证后认为，A 公司系在无实际货物交易的情况下，通过方某虚开了 B 公司的增值税专用发票用于自己经营的公司抵扣税款，开具金额约 700 万元，税额约 40 余万元。所幸税额未超过 50 万元。郑某当天即被取保候审。

由于被取保候审，公安机关也未再继续调查，郑某误认为没什么事了，就一直未聘请律师。2021 年 3 月，案件被移送检察院审查起诉之后，检察官告知 A 公司和郑某可以聘请律师，并告知了认罪认罚从宽制度。郑某还以为无大碍，仍未重视案件。

● 律师临危受命，据理力争遭拒 ●

直到 2021 年 6 月，检察院通知 A 公司和郑某要做认罪认罚，并且准备提起公诉了，郑某方才意识到公司和自己即将背上虚开增值税专用发票罪的罪名。A 公司作为初创企业得到了一些资本的青睐，目前已经成功研发出产品，并取得了可喜的成绩，有了不错的发展，未来是有希望成为上市企业的。如果 A 公司和法定代表人有了犯罪记录，那么短期而言，公司的新一轮融资就会直接遭遇负面影响，公司的发展必然受到很多限制；长期而言，由于公司要想上市，就不能有犯罪记录，一旦此案被定，那么 A 公司和郑某多年的努力都会付之一炬，A公司诸多员工的就业也必然会受到影响。郑某这时才想到要请律师，希望能挽回局面。

律师在紧要关头接受委托后，迅速进行了阅卷，发现实际上A公司没有骗取国家税款，也未给国家税收造成损失；而且，A公司及郑某没有骗取国家税款的意图，A公司及郑某的行为实际上不构成虚开增值税专用发票罪。具体而言：

一、在客观方面，A公司及郑某未给国家税收造成损失

1. 一方面，A公司由于前期长时间处在研发阶段，进项税超过销项税，处于亏损状态，目前是不用缴纳税款的；另一方面，A公司在产品研发成功后获评了高新技术企业，尚处在税收优惠阶段，实际上是无须向税务局缴纳税款的。既然无须缴纳税款，又何来因抵扣而造成的税收损失呢？

2. 在被公安机关调查后，A公司第一时间转出了相应的抵扣额度，抵扣事实上也没有实际发生，国家税收没有遭受损失。

3. B公司给A公司开具的增值税专用发票，A公司也已经按照票面税额缴纳了相应的税款。

因此，整个案件中，A公司及郑某未给国家税收造成损失。

二、在主观方面，A公司及郑某不具有虚开增值税专用发票的主观故意

1. 从A公司及郑某联系方某的目的来看，A公司及郑某是为了筹划员工工资的发放事宜。由于方某原先专门从事人力资源方面的工作，A公司及郑某是基于对方某在人力资源方面的信任，想让方某为A公司筹划员工工资发放事宜，提供人事外包服务，以便减少A公司的用工成本，让A公司少缴纳一些员工的社保和公积金。A公司及郑某从来没有主动要求方某开具发票，也没有要求B公司开具发票，A公司及郑某没有虚开发票的主观故意。

2. 从双方合作的实际内容和客观行为来看，A公司通过方某和B公司进行的合作，符合人事外包服务的特征。在这个模式中，涉及工资发放问题的员工既和A公司签订了用工合同，也和B公司签订了服务合同。此外，方某还让A公司的员工在灵活用工平台进行了注册，并让A公司员工把做出来的部分软件代码发给B公司。

也就是说，在这个设计中，实际上A公司将自己的员工变为相当于半自由职业者或者说可以从事一份兼职的人员。工作内容中关键部分由 A 公司的员工完成。A 公司按照合同工资为员工缴纳最低档位的社保及公积金。工作内容中的非关键部分则外包给方某介绍的 B 公司来做。B 公司与 A 公司签订整体的技术服务合同，然后 A 公司的员工作为半自由职业者或者兼职人员来完成 A 公司外包给 B 公司的服务内容。B 公司给这些员工发放该部分的劳务报酬，缴纳个人所得税。而这个设计是符合人事外包服务的特征的。A 公司为此向方某介绍的 B 公司支付的服务费是真实的业务关系相对应的服务费用。

但是检察官并不能接受辩护人的意见，认为 A 公司在客观上确实存在问题，最起码员工的个人所得税是少缴、漏缴了。

关于这点，律师认为，如果一定要认为 A 公司没有按照员工的真实工资为员工缴纳个人所得税存在问题，涉嫌犯罪的话，那 A 公司也只是涉嫌逃税罪。

在本案中，检察官可能认为 A 公司是采用了隐瞒手段未对部分员工的部分工资进行个人所得税的纳税申报。但是，税务机关尚未对 A 公司予以处理。即便检察官认为 A 公司可能存在违法违规的行为，其行为也应该由税务机关先行处理。

此外，现在随着 A 公司经营状况的改善，公司员工的社保、公积金和个人所得税都是据实缴纳的。

然而检察官还是不能接受辩护人的辩护意见，让辩护人将意见留到庭审阶段发表，由法官来做最终的判定。

● 巧借东风，企业获合规整改机会 ●

律师在进行无罪辩护的同时，意识到还有可能帮助 A 公司及郑某获得不起诉的方法——企业合规整改。

自 2020 年 3 月开始，最高人民检察院在上海、江苏、山东、广东的 6 家基层检察院试点开展"企业犯罪相对不起诉适用机制改革"。不少企业通过开展企业合规整改，在评估合格后获得了不起诉决定，而且虚开增值税专用发票案还是其中数量较多的案件类型。

2021 年 3 月，最高人民检察院又扩大试点范围，在北京、辽宁、上海、

"推一把"还是"拉一把"

江苏、浙江、福建、山东、湖北、湖南、广东10个省（直辖市）开展了第二期试点工作。无疑，上海属于企业合规改革试点工作的前沿阵地。

在律师向检察官提出让A公司开展合规整改的想法后，检察官一开始有些为难，因为案件已经临近办案期限，而且认罪认罚和提起公诉已经基本确定。

在辩护人多次和检察官沟通了企业的情况、介绍了A公司的发展历程以及最高人民检察院的试点要求后，检察官终于答应先把A公司的基本材料整理好寄给他，他向院内专门负责企业合规改革试点工作的领导和相关工作人员汇报，讨论后再答复。

于是，辩护人和A公司的工作人员赶紧着手准备A公司的基本材料，从企业基本信息、组织架构、经营状况、员工就业情况、获奖信息、发展规划等方面着手，整理了数百页相关证明材料提交检察官，同时，也提交了启动企业合规的申请书。

检察官在收到上述材料后，认可了A公司是一个较为优质的公司，是正常经营并开展业务的公司，并告知我们，区检察院已经同意对A公司适用企业合规第三方监管机制，并将相关材料提交市检察院，待市检察院审核确认后再给予答复。

经过焦灼的等待，检察官答复市检察院同意A公司适用企业合规第三方监督机制。

区检察院依据《关于建立涉案企业合规第三方监督评估机制的指导意见（试行）》之规定，为A公司选择了第三方监督评估人员，并出席了关于A公司进行企业合规监督考察的听证会。听证结束后，区检察院正式对A公司作出适用企业合规监督考察的决定，并宣布企业合规整改的起止时间、合规目标、分阶段合规整改内容等。

● 合规整改通过，终获不起诉决定 ●

听证会结束后，按要求，A公司应尽快提交《合规整改计划书》。

由于企业合规改革试点工作刚刚兴起，《合规整改计划书》对于传统的刑事辩护律师而言是陌生的，几乎尚无可以直接借鉴的文本甚至起草思路。

和检察官及第三方组织沟通确认后，大家一直认为，虚开增值税专用发票罪涉及企业财税的专项合规，从这方面制定计划书更有针对性，在合规整改期限内进行整改也更有可行性。

A公司制作完《合规整改计划书》后，第三方监管机构的监管人员对公司提交的合规计划基本予以认可，并提出一定的修改意见，以保证合规整改效果。

在合规整改计划获得检察院和第三方监管机构的认可后，A公司便正式开始按照合规整改计划进行合规整改工作。

与此同时，第三方监管人员按照合规整改计划对企业合规整改的开展情况进行定期督查。企业将开展合规整改工作情况定期向第三方监管人员汇报。第三方监管人员对企业合规整改分阶段开展定期检查及飞行检查。检察机关与第三方监管人员保持联系，同步掌握企业合规整改开展情况。到达约定期限后，第三方监管人员出具了合规整改报告。

合规整改期限到后，A公司出具了合规整改报告。检察机关根据合规整改报告判断A公司合规整改目标完成，并举行听证，最终对A公司作出了相对不起诉的决定。

● 律师感悟 ●

相比于企业可能会遭遇的其他种类风险，刑事法律风险无疑是最为严重的一种。在当前我国刑法规定中，构成单位犯罪的企业，大多数会面临"双罚"的法律后果。一方面，企业会面临监管机关的罚金处罚，遭受经济损失的同时，社会声誉也会大大降低，更有经营资格被剥夺的可能性；另一方面，企业的主管人员和直接责任人也会被判处刑罚，甚至被剥夺人身自由，导致企业陷入经营困境，甚至难以为继。所以企业刑事合规工作的重要程度越来越高。

当前我国正大力推动刑事合规不起诉的试点工作，让企业刑事合规制度的建立有了更多动力。越来越多的企业开始愿意在刑事合规领域花时间、花精力，通过加强对单位犯罪的事前预防或事后整改，构建起能够有效帮助企业避免刑事风险以及降低刑事可罚性的制度。

最高人民检察院将"督促涉案企业合规管理"纳入了司法改革工作进程。这既是新时代检察服务的极大创新，也是检察机关践行保障民营企业健康发展的具体表现,实现了追诉犯罪与企业"体检"两手抓,变"推一把"为"拉一把"。

承办律师

陆祺律师,上海市金石律师事务所高级合伙人,上海市律协刑事合规业务研究委员会副主任,中国民主建国会上海市静安区委委员,上海市青年联合会委员,上海市律协执业共同体(维权委)委员,曾获得"上海市静安区十佳律师""上海市静安优秀刑事辩护律师"等荣誉称号,专注于企业刑事合规工作和刑事辩护,尤其在金融证券犯罪、职务犯罪、知识产权犯罪等领域有丰富的执业经验。

一条"路"引发的敲诈勒索案

——扫黑除恶专项斗争背景下的无罪辩护

● 前 言 ●

J省某镇（以下称"临海小镇"）紧邻黄海。这里的百姓多以水产养殖为生。20世纪80年代渔民们为响应国家开荒政策，对荒废的滩涂进行开发，自行修建虾塘。

渔民们普遍会在虾塘边上搭建一间小屋用于休息，忙时需住在小屋，数月不能回家。这些小屋里只有简单的布置，一个灶台、一张床就满足了日常生活。大多时候渔民们都各自忙碌，照看好自己的虾蟹等，按时撒饵。偶尔三五个人聚在一起，互相散支烟，闲聊两句就是娱乐了。

赵某明是临海小镇的普通农民，他和镇上的百姓一样以水产养殖为生。2003年，赵某明、张某华和张某刚三人合伙以合理价格从王某果手中受让了一块荒废已久的虾塘，花费巨资修缮后养殖虾蟹等。

赵某明以为自己的生活会一直这么平静，直到2018年，一个电话打破了所有的平静。

电话是临海小镇扫黑办打来的，要求赵某明到镇综合治理办公室谈话。抵达后，赵某明就被带到了派出所问话，并于2018年9月4日被区公安局刑事拘留。

● 老实农民为何被刑拘？ ●

2018年，区政府想要征用涉案虾池所在地块，作为港口和渔具安置中心的腹地，但该地块原属海岸线范围向海一侧，本不属于陆地范围之内，多年以来一直由海洋局管理，属于国有性质。2009年，J省重新测绘海岸

一条"路"引发的敲诈勒索案

线,将该地块化为海岸线向陆地一侧。该地块事实上处于无人管理的状态。

2009 年后,赵某明等渔民向海洋局申请《海域使用权证书》就一直没有回应,既没有政府部门张贴告示,也没有其他解释。

2013 年年底,S 省人王某远欲将自己占用的原本用于渔业生产的鱼塘改作货物码头用。为方便拉货的大车通行,王某远购买钢渣和石子,将原来 S 省和 J 省两地农民用于养殖的一条土堑改用钢渣铺设成"路"通向码头。这条"路"就要利用赵某明、张某华、张某刚虾塘边的土堑和南边的石墙。

三人得知此事的时候,施工车辆已开始作业,且将张某刚的虾塘南边的石堤轧出了一条裂缝,甚至将张某刚的虾塘向里填了两米。

老渔民们都清楚,虾的生长环境要求严格,不能有强光、强震和噪声等影响。虾塘边的土堑本就无法承受大车经过,平时只有养殖用的农用车通行,且渔民们守在自家的虾塘边,看到陌生车辆就会上前提醒车辆不要鸣笛,要缓慢行驶,以免惊扰了虾。因此,赵某明等人在看到有一辆施工车辆驶过时,主动和司机打了招呼,让司机停车,请他和王某远说一下,这事得和他们打一声招呼。

没想到,这一再普通不过的伸手拦车和司机打招呼的行为竟然演变成各种令人啼笑皆非的"拦路"版本,成为指控他们敲诈勒索的依据。

王某远认为让渔民们同意"路"从他们的虾塘旁边经过难度比较大,便想改为从同为 J 省人的王某田的虾塘边经过。但王某远经过粗算认为绕路花费更大,且前期已动工垫了钢渣、石子,便委托王某田从中说和,想要继续从赵某明等三人虾塘旁的土堑修路。

王某田在居中调解中主动提出了若修路给三家造成损害,王某远可支付一定的费用进行赔偿。因担心车出现事故掉到虾池里产生纠纷,三人并未同意。但王某远考虑自己的经济利益,令人去"骚扰"赵某明等人,影响他们休息。赵某明等人禁不住滋扰,最终此事以王某远赔偿三人共 6 万元结束。

2018 年,区公安局认为赵某明等人敲诈勒索王某远,将赵某明等人全部刑拘。

一条"路"引发的敲诈勒索案

案件因拦"路"而起,虾塘边上的土堘到底是不是"路"呢?

事实上,"路"只是土堘。土堘是用挖虾塘的淤泥堆积而成的,所以从土地性质来讲,"土堘"属于虾塘必需的组成部分。土堘是供渔民撒饵喂料时候自用,平时只有行人或农用小车通行,从严格意义上说并不能够称为"路"。且在涉案地块的利用现状图(非性质图)上,该条"路"并没有像其他路一样被标注为104(农村道路),所以土堘并不属于路。

另一方面,该土堘的权利状况也关乎案件的定性。赵某明等是否能对自家虾塘边的"路"主张权利?赵某明等人在2005年取得了虾塘的《海域使用权证书》。从2005年至2015年,涉案地块的使用权依法由赵某明等人享有。

而王某远并没有权利擅自修"路"。王某远是以挖走淤泥、铺垫钢渣的方式修路。此方式改变了赵某明等三人滩涂养殖的农业用地现状。滩涂属于农用地,路则属于交通水利设施用地,即属于建设用地。王某远于2014年修建码头抑或为此修路(在建工程)均需要合法的规划、审批等手续,否则属于违法用地。然而王某远并没有相关审批手续。

综上所述,王某远修"路"并使用"路",与赵某明等三人仅可能构成民事法律关系。事实上,赵某明等三人为虾塘及附属土堘的不动产权利人,而王某远甚至并非适格的相邻权人。赵某明等三人作为不动产权利人并非应当提供必要的便利,其有权拒绝王某远。而王某远采用骚扰等方式强行取得赵某明等三人的同意,修"路"并使用"路"的行为给赵某明等三人的生产经营既造成实际的损害(如虾塘面积减少),也创设了安全隐患,王某远依法应当给予赔偿。

此事本应是双方因相邻权产生的纠纷,为何上升到刑事案件?此案存在着多处疑点。

指控证据存在疑点

初阅三人的讯问笔录时,辩护人能感觉到笔录对敲诈勒索罪的认定起到了很大的证明作用。笔录中不乏"要补偿费""不是很情愿"等字眼。辩护人还发现了部分违法取证手段,随即第一时间申请检察机关留存讯问的全部同步录音录像。

后经审查,全案仅剩的张某华、张某刚第一次讯问同步录音录像的内容与部分在案的二人书面供述内容相互矛盾。

在这种情况下,辩护人申请继续调取赵某明的同步录音录像,但因办案中心和看守所设备同时产生故障而未能调取。因此,赵某明笔录的真实性完全无法核实。

除了笔录有问题外,辩护人还发现证据中的部分文书以及在法定审理阶段产生的《情况说明》也有问题,但司法机关并未采纳辩护人的意见。

2018年12月28日,公诉机关以敲诈勒索罪向法院提起公诉。

2019年11月19日,法院作出一审判决,判处赵某明有期徒刑三年六个月,并处罚金一万元。

● 辩护律师不放弃,二审终见希望 ●

辩护人葛绍山、黄竞宇律师在接受委托之后,通过多次走访现场、调查取证,提交了数十份申请,形成了近十万字的辩护意见。一审法院判决后,辩护人立即提交了上诉状。

一审法院认为没有证据证实被害人王某远对道路进行加固给被告人造成了损失。然而,王某远对道路进行铺设,在客观上使得一审被告人的虾池面积减少,而王某远走大车的行为也给三人的虾池的生产经营带来极大的安全隐患和风险。此事实有王某田的询问笔录为据。而王某远滋扰三人的情况,张某华与张某刚的同步录音录像里面均有证实。

此外,赵某明三人的客观行为不属于"威胁"或者"要挟",也不应被认定为"索取"或者"强索"。赵某明与张某华仅仅因为担心危险叫停过一次车辆(有赵某明、张某华的供述和辩解以及被害人王某远的陈述和现场施工车辆驾驶员王某阳的证言相印证),之后王某远就不再走车、施工。另据张某刚的供述,涉案的"路"本身又窄又软,根本无法承受施工车辆通行,仅供养殖小车、行人通行。即使三人有不让修路的情形,除非有证据证明王某远对修路具有合法性、正当性、必要性、唯一性,否则三

人叫停施工车辆也不具有任何违法性，刑罚可罚性更无从谈起。

一审判决认定的阻止施工行为，不属于威胁、要挟，不符合敲诈勒索罪构成要件。行为人"要挟"的内容应该具有强制性，内容及解决措施不具有选择性。除被害人的单方陈述称其因修路被索要财物外，没有任何证据证明其受到"要挟"，也无其他证人证言对此予以印证。而本案亦不存在被害人"别无选择"的情形。在案证据证实，被害人有多种选择：一是绕道修路，二是进一步协商（王某田居中协商），三是选择铺垫、拓宽涉案土埝东侧部分。赵某明等三人的客观行为根本无法让被害人产生恐惧心理。被害人被阻止后，企图采取威胁方式实现非法施工，失败后，转而积极主动地寻求本案证人王某田的居中协调。

以上事实和分析充分说明赵某明等三人没有实施任何敲诈勒索的客观行为，更不存在被害人基于"威胁、要挟"行为产生恐惧心理进而进行的财产处分。

上诉后二审法院听取了辩护人的意见，在 2020 年 4 月 23 日以事实不清、证据不足裁定：撤销原判，发回重审。

至此，赵某明及辩护人算是看到了一点希望。

● 重审之路险阻且长，补充起诉加刑判决 ●

二审法院将案件发回重审后，一审法院于 2020 年 4 月 26 日受理案件。但 8 个月后迎来的不是二审法院建议的取保候审，而是王某迎被敲诈勒索案的补充起诉。

事实上 8 个月的补充侦查并未就王某迎被敲诈勒索案补充任何能够影响定罪的新证据。其间，辩护人通过走访调取了百余名海产养殖户的证言等新证据，同时提交了《一审法院不宜继续行使管辖权法律意见书》等数十份法律文书，论证一审法院无法独立行使审判权，以及申请对赵某明变更强制措施、被害人与证人出庭、侦查实验申请等，但一审法院均未作出任何答复。万般无奈之下，辩护人根据在案的证据，依法通过各种方式对相关工作人员进行了多轮的实名检举控告，然而检举控告收效甚微。之后，辩护人不得不在自媒体公开发布了实名检举控告的相关内容，终于在 2021 年 3 月 8 日等来了重审一审开庭。

一条"路"引发的敲诈勒索案

重审一审庭审中，公诉机关当庭撤回了与同步录音录像内容矛盾的张某华、张某刚的庭前笔录，并出示了向侦查机关发出的《纠违通知书》，但依然把王某远被敲诈勒索一案中"三人主动要钱、不给钱不给过"等内容作为指控依据，对于"修路影响生产、占用虾池面积、存在隐患以及中间人主动提出补偿"等关键性内容仍旧不予采信。同时，控辩双方就发回重审后法院尚未立案、侦查机关补充证据的合法性等问题展开了多轮的交锋。

对于补充起诉的王某迎被敲诈勒索案，辩护人首先围绕补充起诉的严重违法性展开论述。补充起诉书依据的《中华人民共和国刑事诉讼法》第一百七十六规定是提起公诉的依据，并非补充起诉的依据。补充起诉的王某迎被敲诈勒索案在审查起诉阶段已经公诉机关审查。公诉机关在审查起诉阶段已对王某迎案作出了存疑不诉的决定，重审一审期间的补充侦查不具有合法性，提交的新证据亦非在补充侦查期间调取的，且所谓新证据丝毫不影响定罪。故此案不适用《人民检察院刑事诉讼规则》第四百二十三条的规定。

持续了近十个小时的庭审，控辩双方就在案证据的合法性、真实性，罪与非罪，程序违法等问题充分发表了意见。2021年4月6日一审法院再次作出判决：赵某明犯敲诈勒索罪，判处有期徒刑四年，并处罚金四万元。

● 坚持无罪诉求，终迎无罪 ●

收到重审一审判决后，辩护人随即撰写上诉状，上诉请求明确为改判无罪。案件至此已历时近两年半，就案发背景、证据的采信、事实的认定和法律的适用来说，几再无新的争议焦点和意见。赵某明再次陷入绝望状态，其家属也有所动摇，甚至提出"实在不行就认罪，不能因为案件连累律师"。

基于重审二审面临的困境，辩护人及时调整辩护方案：

首先，稳定赵某明及其家属的情绪，坚定其无罪的信心。

其次，积极开展新一轮的调查取证工作，收集了大量能够证明赵某明等三人无罪的证据提交法庭。

再次，临时调整辩护人人选，由杜家迁律师顶替葛绍山律师，联合黄竞宇律师继续开展无罪辩护工作。

最后，保持与二审法院、检察院的友好沟通和交流。

过了一段时间，葛绍山律师处理完被联名投诉事件后重新回到辩护人团队。

二审法院于2021年12月3日决定对羁押了三年三个月的赵某明取保候审。

经长达9个月的审理，二审法院于2022年1月10日再次作出裁定：撤销原判，发回重审。

案件被发回重审后，公诉机关于2022年2月8日向法院撤回起诉，并于2022年2月11日作出不起诉决定。

● 结　语 ●

本案历时近三年半，几乎走完了一个刑事案件能走的所有程序，终获无罪结果。赵某明始终坚定无罪的信念，一直苦苦坚持。

赵某明为谁坚持？作为一个渔民，被判处缓刑对他来说没有影响。"我的孩子有大好的前程"，在说到自己孩子的时候，赵某明眼里露出了温柔。赵某明的孩子，一个刚步入社会，有着充满希望的未来，另一个尚在象牙塔，不谙世事、无忧无虑，但他终有一天要步入社会。直系亲属有犯罪记录会阻断他们很多的选择。

除了为家人坚持的赵某明，辩护人也一直在坚持。葛绍山、黄竞宇、杜家迁三位律师作为案件的辩护人受到了来自各方的压力。有很多人好言相劝，让律师做赵某明的思想工作，让他认罪，但辩护人都不为所动。"如果本案不做无罪辩护，以后别的案件也就不用做无罪辩护了"，这是三位律师及各自团队律师发自内心最真实的共同想法，也是他们对公平正义的执着追求。

承 办律师

葛绍山律师，上海权典律师事务所高级合伙人，资深刑辩律师。专注于刑事辩护，办理过多起在全国范围内具有重大影响的案件。

黄竞宇律师，北京中银律师事务所律师。专注于刑事辩护、行政案件代理。

"沉睡"11年的案件何时了

——胡某辉涉嫌滥伐林木罪获不起诉案

● 买山伐木 ●

2003年6月,胡某辉通过拍卖,竞拍到A县林业公司泗园林场东上林班山场的经营权,并注册成立A县F林场个人独资公司。胡某辉采取融资方式邀请他人入股经营。2003年8月—12月,F林场在间伐东上林班皮林山场杉木时,因采伐限额政策原因,在涉案山场只办理了540立方米数量的林木采伐许可手续。为了林场整体经营需要,胡某辉雇请农民工大面积采伐杉木。经公安统计,采伐数量不少于1 530立方米,超伐990立方米,折合立木蓄积1 414.3立方米。

森林公安认为,胡某辉在经营F林场期间,超数量采伐林木达到1 400多立方米,数量巨大,依法应当以滥伐林木罪追究其刑事责任。

● 曲折诉讼 ●

2008年9月,山场所在地村民联名向司法机关举报涉案山场有超伐情况。森林公安以犯罪事实不清为由,决定不予立案。2009年4月,在检察院的监督下,森林公安决定立案。随后,胡某辉缴纳数十万元后被取保候审。1年后,森林公安将案件移送检察院。因胡某辉在外省经商未到案,检察院下达逮捕决定。但森林公安未采取有效追捕措施,故胡某辉迟迟未到案。就这样,案件被搁置了11年,直到2021年4月,胡某辉主动投案,案件又重新被移送检察院审查起诉。

组合辩护

2021年5月,曾庆鸿律师介入本案辩护,经过会见胡某辉、走访森林公安、案发现场,研究案卷材料,形成了以下无罪辩护思路。

一、关于滥伐林木数量证据是否确实、充分的问题

《中华人民共和国森林法》规定,采伐林木必须申请采伐许可证,并按许可证的规定进行。《中华人民共和国刑法》第三百四十五条第二款规定:"违反森林法的规定,滥伐森林或者其他林木,数量较大的,处三年以下有期徒刑、拘役或者管制,并处或者单处罚金;数量巨大的,处三年以上七年以下有期徒刑,并处罚金。"《J省公检法关于办理破坏森林资源刑事案件若干问题的规定》第二条规定:滥伐林木罪"数量较大"的起点为15立方米;"数量巨大"的起点为75立方米;单位犯本罪的,参照个人犯罪数额的5倍掌握。

根据滥伐林木罪的构成要素,滥伐数量必须达到"数量较大"的标准。如果侦查机关查明的事实属实,胡某辉涉嫌滥伐林木罪的法定量刑为三年以上七年以下有期徒刑。关于本案滥伐数量是否达到证据确实、充分,有两种观点:一种观点认为,本案40多名证人证明滥伐数量近1 000立方米。尽管证据存在瑕疵,但滥伐数量远远超过"数量较大"标准,所以本案定罪事实清楚,证据确实、充分。另一种观点认为,本案关于滥伐数量的事实不清、证据不足,这也是胡某辉和辩护人的辩护观点。具体论证如下:

(一)农民工的证言真实性不足

一是农民工与F林场有利害关系。林场没有按照约定的价格计算报酬,所以农民工心存不满。尤其是东上村的村民,本身就认为林场砍伐木材过多而向相关部门控告。他们明显与本案有利害关系。二是所陈述的砍伐数量没有其他客观性证据印证。三是人证不具有完整性,尚有不少农民工未作证,他们的证言与其他证言可能存在矛盾(如农民工康某志的笔录就认为当时林场砍伐皮林山场的木材量仅为700立方米)。四是证人作证时,与砍伐林木的时间相隔太久,仅凭回忆,难以保证客观真实性。

（二）人证与其他证据矛盾

1. 据胡某辉回忆，县林业局对皮林山场出材量评估为 1 931 立方米。按照间伐要求，采伐强度不能超过 28%。起诉意见书称 F 林场间伐杉树不少于 1 530 立方米，换言之，约 80% 的杉木被采伐，这明显与绝大部分农民工反映的间伐后山场未"开天窗"的实际情况不符，与该山场拍卖时已评估的每亩蓄积约 4.73 立方米的情况严重不符，也与采伐后办理放行证前，已取得林业主管部门采伐后验收合格（即伐区验收）的事实不符。

2. 农民工的证人证言与本案关键证人梁某茂的证人证言相互矛盾。梁某茂是本案 F 林场农民工的联系人，同时又是砍伐后大部分木材的购买人。他证实的自己购买了皮林山场大部分木材（约占 2/3），总共约 480 立方米，价格为 11 万元，与胡某辉的陈述完全一致。根据该 11 万元购买总价的事实，结合该时期木材单价，完全可以确定，农民工所述的砍伐木材数量严重与客观事实不符。梁某茂证实的约 2/3 的林木从北界村方向出山，与案卷材料所附现场示意图所示的客观情况基本相符。

3. 另据梁某茂证实，他从北界村装运的杉条木原木规格为（1~4）m×（3~16）cm。这足以证实，从皮林山场砍伐的杉木中，至少有一部分是径级在 5 厘米以下的木材。而《J 省森林限额采伐管理暂行办法》、国家林业局颁发的《森林资源规划设计调查主要技术规定》等相关规定均明确，采伐胸径在 5 厘米以下的林木是不需要采伐证的。所以，即使从皮林山场上采伐下来的木材可以核定体积，因其中有一部分属于不需要采伐证的木材，具体的超采伐数量也仍然不能确定。

4. 根据《J 省森林限额采伐管理暂行办法》第十条的规定，采伐林木过程中所产生的可利用枝丫、梢头等采伐剩余物，应当充分综合利用，而采伐剩余物的利用指标，由 J 省林业行政主管部门根据各地年度木材生产计划进行核定，不列抵采伐限额。据此，J 市林业局给予 A 县 2003 年的年度木材生产计划汇总采伐指标表中，配套给予了约 8% 的采伐剩余物指标，即该配套的采伐剩余物是不列入采伐指标的。按照惯例，该剩余物或在采伐证备注栏内注明，或由林业主管部门另外批复放行。遗憾的是，办案人员没有复制本案卷宗中调取的采伐许可证背面的验收栏，对当年 A 县林业局对采伐剩余物的批复应当收集而没有收集，而胡某辉在讯问笔录中又恰恰陈述了当年有采伐剩余物指标事实的存在。因此，本案出材数量即使可

认定，也应当根据当时政策，核减 8% 的不需要采伐证的采伐剩余物的数量。

（三）缺乏采伐数据、司法鉴定等关键证据证明

1. 缺乏关键客观性证据。不轻信口供，重视物证、书证等客观性证据，是刑事诉讼的证据原则。因为口供的易变性、主观性等特点，仅靠口供定案易导致错案。结合本案，案发至侦查取证间隔 6 年，采伐现场、采伐合同、运输凭证、结算单据、所伐木材已灭失，司法鉴定的条件丧失，实际采伐的立木材体积无法计算。

2. 案件材料中仅有的书证即梁某茂登记的共 20 页装运木材车次数。该登记数所涉木材量因明显不是涉案山场的出材量，不得作为定案依据。首先，该证据来源不合法，系梁某茂在财务部门秘密窃取而来，也未经本案当事人审查。其次，梁某茂记载的车辆都是小农用车。证人证言证实："从山上运到路边都是用板车，从主伐山上运到山外是用小农用车。"这也说明，梁某茂书面记载的运木材车辆数所涉木材数主要是主伐山场的木材数。

总之，当时采伐林木后，林业主管部门已经进行了伐区验收，这进一步说明行政主管部门当时已认定没有超额采伐。本案采伐数量主要依靠人证确定，也是估计的数量，证据间相互矛盾，没有其他证据印证，本案未能达到事实清楚，证据确实、充分的证明标准。

二、关于是否超过追诉时效的问题

《中华人民共和国刑法》第八十八条第一款规定："在人民检察院、公安机关、国家安全机关立案侦查或者在人民法院受理案件以后，逃避侦查或者审判的，不受追诉期限的限制。"可见，行为人有逃避侦查或审判行为的主动行为，不受追诉期限的限制。

侦查机关认为，在胡某辉被批捕后，其多次组织警力抓捕未果。胡某辉一直长期外出逃避侦查，不受追诉期限的限制。

辩护人认为，侦查机关现有证据不足以证明其在 2010 年 9 月至 2021 年 4 月期间有追捕胡某辉的侦查行为。本案超过了追诉时效，司法机关不应再追究胡某辉的刑事责任。

侦查机关认为胡某辉有逃避抓捕的行为。根据举证责任规则，其有义务举证证明，并达到事实清楚，证据确实、充分的证明标准。根据在案证据材料，侦查机关收集了协助抓捕单位的两名公安民警的证言。经辩护人

核查，该证言的真实性与合法性存疑，不得作为定案根据。同时侦查机关缺乏其他客观性证据，可见，侦查机关认为其 11 年来一直在不间断追捕胡某辉的证据不足。

辩护人通过调查取证，收集了有关胡某辉的租房协议、民事判决书、执行笔录、相关证人证言等证据材料。这些材料证实胡某辉未逃避侦查，其常年居住在 A 县，其间在该县法院参与民事诉讼和执行活动，经常出差至贵州、海南等地，人身自由。2009 年 6 月，侦查机关上网通缉胡某辉。胡某辉基于压力主动投案，被刑事拘留后 7 日变更为取保候审。2010 年 9 月，检察院决定逮捕胡某辉，但侦查机关直到 2021 年 4 月才重新上网通缉。滥伐林木罪，数额巨大，法定最高刑为 7 年，最长追诉时限为 10 年。从检察院决定逮捕到侦查机关上网追逃，中断侦查时间为 11 年。在这期间胡某辉未逃避侦查，故本案超过了追诉时限。

三、关于单位犯罪的问题

《中华人民共和国刑法》第三百四十六条规定："单位犯本节第三百三十八条至第三百四十五条规定之罪的，对单位判处罚金，并对其直接负责的主管人员和其他直接责任人员，依照本节各该条的规定处罚。"

单位犯罪包括三个特征：一是以单位名义实施犯罪，即对外不是以个人名义；二是代表单位整体意志，而不是代表某个人或某几个人的意志；三是为了单位利益，即在主观上追求的是单位利益，在客观上违法所得由单位占有、支配。一般而言，具备这三个特征的，即可被认定为单位犯罪。

《全国法院审理金融犯罪案件工作座谈会纪要》规定："直接负责的主管人员，是在单位实施的犯罪中起决定、批准、授意、纵容、指挥等作用的人员，一般是单位的主管负责人，包括法定代表人。其他直接责任人员，是在单位犯罪中具体实施犯罪并起较大作用的人员，既可以是单位的经营管理人员，也可以是单位的职工，包括聘任、雇佣的人员。应当注意的是，在单位犯罪中，对于受单位领导指派或奉命而参与实施了一定犯罪行为的人员，一般不宜作为直接责任人员追究刑事责任。"

辩护人认为，本案符合单位犯罪的实质要件，但胡某辉不属于直接负责的主管人员和其他直接责任人员。一是 F 林场依法登记成立，并以林场名义办理采伐许可证和签订采伐合同等；二是经集体决定，F 林场名为胡某辉个人独资企业，实为 6 人股份制企业，胡某辉基本没有参与实际涉案事务；三是所得收益归林场所有，最终按照股份比例分配。故胡某辉应属于参与实施了一定犯罪行为的人员。为防止打击面过大，司法机关不宜追究其刑事责任。

● 决定不诉 ●

2021年8月10日，A县人民检察院认为，森林公安认定的胡某辉滥伐林木犯罪事实不清、证据不足，不符合起诉条件，决定对胡某辉不起诉。

● 经验总结 ●

本案能取得不起诉的好结果，有一些经验值得总结：

1. 案件本身无罪条件好。滥伐林木数量不清是认定不构成滥伐林木罪的核心观点。本案的作案时间为2003年，立案侦查时间为2009年。案发现场灭失，其他客观性证据缺乏，只有靠人证得到"差不多"的超伐数量。由于时过境迁，证人证言之间相互矛盾，难以形成证据链。说到底，本案滥伐数量证据不足。同时，超过追诉时效是本案另一辩护亮点。因此，案件本身具备无罪条件是获得无罪结果的基础。无罪情形越多越好。律师应从实体、程序、证据、情理等方面全面辨析，筛选质优量多辩点。

2. 客观公正的承办检察官与检委会成员。客观公正是百姓的殷切期盼。辩护人在阅完案卷后，提出无罪辩护意见。承办检察官耐心听取。多次交流后，双方对案件证据不足基本达成共识。案件在审查起诉期间，恰逢最高人民检察院开展羁押必要审查专项活动。检察院同意辩护人关于对胡某辉取保候审的申请，及时将胡某辉释放。按照法律规定，拟不起诉的案件须提交检委会讨论决定。为让检委会成员全面了解辩护意见，辩护人向每位检委会成员呈交了书面意见。功夫不负有心人，检委会经慎重研究，决定对胡某辉不起诉。可见，碰到了客观公正的检察官，错案就能早日"刹车"，冤案就可能得以昭雪。

3. 当事人与辩护人紧密协作。被追究刑事责任的犯罪嫌疑人或者被告人犹如"病人"，辩护人则如"医生"。病人不配合治疗，再专业的医生也无济于事，刑事辩护也如此。本案中胡某辉始终保持稳定供述，思维清晰，立场鲜明,家属则协助收集证据,做好后勤保障等,让辩护人感到不努力办好这个案件,将愧对自己的良知。总而言之,辩护人要充分调动当事人及其家属的能动性,与他们并肩作战。

承办律师

曾庆鸿律师,泰和泰(南昌)律师事务所高级合伙人、刑事与合规部负责人,江西省律协刑事诉讼法律专业委员会委员,江西省青联委员。

樊颖奇律师,泰和泰(南昌)律师事务所实习律师。

星企业家涉嫌非吸，精准辩护终获不起诉

——非法吸收公众存款案无罪纪实

● 案情简介 ●

5月的一天，我正在律所办公室中认真阅读案卷，突然被一阵清脆的电话铃声打断了思路。我立即停下手中的工作，接起电话。电话里传来一个男人焦急的声音："陈律师，我听说您代理了很多非吸的案件，非常专业，麻烦您快帮我分析分析，我应该去签《认罪认罚具结书》，还是再争取一下？"

来电的是湖北省某市的著名企业家L先生。L先生在当地成立了多家房地产企业，许多业务都是与大型央企合作。L先生在当地有着丰富的人脉，做生意一帆风顺、左右逢源。

前些年，L先生经人介绍认识了D先生。D先生看中了L先生的资金和人脉，自称在股票和贵金属市场沉浮多年，如果L先生跟他合作，一定能在短期内共同走上财富巅峰。经过几次碰面，L先生渐渐相信了D先生，于是两人共同成立了一家公司，由L先生出资，D先生来"操盘"，收益按照双方约定的股权比例分成。

突然有一天，L先生和D先生都因涉嫌非法吸收公众存款罪被当地公安机关刑事拘留。在公安审讯过后，L先生这才恍然大悟，D先生不仅拿了L先生的投资，还借助L先生在当地的影响力，以L先生的名义向其许多亲朋好友进行集资，并把借来的钱投入股市、贵金属市场以及放贷业务中。之后，经过D先生一段时间的"操盘"，所有钱都亏光了。

L先生因一直积极配合办案机关，态度良好，也在积极筹款还钱，因此公安将其强制措施变更为取保候审。L先生暂时获得了自由。

就在L先生联系我的前几日，负责其案件的检察官通知L先生：本案还有10天时间就要结案。目前，涉案总金额为1 700余万元。如果他自愿

签署《认罪认罚具结书》，则量刑建议为有期徒刑三年，缓刑五年；如果他不签署《认罪认罚具结书》，则检察院没有量刑建议，让法院直接量刑，而刑期可能会高于量刑建议。不管L先生是否签署，10天内检察院一定会将案件送往法院。

L先生听到量刑建议后，急忙聘请了当地多名律师，也咨询了很多熟识的法律人士，但大家都一致告诉他这个量刑建议已经很低了，建议他签署《认罪认罚具结书》。

从表面上看，合作伙伴D先生仍然在羁押中，而L先生已经被取保候审，获得暂时的自由。按照道理来讲，他应该知足，并尽快去签署《认罪认罚具结书》。但他本人还是有所顾虑：一是，如果被法院判决，好不容易积累起来的社会信誉可能就会毁于一旦，多个项目贷款也将会提前终止，造成实质性的违约。这不仅会使自己债台高筑，项目相关人员也都会受到极大的负面影响。二是，自己投钱开公司，但并没有进行实质上的管理，最后不仅是钱全部打水漂了，自己也有了案底，真是心有不甘。三是，一旦自己有了案底，子女也会因此受很大的影响。

得知这些情况，我感到非常同情，但作为专业律师，理性必须高于感性，于是我从专业角度向他提出了一系列问题。听了他的回答之后，我认为本案可能存在重大问题，并结合此前办理类似案件的经验，给出了初步的意见：

1. 在非法吸收公众存款案件中，鉴定机构往往在财务方面很专业，但在法律方面可能存在许多知识盲区。因此，很多鉴定机构得出的金额是存在错误的。据L先生的回答，本案中可能存在大量重复计算的金额和生效的民事判决已经认定的金额。排除这两部分对于量刑会有很大的帮助。

2. L先生回答，公司的成立是为了投资股票、贵金属，而集资是在后续经营过程中才新增的业务，募集的资金也继续投入了公司经营投资里。据此，本案可以从单位犯罪方面去着手。一旦涉案行为被认定为单位犯罪，那么个人承担责任就会相对较小，量刑也会随之减轻。

3. 由于检察院在10天内就要起诉，留给我们的阅卷和起草法律意见书的时间非常少。如果律师要介入，则必须要快。

L先生听完我的分析之后，信心倍增，当即决定委托，为自己再争取一次机会。

精准确定辩护方向

接受委托后,我和团队成员立即展开了阅卷工作。由于时间有限,与检察院预约阅卷会浪费大量时间,甚至可能提前造成检察官的反感,因此,我们立即让L先生联系之前聘请的当地律师,请求其将手中的案卷交予我们。很多时候,同行之间的互相帮助能让事情进展得更加顺利。

时间有限,团队律师都紧锣密鼓地加入阅卷工作。

为了尽快完成阅卷,团队律师牺牲工作日晚上和周末的休息时间,统一在律所阅卷,分工合作完成案卷目录、阅卷笔录、案例检索和法律意见书的撰写和整理等工作。

经过讨论,我们整理出以下辩点:

1. 涉案行为缺乏公开性、社会性的特征,依法不构成非法吸收公众存款罪。

法律规定非法吸收公众存款罪必须同时具备非法性、公开性、利诱性、社会性这四个特征。而本案中,涉案公司并没有公开宣传,本案12名投资人均是点对点邀请,因此,涉案行为不具有公开性、社会性的特征,不构成非法吸收公众存款罪,检察院可依法对L先生不起诉。

2. 涉案行为属于单位行为。

我们提"单位行为"而不是"单位犯罪",是因为我们认为本案相关行为可能不构成犯罪。如果直接用"单位犯罪",则有可能给检察官以认罪的第一印象,令辩护效果大打折扣。

法律规定,由单位集体决策,以单位名义实施,收益归单位所有的行为应当被认定为单位行为。单位不是为犯罪而设立,且设立后不是主要从事犯罪活动,也是单位行为的重要依据。

本案中,涉案公司完全符合单位行为的表现:

(1)业务均由公司管理层共同商议决策。

(2)所有投资人均与涉案公司签订投资合同,相关行为以公司名义实施。

(3)募集资金由公司统一管理,用于公司运营及投资,投资所获收益也归公司所有,并没有任何资金进入相关个人口袋。

（4）涉案公司设立的目的是为中小企业资金筹措提供帮助，并从中赚取利润，并非为了犯罪。

（5）涉案公司自设立后，一直在开展其他业务，不限于涉案的募集业务。

（6）在公司设立之初及公司经营过程中，L先生作为股东也持续对公司有注资行为，也恰恰证明涉案公司的业务经营主要依靠股东的注资，而不是主要依靠集资款。

这也是我们制定的一个辩护策略。即便无罪辩护不成功，如果单位犯罪能够认定成功，由单位承担主要责任，L先生的刑事责任也将大大减轻。于是，我们指导L先生将公司的经营情况梳理成证据，用于证明本案系单位行为。这些证据主要有经营合同凭证、财务凭证、会议记录等。通过对大量基础材料的梳理，我们整理出了详细的证据目录，证据材料多达800余页。

3. 侦查机关认定涉案金额的计算方式有误，续投金额不应重复计算。

本案中投资人都是投入固定本金，通过持续签订投资合同的方式继续投资，其间投资本金并未被收回或者取出。

从本罪侵犯的法益角度来看，本罪侵犯的法益是国家金融管理秩序，具体地讲是国家金融机构的存款秩序。投资人首次交付本金之后，虽然双方在投资到期后再次签订合同续投，但只是非法吸收资金持续时长发生变化，行为人实际没有吸取新的社会资金，并未对金融秩序造成新的侵害。所以，投资人未取出的金额不应当重复计算在总金额内。

从司法会计鉴定实务来看，在非法集资犯罪中，一般都是司法会计审计鉴定出涉案金额。鉴定人员的鉴定依据是会计凭证，即银行转账记录、存取款记录等，并不是合同。在司法会计鉴定中，对于只入金一次，其间并未取出的多次续投的情况，鉴定人员也是仅计算最初一次入金金额。

在司法实践当中，大多数法院在办理非法吸收公众存款案件中，对于一次性投资到期后不取出而续投的情况，均按照一笔金额计算，并不会进行重复累计计算。

在本案中，侦查机关按照合同进行累计计算，导致相当多的重复投资被算入总金额。因此，这些重复性的投资应当扣除。经过排除，实际投资的总金额只有400多万元。

4. 部分金额已通过民事判决予以确认，不应再进行重复评价。

在本案中，数笔借款早年已经由生效的民事判决书予以确认，投资人通过申请强制执行主张了权利，相应的款项也已经执行到位。

已经民事判决确认的金额能不能在刑事诉讼中重复评价？对于这个问题，法律没有统一规定，各个法院的认定也不一致。

我们通过大量检索案例发现，有部分法院将已经民事判决确认的金额在刑事案件中予以排除。这印证了我们的观点，也为我们提出相应辩点提供了支撑。

5. 指导 L 先生与投资人达成和解。

L 先生目前最看重的是其声誉。银行贷款提前终止对他将是致命打击。如果涉案金额降下来，几百万元的金额对于 L 先生来说完全能够承担，L 先生也愿意退赔投资人。L 先生如果能够与投资人达成和解，拿到投资人的谅解书，消除本案的社会影响，就完全有机会争取不起诉。

同时，我们也把冻结财物的问题作为本案的沟通方面，希望被冻结的财物能够解封，用于兑付投资人。

根据上述意见，我们花了 3 天 3 夜拟成了《L 涉非法吸收公众存款案不起诉法律意见书》。然后趁热打铁，直接赶赴湖北某市，预约与检察官当面沟通。

● 精细化辩护，排除大量重复计算金额 ●

到达湖北某市后，经过事先预约，检察官同意次日上午到他办公室沟通情况。为了保证第二天的沟通效果，我们当晚再次就准备递交的辩护意见进行了反复检查及更详细的补充，并形成了法律意见书的提纲，以便检察官能够更加清晰地了解我们的全部辩点。

第二天，我们按照预约时间来到检察官的办公室，检察官接待了我们。

检察官开门见山地提出，这个案子不存在任何争议，他已经上报到检委会了，且检委会成员一致认可对 L 先生的量刑建议。他建议我们好好跟 L 先生解释清楚，让 L 先生尽快签署《认罪认罚具结书》。

我们明确向检察官表示，本案之前不存在争议，是因为没有人提出合理异议。为了避免冤假错案，希望检察官先听听我们的意见，再做决定。

明星企业家涉嫌非吸，精准辩护终获不起诉

我们递交了整个团队精心制作的209页法律意见书。为了方便阅读，我们将法律意见书的提纲附在前面。同时，也将法律意见书的重点口头为检察官一一讲解：一是，本案中确定量刑的基础，即非法吸收总金额存在错误；二是，涉案行为明显属于单位行为；三是，L先生与投资人均达成了和解，签署了和解协议，这是在近期完成的，是影响量刑的重要情节。这些完全可以作为对L先生免予起诉的依据。

看完法律意见书，检察官的态度缓和了许多，并表示会重新考虑，但因为法律意见书篇幅较长，他需要仔细研究，也需要再次上报检委会讨论。他也强调，目前某市还没有一起非法吸收公众存款案不起诉的先例，这起案子不起诉的可能性基本不存在。

回去后的第二日，检察官便给我打来电话，提出对于金额的认定，他完全同意我们的观点。经过排除，L先生的吸收总金额从之前的1700余万元变更为300余万元。

我们已经看到了曙光。

坚持到底，终获不起诉

虽然大部分金额已经被扣除，但检察官在电话中也指出，L先生的公司就是为犯罪设立的。对于单位犯罪的情况，他目前并不认可。我们当即提出，可以补充相关证据予以证明。敬业的检察官同意再给我们几天时间。

这些证据早在我们的准备之中。从介入本案起，我们就一直在跟L先生公司的员工一起梳理公司经营的相关材料。但因为公司经营混乱，文件保存不当，大家需要将数年的经营记录、账本、合同、发票等全部一笔一笔地核对。最终我们确定公司开展的其他业务也具备了相当大的规模性。这足以证明公司并不是专门为犯罪成立的。

我们立马把公司经营情况列成一张表格，并在后面附上几百页的经营凭证。我们再次将上述证明单位行为的材料递交到了检察官那里。检察官收到后，表示会将相应的情况上报检委会。

同时，我们提出，如果检察官作出免予起诉决定困难的话，或者检委会作出免予起诉决定困难的话，检察院可以就本案举行听证，邀请相关的部门、人员参加，最终形成是否起诉的意见。

经过漫长的等待，检察官再一次主动联系了我，表示将召开一次听证会，邀请相关部门的人员参加，让我们跟L先生都好好准备。

接到这个好消息，我们立刻告诉了L先生，并结合法律意见书，为L先生起草了一份发言稿，从情、理、法角度出发，以期说服与会人员。而L先生也不负众望，在听证会上发挥得非常好。最终检察院综合各部门的意见，对L先生作出了不起诉决定。

"山重水复疑无路，柳暗花明又一村"，用这句话来形容本案的代理再贴切不过了。

刑事案件涉及的法律法规十分繁杂。各地在司法实践中对于同一事实的法律评价标准不一。没有相关办案经验的人较难把控全局，进而无法为当事人制订出很好的辩护方案。正如本案，当事人已经咨询过很多人，其中不乏当地知名律师，但他们囿于没有办理此类案件的经验，一直没有人看出金额方面存在的问题，也没有人提出单位行为的情况。本案正是基于我们团队代理大量经济、金融证券类刑事案件的经验，加上团队律师不畏艰苦、精耕细作、坚持不懈的精神，最终才获得了不予起诉的良好辩护结果。

我们相信，正确的方向加上辛勤的工作终将换来圆满的结局。一切都是最好的安排。

承 办律师

陈晓薇律师，北京盈科（上海）律师事务所高级合伙人，上海市律协刑事合规业务研究委员会委员，盈科长三角刑辩中心副主任，盈科港澳台法律事务委员会副秘书长，上海松江区政府法律专家库资深专家，上海静安区委政法委扫黑除恶法律宣讲团专家，中国人民大学上海校友会监事，上海法律援助资深律师，上海"七五"普法讲师团讲师等。

"将刑事案件终结在最前端"一直是陈晓薇律师团队的执业口号。团队一直秉承"精细化+精准化=有效辩护"的执业理念，为当事人服务。

在同一屋檐下不一定是共犯

——梁某某涉嫌协助卖淫终被无罪释放

● 城门失火,殃及池鱼 ●

2015年年底,梁某某偶然认识了某足疗店老板,在后者引诱下,到其店中从事卖淫工作。2016年4月,梁某某迷途知返,遂向老板提出辞职。但老板以告知她的家人她在足疗店卖淫相要挟,拒绝其辞职的请求。梁某某因担心家人知道真实情况,遂不得已答应老板的要求。与此同时,老板也怕梁某某后续不辞而别,为安抚梁某某,便安排其从事非业务性质的工作。梁某某在老板的指示下,不时帮足疗店购买一些商品,如纸巾、卫生用品、油和米等物品,安排技师排班等工作。店里管账的经理离职后,老板遂将足疗店的账目交给梁某某管理。日常空闲时间梁某某偶尔"客串"前台人员,喊一下"欢迎光临""慢走"等话语。

2016年6月21日,公安机关在一次"扫黄"活动中,将足疗店老板、梁某某等人抓获,后以梁某某涉嫌协助组织卖淫罪为由将其刑事拘留。

● 综合分析,发现辩点 ●

2016年6月22日,我接受委托当天便前往看守所会见梁某某。在会见过程中了解到梁某某经老板反复诱劝才在其足疗店从事卖淫活动。该足疗店规模较小,成立时间较短,负责足疗店管理工作的经理及提供技术服务的技师时常处于流动状态,员工更换频繁,管理层极为松散,足疗店日常还是靠老板打理。梁某某本身是被组织者,也是受害者,在萌生退意后被老板威胁才继续留店工作,所从事的事项也只是采购食物、前台迎宾等后勤性质的工作。梁某某尽管在名义上负责管账,但其实只是将当天账目计算好后将钱款交给老板。梁某某并未给足疗店老板所实施的组织卖淫行为提供实质性帮助，这也给辩护工作提供了一个明确方向。

经过会见和与办案机关沟通，对于梁某某的行为是否构罪，我与团队成员归纳了以下辩护思路：

第一，是否能够将"被组织者"的行为评价为组织卖淫？答案显然是否定的。首先，从词源上看，"组织"意为安排分散的人或事物使其具有一定系统性或整体性。这种"组织"是管理上的一种职能。从管理学的角度看，组织要具备一定的权责结构，有明确的责任人，即组织者。其次从罪名设置上看，组织、强迫他人卖淫的行为才受处罚，被组织者则是根据老板的命令从事卖淫服务，没有自主选择的权利。梁某某没有参与管理的事实，因此其被动卖淫的行为不能被评价为组织卖淫。

第二，梁某某是否存在直接管理或被授权管理足疗店员工的行为，是否与组织者存在犯意上的联络，这是区分组织者与非组织者的关键。协助组织卖淫罪系组织卖淫罪帮助犯的正犯化结果，两者在行为上本就是共同犯罪。在本案中要判断的是梁某某是否对卖淫人员起到管理、控制的作用，其行为是否包括但不限于扣押证件、制定规则、调度工作、指派任务等。根据我们所掌握的案情，梁某某同其他员工一样，都是受足疗店老板的管理。梁某某与各员工并无明显区分，并没有全程参与实施组织卖淫行为，不符合共同犯罪关于正犯的认定条件，其行为不能被认定为组织卖淫罪。

第三，梁某某是否为本案的协助者，这也是本案争议的焦点之一。梁某某陈述足疗店老板曾安排她负责买菜、前台及管账等工作。根据1992年颁布的最高人民法院、最高人民检察院《关于执行〈全国人民代表大会常务委员会关于严禁卖淫嫖娼的决定〉的若干问题的解答》第三条，组织他人卖淫的共同犯罪中起帮助作用的行为，如充当保镖、打手、管账人等，可被认定为协助组织他人卖淫罪。根据上述内容，梁某某记账、管账的行为似乎符合协助组织卖淫的规定，能够为组织卖淫者直接提供外围上的经济帮助。随后我们便进一步核实其所谓管账工作，发现梁某某只是将当天收入汇总后交给老板，所谓管账仍具有形式性、服务性的特征，任何人都可以，因此，梁某某不能被简单认定为外围协助者。

第四，梁某某所实施的行为是否能够被评价为协助组织卖淫的从犯，其行为是否达到立案的标准也是本案争议的焦点。我们需要判断梁某某协助组织行为性质是否明显。从客观行为上看,梁某某后期所从事的工作属于店铺边缘型,她不直接接触实质业务,也不属于核心管理层。礼仪性的职责、辅助性的管理工作不应被评价为帮助行为。在主观上梁某某也不具备共同犯罪的故意。《刑事审判参考》第254号对共同犯罪中的"犯罪故意"做出相关解释,要求参与共同犯罪的各方成员具备意思联络。该意思联络是双向的,即:在认识因素上,各行为人不仅认识到自己在犯罪,而且认识到其他共犯也在与其一起实施犯罪,同时,还都认识到其实施的行为会引发危害结果;在意志因素上,各行为人都决意参与共同犯罪,并希望或放任共同的犯罪行为引起某种犯罪后果。如果行为人仅认识到自己在实施犯罪,或者行为人虽然认识到他人在实施犯罪,但自己未以其行为或语言向其他犯罪人表明自己决意参与该犯罪,那么,二者之间就因缺乏意思联络而未形成共同的犯罪故意,从而不构成共同犯罪。结合到本案,无论是工作招聘,还是工作业务,都说明梁某某不负责管理店铺业务,其所获取的工资也一向稳定,没有帮助、协助的表现。

● 雷霆出击,一锤定音 ●

针对梁某某所提供被老板威胁的关键线索,辩护人于2016年7月4日到办案警官办公室了解相关情况,并根据梁某某所涉工作及所处地位向办案机关第二次提交书面辩护意见。具体意见如下:

(一)梁某某所在的足疗店并未建立稳定的卖淫组织,梁某某主要负责足疗店的后勤活动,不负责业务工作,也不参与足疗店的管理,不具有"协助性"特征

第一,足疗店并未建立稳定的卖淫组织。本案所涉足疗店成立时间较短,前后仅有两年多,店面规模小,从业人员较少。因经济效益不好,店内人员都处于不断流动状态。虽然足疗店由经理管理,但在仅有的两年存续期间内,经理就更换了三次,管理层并不稳定。足疗店主要还是靠老板与员工对接来维持运转,内部分工并不明确,也没有系统性的管理架构存在。因此,所谓组织成员角色定位并不明确,亦不稳定。

第二,梁某某进入公司后偶尔和前台的人一起喊"欢迎光临""慢走",偶尔还被要求去买点菜和纸巾、卫生用品,至其被抓获,从未协助组织、

安排具体的卖淫活动。梁某某从进足疗店到被抓获归案所从事的职务性质多为礼仪性、后台性。在梁某某心生退意后，老板威胁梁某某留下，之后安排其管账。虽然名为管账，但实际上梁某某只是将钱收上来，然后交给老板，并不是起管理、指挥、控制的作用。协助组织卖淫要求在外围协助组织者实施组织卖淫行为，无论是充当打手、运送卖淫人员还是为卖淫人员安排住处，在一定程度上都能够威慑卖淫人员、为卖淫人员提供行为上的方便，能够为组织者提供直接性的帮助。而礼仪性、服务型的人员系任何公司都需配备的常规性人员。梁某某对本案所指控的卖淫活动并未提供实质性的帮助或便利，也没有在网上发送招嫖类信息。其所做工作是常规性工作，在本案中不具备特殊性，更不能体现其协助组织卖淫的特征，不能被认定为协助组织卖淫罪。

第三，从工作职务上看，梁某某也是被组织者，并非组织或协助组织卖淫成员。梁某某先通过某就业网站与足疗店老板相识并从事卖淫行为。后期虽然老板在足疗店为其单独安排了工作岗位，但岗位性质是服务性、礼仪性的，梁某某与其他员工一起接受老板管理。虽然梁某某在名义上为老板管理账户，但仅限于计算账目资金，将资金汇总后上交老板。

（二）梁某某在足疗店工作时间短暂，所做工作亦不与业务有关，不存在共同犯罪的故意，不宜以共同犯罪论处。且其在本案中所起作用较小，情节显著轻微，故其行为不应被认定为犯罪

第一，梁某某于2015年下半年才与老板相识，至案发之日在足疗店工作尚不足一年，老板也未明确授权梁某某参与员工管理。梁某某既不能通过工作权限对足疗店员工进行工作上的管理，亦无法借助自身威望对员工产生心理上的压迫，无法达到管理或协助管理的效果，与涉嫌组织卖淫的老板不具有共向性。

第二，梁某某在本案中所起作用极小，其既没有招募卖淫人员，也不是店内领导人员和直接负责人，亦不负责店内管理工作。其在本案中所起的作用较小。

综上所述，梁某某对外没有协助足疗店老板发放招嫖广告，对内也不负责参与足疗店管理，所从事的工作只是服务性、礼仪性的。并且梁某某在主观上也没有共同犯罪的故意。无论是工作场所的合法性、工作的服务性、工作收入的微薄性都足以证明其协助组织行为性质并不明显。梁某某

工作时间很短暂，其今年刚满20岁，在此之前也没有任何前科、劣迹，其所涉行为在本案中亦不存在社会危害性，因此梁某某属于情节显著轻微的情况，不应以犯罪论处。

● 正义永不缺席，最终无罪释放 ●

考虑到梁某某在本案中所涉行为确实不具有社会危害性，远未达到刑法所调整的程度，公安机关最终接受了我们的意见，认为梁某某所涉行为情节显著轻微，对梁某某进行撤案处理。2016年7月8日，当地看守所根据公安机关的撤案决定将梁某某释放。时隔半个月，梁某某重获自由。

● 再次梳理，总结经验 ●

本案能取得良好的效果得益于对罪与非罪、此罪与彼罪的精确把握。律师先分析了梁某某所涉行为的社会危害程度及梁某某在本案中所处地位，判断其是否协助组织者实施卖淫行为，是否属于共同犯罪。接着分析梁某某在本案中是否起到组织、领导的作用，如果未达到组织者的地位，那么其是否向组织者提供了直接、有效的帮助。之后进一步判断梁某某协助组织行为性质是否明显，从而判断其在协助组织中所起的作用。经过细致的分析，律师最终认定梁某某的涉案行为对足疗店的组织卖淫活动不存在直接影响，也不具有刑法意义上的社会危害性，其行为不构成犯罪。

承 办律师

徐权峰律师，金亚太律师事务所一级合伙人、毒品犯罪业务部主任，安徽省直刑事法律援助死刑辩护团成员、亚太刑事司法研究所高级研究员。执业以来，曾办理过具有全国影响力的"元旦跨年夜芜湖女大学生坠楼案"以及多起"死刑改判"和无罪的案件，并获合肥市律协第五届专业委员会优秀委员荣誉。

一起关涉"举报"和"被举报"的故事

——董某某被控敲诈勒索终获无罪案

● 写在前面的话 ●

与其他撤回起诉的案件不同,这是一起辩方坚定无罪抗辩,尚未判决,已被上级法院生效判决提前锁定有罪的案件。案外人举报本案被告人涉嫌本案指控的行为,已被上级法院二审认定立功成立。这意味着,若本案获无罪判决,上级法院认定立功成立的判决就错了(立功成立以本案判决有罪为前提)。可想而知无罪抗辩之艰难。

董某某涉嫌敲诈勒索罪案,在检察院建议量刑四年六个月的情况下,历时一年半,历经三次庭审交锋,最终检察院以"证据不足,不符合起诉条件"为由撤回起诉,法院准予撤诉,董某某终获无罪。2022年2月董某某获得国家赔偿款22万余元。

● "举报"的故事 ●

这是一起关涉"举报"和"被举报"的故事。

董某某是温州某县一个小村庄的村监委主任。2015年,董某某向村里讨要曾于2011年出借给村里的5万元,并拿出了借条,上面还有村干部孙某某的签字。村干部却说查询了村账户,没有这一笔钱款的记录,不能将钱支付给董某某。董某某要不到这笔钱,丧气回家。妻子责备其无能,称儿子要订婚,急着用钱,钱却要不回来。夫妻二人吵了一晚的架,直到半夜。次日董某某妻子一气之下就去了村委会办公室,用胶水封堵了门锁。村干部发现后报警。村委会不给机会和解,董某某夫妻二人就被公安分别行政拘留了六日和七日。因此,董某某的村监委职务被免,党籍被开除,

一起关涉"举报"和"被举报"的故事

其妻也生了一场病。

董某某开始向上级政府举报村里的各种问题。村干部们迫于压力,只能找肖某某等人出面调停。几番劝说后,在村干部归还欠款并承诺赔礼道歉的情况下,董某某停止了信访。息访后约半个月,村主任陈某某让另一名村干部转交给董某某18.8万元(15万元补偿款,3.8万元利息)。在整个过程中,董某某与村主任陈某某从未见过面。

● "被举报"的故事 ●

2019年11月25日,村主任陈某某等村干部及房地产开发商因非法转让村集体土地指标被其他村民持续举报而被提起公诉。陈某某为追求立功减刑,向公安机关举报董某某2015年向其敲诈勒索18.8万元。同年12月10日,公安机关对董某某涉嫌敲诈勒索罪刑事立案。

举报人陈某某等人的案件经过一审判决,原一审法院并未认定其立功成立。后陈某某不服,上诉至中级人民法院。二审法院认定陈某某举报董某某犯敲诈勒索罪的事实成立,确认陈某某立功成立,改判减刑。辩护人到村里走访、调查时,获知村民间有一个较普遍的说法是董某某是被冤枉的。然而,大多数人又对董某某案件的走向普遍不看好。好在不少热心村民愿意把所知道的案件情况告诉辩护人,也有部分关键证人愿意出庭作证。

初见董某某是在2020年3月某日早上。在第一次的沟通中,律师发现双方对话非常吃力,董某某的普通话并不标准,且其听力不佳。律师需要静心、耐心听其说话,并把要说的话喊出来。初次见面,对董某某的深刻印象是一个质朴的农村人,很倔强、很坚定。性格决定命运,也许正是其倔强、爱憎分明的性格最终换来无罪的结果。

● 案件流程回顾 ●

2020年3月,董某某的妻子第一次来到律师事务所寻求律师帮助时,案件已经在审查起诉阶段。家属就案件情况做了大致描述。律师初步判断案件有点棘手:拿钱是事实,通过上访举报产生威胁可被考虑为敲诈勒索罪中客观行为的一种方式。以18万元作为敲诈勒索罪犯罪金额,刑期要在

3年以上。不过案件存在一个突破点：达成协议才拿钱，且是社区与村委会成员一同参与形成的协议。经协商的拿钱行为，缺乏犯罪的期待可能性。所以，律师需要尽快介入案件，并在审查起诉阶段与检察官进行充分沟通，争取不起诉或可以接受的量刑建议。

但遗憾的是，本案检察官并不愿意与律师多沟通。律师只能邮寄书面辩护意见。在好不容易与检察官对上话并获知其电子邮箱后，律师多次通过电子邮件发送辩护意见。然而，在律师提出无罪辩护意见，案件未经退回补充侦查的情况下，案件被起诉到法院。量刑建议书上写着：四年六个月。

案件进入审判阶段。法院开过三次庭（庭审费时总计20多个小时），历时逾一年多时间才审理终结。2020年9月18日第一次开庭审理。2021年3月4日重新开庭审理，因公诉人出庭资格问题、排除非法证据申请等事由，休庭。同年5月8日第三次开庭。同年7月8日，检察院撤回起诉。7月9日，法院作出同意撤回起诉的《刑事裁定书》。同年8月8日，董某某收到不起诉决定书，并于2022年2月获得国家赔偿。

● 法庭上几处细节 ●

审判阶段有几处细节至今让人记忆犹新。一是办理案件的法官由于长期从事民事案件的审判工作，更注重程序性权利。法官对律师提出的程序性异议事项（公诉人出庭资质异议、管辖异议、非法证据排除申请、证人出庭作证申请等），在总体上给予了充分的程序性回应。二是当事人在提出自己耳背听不太清楚法庭发言，希望法官予以照顾时，获得了法庭应有的尊重。法官为让当事人能听明白，自己提高音量，多次重复问题，还多次让检察官重复问题。三是在当事人感觉到口渴时（穿着防护服），法警给当事人倒了杯温水。这令人感受到法庭温馨的一面。四是当事人亲友一直不离不弃，每次开庭时法庭内几乎坐满人。亲友的陪伴让当事人充满了力量。

一起关涉"举报"和"被举报"的故事

● 办理心得体会 ●

　　这个案件最终获得无罪结果,并获得国家赔偿是多方面共同努力的结果,而当事人的坚定、坚持是一大因素。办理本案的心得体会主要有以下几个方面:

　　一是建立辩方证据体系。律师经过客观分析确信此为无罪案件。被告人坚定的无罪信念是本案进行对抗式辩护的基础。无罪案件辩护仅靠打破控方证据体系是远远不够的。律师需要树立既要瓦解控方证据体系,又要构建辩方无罪证据体系的辩护观念。在本案中,律师主动取证,申请法院调取证据数十份(包括村民的请愿书,村委会证明,村资金流水,陈某某等人刑事案件一、二审判决书,另案关联证人讯问笔录等)。其中数百人签名的请愿书及三次开庭前来旁听的大量村民,让法官内心确信本案的民意所向。陈某某等人的一、二审判决书让本案未审先被上级法院定性,由此引出管辖权问题。陈某某同案犯(房产开发商)的讯问笔录成为撬动本案非常重要的一个抓手。这份证据显示,补偿款到底谁出事实不清,陈某某并非最终支付补偿款的人,也就非本案被害人。本案关键的证人证言存在基础事实描述不一致的情况。律师在走访村委会并向相关人员侧面了解案件基本情况的基础上,做了两个方面的安排:一是基于控方证人取证均在看守所内完成,取证地点涉嫌违法等,律师提出非法证据排除申请,以削弱控诉体系;二是基于部分在案证人证言存在有利于案件的方面,律师申请证人出庭作证,以加强无罪证据体系。本案还存在其他多方面无罪因素,如没有威胁、要挟的行为,补偿存在合理合法基础,没有非法占有的主观故意,经过第三方调解等。此外,辩护人还提供了针对关键争议问题的司法判例,以充实论证。

　　二是程序与实体两手抓。本案存在几个严重的程序问题:(1)公诉人出庭资格问题;(2)未审先定引出的管辖问题;(3)违法受立案问题;(4)人为造案的问题;(5)非法取证的问题。在本案中,律师为这些程序问题提出了管辖权异议,申请了公诉人回避、非法证据排除、调查取证、证人出庭作证等,几乎用上了全部刑事辩护手段。这些均为最终的结果做了很好的铺垫。

三是全力阻击违法行为。律师变被动为主动，跳出控方构建的证据体系，对违法行为进行申控。在本案中，律师提交了十数份申请书、违法情况反映报告，提请相关职能部门及领导对违法行为进行及时监督，有效防止了冤假错案的发生。

四是收放有度促公正。案件进入审判阶段后，律师要追求无罪效果必须在实体上有十足的把握，并具备多方面抗争技能。其中有收有放非常重要。在本案中，对待违法行为，律师及时揭露、坚决对抗，而面对法官，律师既据理力争，也注意方式，做到了依法有理有节，不卑不亢。

五是决定性因素在法官。一个案件的成功需要多种因素，其中关键因素是法官对法律信仰的坚守。在本案中，法官充分保障了辩护人、被告人的各项权利，在最终作出准予撤诉裁定前半个月，还与辩护人核实一份证据所证明的内容。本案如果没有遇到坚守法律底线、客观公正的好法官，很容易成为冤案。

承办律师

汪廖律师，浙江东瓯律师事务所执行主任，温州市律协刑事专业委员会刑诉部部长、专家组成员，浙江省律协刑事专业委员会委员，浙江省首批专业律师评定刑事专业律师；

杨建瓯律师，浙江六善律师事务所律师。

认罪认罚还是翻案？

——串通投标案无罪辩护实录

● 前 言 ●

2020年5月，X市经侦支队下交Y区经侦大队侦办线索：张某在一起市政项目的招标过程中，涉嫌串通投标。经初查，张某作为A公司实际负责人，以每年20万元的价格将公司资质提供给苏某在南京市场进行投标项目使用。之后苏某把A公司资质转借给李某使用。最终在李某实际控制投标活动之下，A公司中标，并由李某安排人对该工程进行施工。该项目的中标价格为1 800万元。Y区公安分局以涉嫌串通投标罪对张某等人立案侦查，并在侦查阶段多次讯问张某。

● 突如其来的电话 ●

2020年9月，张某接到检察官的电话。检察官说公安已将案件移送检察院审查起诉，并传唤张某至检察院接受谈话。这可把张某吓得够呛。通过朋友介绍，张某到律所委托我担任其辩护人。接受委托后，我第一时间到检察院阅卷，并与张某仔细核实案件有关证据。

我经过仔细梳理、审慎研究，并向张某充分了解事实经过、反复确认有关细节，和张某达成一致意见：指控张某的行为构成串通投标罪的事实不清、证据不足，辩护人做无罪辩护。

辩护策略确定后，我从四个方面入手，对张某进行全方位法律"培训"：

第一是犯罪嫌疑人享有的诉讼权利，例如如果讯问笔录记载有遗漏或者差错，犯罪嫌疑人可以要求补充或者改正。

第二是串通投标罪的构成要件，主要为串通投标罪的主体、主观方面、

客观方面等犯罪构成要件。

第三是民事责任、行政违法责任、刑事责任之间的区别及法律适用，主要为合作经营、挂靠经营及串通投标分别适用的法律规定及责任类别。

第四是心理方面，包括要坚持信念、坚定信心、相信法律、相信正义。

● 检察官：只罚款、不判刑 ●

到了和检察官约定的日期，我和张某一同到了检察院。此时张某已做好了被收监的准备。最初是检察官和张某单独谈话的。检察官在简要询问案件情况后，便拿出《认罪认罚具结书》给张某签字。张某不置可否，说："我的律师就在外面，我能不能问下我的律师？"

到了讯问室，检察官简要描述了张某的行为构成犯罪的事实情况，并拿出手机检索的《中华人民共和国建筑法》有关条款，以论证张某行为的违法性。我当面进行了反驳，并提交了提前准备好的法律意见。《中华人民共和国刑法》第二百二十三条规定："投标人相互串通投标报价，损害招标人或者其他投标人利益，情节严重的，处三年以下有期徒刑或者拘役，并处或者单处罚金。投标人与招标人串通投标，损害国家、集体、公民的合法利益的，依照前款的规定处罚。"根据上述规定，投标人与投标人相互串通，或者投标人与招标人相互串通，才可能构成刑法上的串通投标罪。而在合作或挂靠经营法律关系中，投标人只有一个，这也是合作双方或挂靠与被挂靠方法律关系产生的基础。只有一个投标人，也就不可能存在刑法上的串通投标行为。

陈述完我的辩护意见后，我又诚恳地对检察官说："张某是否违反建筑法，与张某是否触犯刑法并无必然联系。"讲到这，检察官眉头紧锁，没有再多说什么，拿出一些程序性文书给张某签字后，便让我们回去了。

● 退侦后公安多次传讯 ●

2020年9月30日，检察院采纳我的辩护意见，认为本案部分事实不清、证据不足，将本案退回公安机关补充侦查。

2020年10月，公安机关对张某进行了多次传讯。张某感受到了前所未有的压力,因为每一次过去,都要做好回不了家的准备。而作为辩护人,我不仅会在每次传讯时为其加油打气,让其坚定信念,也做好了张某被收监后第一时间会见的准备。

● 终获无罪,赠锦旗 ●

2020年10月29日,公安机关再次将案件移送检察院审查起诉。

2020年12月8日,检察院仍然认为公安机关认定的犯罪事实不清、证据不足,案件不符合起诉条件,决定对张某不起诉。次日,张某特来律所表达感谢,并赠予锦旗。

承 办律师

庄旭律师,北京市盈科(南京)律师事务所高级合伙人,专注于刑事辩护。

是谁杀死了他?

——袁某涉嫌故意伤害罪(致死)获不起诉案

● 来龙去脉 ●

2021年4月7日,驶入县城的大巴刚停稳,袁某便迫不及待地下了车,像往常一样赶往公司在当地的工地现场。

袁某所在的公司主营发电设备,是当地建设中的发电站工地的设备供应商。袁某此前已来过这工地多次,与该工地负责人、下游供应商负责人均已熟络。袁某这次来工地是受公司的指派,为该工地4月8日举办开工仪式做配合与准备工作。而在开工仪式的讨论过程中袁某被告知下游供应商的负责人王某直到当日还没将此前已经沟通过的开工仪式上会用到的工具准备好。于是,袁某愤怒地与王某在工地办公室内大吵了一架,两人不欢而散。

当晚,工地项目部在县城内的一家饭店为第二天的开工仪式摆酒设宴。几番酣饮下来,袁某、王某二人早已经恍惚,同席人员更是不胜酒力。散场后,袁某因为一个电话首先走出了酒店的大门,买完单的王某恍惚之间跟随着袁某的背影也走了出去。误打误撞,二人酒后又碰到了一起,而本应把酒言和的二人却因酒后冲动再起冲突。二人围绕着下午工具的事先是起了语言冲突,发泄情绪后两人借着酒劲开始相互推搡。在推搡过程中,身材较高大的袁某明显占优,甚至两次将王某推倒在地,直到同席的人将二人拉开。工地负责人将袁某拉开,送往工地宿舍。而王某被自己公司的同事与工地上的其他工作人员送上了车,回县城酒店休息。起初在路上,坐在副驾驶位的王某说着酒话、骂骂咧咧,生气时还踢了副驾驶位的座椅,后来王某逐渐陷入醉酒状态,不省人事。到酒店以后,王某的同事与同车的工作人员一左一右将王某扶回了酒店房间。确认王某无碍后,工地的工作人员便自行离去，最后王某的同事也睡下了。

次日早晨7点，开工仪式吉时已到。众人早已在工地上准备，却未见王某及其同事身影。工地负责人见二人迟迟未到，担心二人宿醉未醒，便匆匆电话联系王某及其同事。王某的同事接了电话后，匆忙催王某起床，但徒劳无功。王某的同事将这一情况告知了工地负责人。很快，工地上的人来到王某下榻的酒店，与王某的同事一同将王某送往附近卫生院做醒酒处理。入院后，卫生院医生发现在注射完醒酒针后王某仍未能苏醒，建议将王某送往县人民医院检查。王某被送往县人民医院后，该院医生在入院检查中发现王某有头部颅骨骨折的痕迹，怀疑王某有可能是因为受外伤而昏迷不醒。医生将这一情况告知王某的同事后，王某的同事随即报警。在该院医生的建议下，王某被转至该县所在市人民医院ICU进行抢救救治。

王某的同事报案后，该县公安决定对此事立案调查，并对当晚包括袁某在内的所有在场人员逐一做了笔录。4月13日，袁某因涉嫌故意伤害罪被采取强制措施。

● 委托律师的插曲 ●

袁某的领导4月16日中午来到辩护人的律所办公室，详细地向辩护人诉说了案发当天的来龙去脉以及王某的个人情况及救治细节。辩护人对案件做全面、初步的了解后，初步判断袁某的行为有可能不构成犯罪。随袁某的领导一同来到律所的袁某的家人，就委托事项与辩护人达成了一致。然而双方正在签委托合同之时，噩耗传来：王某因颅脑损伤医治无效死亡。

刑事辩护的黄金辩护期浓缩起来就一个字：早。委托合同的签订是在当天下午2点。因疫情防控原因，当天会见已不可能，辩护人只能预约4月19日早上会见袁某。从4月13日袁某被采取强制措施到19日，时间已整整过了6天。时间越长，辩护人的辩护空间可能就越小。随着王某的去世、时间的拖延，案件的辩护变得困难。

● 会见与辩护 ●

4月19日清晨，辩护人从南宁赶至该县看守所。作为当天第一批安排会见的律师，辩护人很快便见到了袁某。身高1.8米的高个子，将近90公斤的体重，足以给包括辩护人在内的所有人一种"王某的死亡是袁某导致的也不足为奇"的印象。初次会见时，辩护人可以看出袁某焦虑、紧张的心情，于是辩护人将袁某领导的关照、袁某家人委托的情况一一道出，给了袁某一定的安抚。随后，辩护人的委托得到确认，常规的权利和义务也交代完毕，辩护人便向袁某了解案发当天的来龙去脉。果不其然，袁某所述与袁某领导所述几乎无二，在各自听闻、经历的部分都有较大的重合。但辩护人注意到，唯独在对具体推搡过程的描述上，袁某的领导和袁某所述的都存在一个关键的问题：无论是袁某本人还是袁某的领导，都无法描述袁某、王某二人推搡的具体经过。究其原因：袁某的领导当晚不在场，只是听其他在场人员的复述；而袁某当晚确实喝得太多，实在无法回忆起具体细节。辩护人详细询问了袁某所能记忆的部分，以及死者王某的身材、体型等身体条件，还从袁某处了解到，事情发生的酒店门口并未安装摄像头，也就是说案发当晚的现场状况基本上没有任何客观的证据予以证明。当晚的具体案发过程毫无疑问是本案辩护的关键！

如果案发现场没有摄像头，又没有其他人用手机明确将现场推搡的情况拍摄下来，那么辩护人有可能从因果关系上排除袁某的作案嫌疑！正当辩护人找到辩点、感到些许欣慰时，又被袁某泼了一盆"冷水"：袁某在辩护人会见之前，除了在被采取强制措施前的询问笔录外，已经向侦查机关做了三次供述，而三份笔录都有对推搡过程的详细描述，都承认是他自己将王某的头部击打在地，且每一次供述都比前一次更详细、更具体。既然袁某因为喝了太多酒无法回忆起当晚发生过的事，那么在笔录中也应当对此进行如实陈述才是。袁某对辩护人说无法回忆，但又在笔录中详细描述，显然违背了常理。经辩护人再三追问，袁某承认他是出于无奈才不得不在笔录中承认与他主观认知相违背的事实。辩护人随后强调，无论侦查机关以何种方式进行讯问，嫌疑人都必须尊重事实、遵守法律，所言所述必须与事实相符，且所签笔录必须皆为自己所言之意，否则他有权拒绝在笔录上签字。

第二次会见是在 4 月 23 日。辩护人得知侦查机关已对袁某做了新的一次讯问，便第一时间到看守所向袁某了解讯问情况。糟糕的是，袁某在第五次笔录中仍无法坚持立场，违心地作出了不符合客观事实的供述。而面对这样的当事人，辩护人确实显得颇为有心无力。辩护人根据此前的询问内容和讯问内容向袁某明确了辩护的方向。在批捕阶段辩护人无法到检察机关阅卷，因此只能从已知的条件和现场状况进行推断，并向该县检察院提交了建议不批准逮捕法律意见书。

在提交建议不批准逮捕法律意见书之前，还有一个插曲。辩护人在 4 月 23 日上午会见完袁某后，联系过检察院的案管中心，被告知案件还未被移送该院。待辩护人下午再次联系案管中心时，又被告知该案中午下班时已被移送该院，且主办检察官已看完了全部案卷材料。时不我待，辩护人必须立刻与主办检察官沟通、交流观点，否则以现在"捕诉合一"的形势，如袁某被批准逮捕，则后续的辩护难度将大大提高。所幸，辩护人电话联系到了主办检察官。主办检察官的第一段话就是："这个案死了一个人啊。你看过材料没有。我们肯定要批捕的。你等能看材料时过来看吧！"如果这个时候放弃，就等于放弃了黄金辩护时期最好的机会。因此，辩护人并没有因主办检察官在电话里的"当头一棒"而退缩，而是就本案现有情况和因果关系上可能阻断的事由与主办检察官进行了近半小时的沟通、交流。幸运的是，这是一位认真负责的检察官。检察官听完辩护人的意见后，要求辩护人提交一份详细的书面法律意见，作为是否批准逮捕袁某的参考。

就批捕阶段和审查起诉阶段而言，检察官其实不是律师的对立方，而应该被定义为该阶段的"法官"，所以检察官更需要综合考量侦查机关的材料、意见与辩护人的材料、意见。因此在这个阶段，检察官如能接受或考虑辩护人的辩护意见，就表示辩护人的辩护产生了一定效果。第三次会见是在 4 月 26 日。按相关规定，检察机关可能在当天直接决定是否逮捕袁某，因此辩护人当天必须再会见袁某，也顺便将案件的情况告知他。由于此前袁某的不实供述，加上检察官在电话中所表现的态度，辩护人作出了有不利可能性的推断，也向袁某传递了一定的悲观情绪。袁某边哭边向辩护人询问，如检察官提讯他，他是否还是延续之前向侦查机关陈述的那种说法。辩护人再次明确，无论是谁来讯问，都必须以尊重客观事实为基础来回答，并当即让袁某写下向检察官当面表达意见的申请书。辩护人从看守所出来后，向案管中心提交了袁某的申请书。至此该阶段的辩护工作基本告一段落。

● 柳暗花明，忽得喜报 ●

正当辩护人觉得袁某有可能要被批捕，开始思考下一个阶段的辩护策略时，突然在4月27日晚收到了袁某的爱人被侦查机关要求到当地做取保候审的消息。这显然是不批准逮捕的强烈信号！

这消息着实让辩护人感到了守得云开见月明。在此之前，辩护人一直是抱着较为悲观的预期。一是因为袁某确实做了不利供述，且次数不少；二是因为仅靠对案件事实的推测发表法律意见，心里着实不踏实；三是因为无法看到其他证人的证言以及相关的证据材料，无法预测袁某在客观上有何种不利因素。从客观上来说，如果其他证人很明确地指认袁某就是凶手，且有相应的客观证据对所有言词证据予以印证，那么袁某确实在劫难逃。辩护人了解到，主办该案的检察官在看了辩护人的法律意见书及袁某的书面申请后，去看守所提讯了袁某。袁某将所知事实逐一说出，推翻了之前对侦查机关的供述，并解释了产生之前供述的具体原因。起初检察官在电话中称非常有可能要批准逮捕，是因为当时其还未深入琢磨案件细节。辩护人在书面意见中对案件疑点的具体分析让检察官感到本案看似较为清楚确实的证据其实并不充分，不能形成完整、闭合的证据链条，因此作出了不批准逮捕的决定。

袁某的不批准逮捕决定书和取保候审决定书辩护人是同时收到的。这大大增加了辩护人的辩护空间。

● 剖析细节，袁某终得不诉 ●

三个月后，侦查机关将案件移送检察院审查起诉，辩护人终于能到检察院阅卷了。对案卷的分析工作进行得相当顺利。辩护人很快在案卷中找出了在案证据的诸多矛盾之处，概而言之则是：

其一，案发当晚的围观者众多，但诸多证言并不足以还原案发现场发生的具体情况，每个人对打斗过程的描述都是有差别的（可能与在场大多数人都已醉酒有关），诸多证言与袁某的供述并不一致。

其二，王某的死因是钝性外力致颅脑严重损伤，但本案的案发现场，即酒店门口的空地是一片非铺装碎石路面，地面上的碎石均为带有锐角的小碎石，如袁某以足以导致颅骨骨折的力量将王某推倒致其头部着地，则王某的头部皮肤应当出现皮外伤，但无论是陪同王某回酒店的数名证人证言，还是尸体鉴定报告，都没有提及王某的头部存在皮外伤。而当晚在场未喝酒的两名证人（送王某回酒店的司机及酒店老板）的证言还称，袁某虽然将王某推倒在地，但王某的头部并未着地，而是手掌和膝盖着地。这些证言与尸体鉴定报告中王某手掌心和膝盖处出现皮外伤的描述高度吻合。因此在案证据无法证明袁某将王某推倒在地时王某头部曾着地。

其三，与王某睡同一房间的同事在其证言中称，王某在半夜曾经从床上跌落，头部着地，发出的巨响让酒醉的他从睡梦之中惊醒。这足以证明王某着地时头部受力之大，且房间的地面是光滑的瓷砖地面，恰好又与鉴定报告中认定的情况一致。

其四，无论是案发现场还是酒店大厅、房间，都未安装摄像头，也没有人拿手机将案发过程摄录下来，故证据无法客观还原案发现场经过，亦无法排除在王某离开现场之后有其他因素导致王某最终死亡的可能。

其五，王某本身身体较为肥胖，且在就医时被测量出血液的收缩压（即高压）达到了 160 mmHg，故王某是因自身高血压而突发脑梗去世的可能无法被排除。

找出真凶并不是辩护人的职责，辩护人只需提出本案的待证事实在证据上的疑点。无论如何，在案的证据确实无法证明王某究竟因何去世，但至少能够排除袁某作案的可能性。

2021 年 11 月，该县检察院就袁某是否应被提起公诉召开听证会。在听证会上，主办检察官将案情、观点陈述完毕之后，辩护人将提前准备好的一把案发酒店门口的碎石向听证会的成员逐一展示，同时将前述的观点在听证会上进行了详细剖析。听证会结束时，四名人民监督员均达成了本案证据不足，建议人民检察院不起诉的一致意见。2022 年 1 月，辩护人收到了该县检察院的不起诉决定书。

● 结　语 ●

本案在辩护上的成功，与当事人的坚持、检察官的认真、检察院整体的负责是分不开的，更离不开辩护人的严谨、细致。俗话说：法庭上没有事实，只有证据。律师作为辩护人应当注重客观事实及待证事实的疑点、矛盾点。本案的辩护人一直坚定认为，刑事案件离不开常识、常情、常理，从"三常"的角度去剖析案件证据，定能找到突破点。

承办律师

伍志锐律师，广西锐嘉弘律师事务所主任，南宁市良庆区政协委员，南宁市律协理事，广西律协刑事专业委员会主任，广西大学法学院硕士生导师，广西诉讼法学研究会副会长，广西刑法学研究会理事，南宁市人民检察院人民监督员。

黄哲君律师，广西锐嘉弘律师事务所副主任。

部督贩卖毒品案，从不批捕到终获不起诉

——涉嫌贩卖国家管制精神药品泰勒宁获不起诉案

本案系网络贩毒案件，经F省公安厅禁毒总队呈报公安部禁毒局批准，被立为公安部督办的毒品目标案件，涉案人员涉及全国多个省份。2021年3月F市公安局S分局民警在C省Y县易某经营的药房内将易某抓获，公安机关以易某涉嫌贩卖毒品罪为由，将易某从C省带回F省F市刑事拘留，羁押于S区看守所。

● 异地委托，及时介入 ●

远在C省Y县的易某家人经多方考察，决定委托我为易某辩护。我也初步从易某家人处了解了一些案件情况。易某在Y县经营药房，因涉嫌贩卖国家管制的精神药品氨酚羟考酮片（泰勒宁）才被抓捕的。在抓捕当日，公安在易某经营的药房内查扣了20多盒泰勒宁。

我按照预约的时间到看守所会见了易某，详细了解了易某的涉案情况。侦查机关认定易某涉嫌贩卖泰勒宁的其中一起发生在2020年2月：Z某等人因需要泰勒宁分别联系Y某购买泰勒宁，Y某联系L某，L某再联系易某商定购买100多盒泰勒宁。易某收到钱款后联系W某，W某则将泰勒宁分别邮寄给Z某等人。另一起发生在2020年9月：F某让易某将100多盒泰勒宁采用快递方式邮寄到D某手中。在2021年3月抓捕当日，F市公安在易某经营的药房内搜出了20多盒泰勒宁。经鉴定，这些泰勒宁中均检出羟考酮成分。易某贩卖泰勒宁总计300多盒，涉嫌贩卖毒品罪。

根据会见中了解的情况，我为易某充分分析了有利和不利的情形，有无逮捕的可能，并与易某沟通了初步的辩护策略。

● 黄金救援，重获自由 ●

在检察院审查批捕阶段，我于第一时间提交了不应批捕律师意见书。在审查批捕期限的最后一天，检察院经审查认为，易某涉嫌贩卖毒品罪，但不符合逮捕条件，决定不批准逮捕易某。公安机关随即变更强制措施为取保候审。易某在被羁押30多天后从看守所释放，暂回到C省Y县与家人团聚。在易某回家前，我约易某到律师事务所见面，就下一步的案件走向、诉讼程序及相关案件情况做了分析。易某对我前期的辩护工作表示感谢。案件侦查终结后，公安机关将案件移送S区检察院审查起诉。

● 两次退补，两次无罪意见 ●

贩卖国家管制的精神药品是否一定构成贩卖毒品罪呢？

在审查起诉阶段我做了详细的阅卷，并对所有的证据材料，尤其是涉案泰勒宁的流向证据进行了整合梳理。在案证据显示易某贩卖泰勒宁的直接销售对象并非吸毒者或者贩毒者，但泰勒宁流向的最终端购买者中，部分人员最终被认定为贩毒人员或者吸毒人员，部分人员的身份信息无法查明，且还有人员证实易某向他要过病例材料，也确实是将泰勒宁用于正当治疗。因此，易某是否明知终端购买者中有贩毒人员或者吸毒人员，是辩护人需要分析的重点之一。本案现有证据无法证实易某主观上的明知，易某无法判断出终端购买者有毒品犯罪人员或吸毒人员，同时其系出于正当医疗目的出售泰勒宁的可能无法被排除，故检察院不应认定易某的行为构成贩卖毒品罪。

之后我紧密结合《全国法院毒品犯罪审判工作座谈会纪要》（以下称《纪要》）及《〈纪要〉的理解与适用》的规定，从易某的主观不明知、直接销售对象、药品流向、终端购买者身份、无法排除合理怀疑等诸多方面提出易某的行为不构成贩卖毒品罪，不符合起诉条件，建议不起诉的律师意见。之后，检察院两次将案件退回侦查机关补充侦查。两次补充侦查的证据中均有围绕易某的涉案事实进行的调查取证。在审查起诉阶段我先后提交了两次律师意见，提出易某没有认识到涉案泰勒宁的毒品属性，缺乏贩卖毒品的主观故意，明知部分购买对象是吸毒人员或贩毒人员而贩卖的犯罪事实不清、证据不足，其行为依法不应当被认定为贩卖毒品罪。

两次提交的无罪律师意见均围绕在案的证据尚不足以证实易某在主观上明知最终端购买泰勒宁的人员中有吸毒或贩毒人员、易某不具有实施毒品犯罪的主观故意等多个角度展开分析，观点如下。

1. 从麻精药品的双重属性进行分析。麻精药品不能被直接认定为毒品，涉及贩卖麻精药品的行为也不能被直接认定为毒品犯罪。《〈纪要〉的理解与适用》中提出："麻精药品具有双重属性，无论通过合法销售渠道还是非法销售渠道流通，只要被患者正常使用发挥疗效作用的，就属于药品；只有脱离管制被吸毒人员滥用的，才属于毒品。因此，列入《麻醉药品品种目录》和《精神药品品种目录》的麻精药品并不等同于毒品，也并非所有非法贩卖麻精药品的行为都应当被认定为贩卖毒品罪，而应具体情况具体分析。"

2. 易某是某医药平台的入驻商家，将泰勒宁作为药品出售，而且出售给某医药平台的L某，并未脱离医药领域途径，且Z某等购买人的地址是L某提供的，即易某出售的直接对象并非贩卖毒品的犯罪分子或者吸食毒品的人员。易某不明知L某不是出于医疗目的售卖，且通过易某与L某的聊天记录可知，L某曾从易某处采购过多种合法药品，涉案的泰勒宁只是其中之一，易某并不明知最后会流入吸毒或贩毒人员手中。

3. 从麻精药品流向上进行分析。《纪要》规定："行为人向走私、贩卖毒品的犯罪分子或者吸食、注射毒品的人员贩卖国家规定管制的能够使人形成瘾癖的麻醉药品或者精神药品的，以贩卖毒品罪定罪处罚。"因此，要将管制的麻精药品认定为毒品，必须要确实充分地证明这些麻精药品流向了走私、贩卖毒品的犯罪分子或者吸食、注射毒品的人员。本案现有证据无法证明最终流向的W某等人是吸毒人员，他们购买泰勒宁用于治疗自身疾病，属于正常使用药品的可能性无法被排除。其中，Y某虽最终被认定为贩毒人员，但易某并不知道L某提供的购买者Y某是贩毒人员。阅卷时我发现关键证据就隐藏在电子数据（易某与L某的聊天记录）中，由此通过邮寄地点以及售卖对象，可证易某并不能判断购买者不是出于医疗目的购买泰勒宁。另，D某虽被认定为吸毒人员，但D某的地址是医药平台的L某提供的，易某并不知道D某并非为了治病而购买泰勒宁。

4. 2020年9月这起案件中，易某与F某双方之间有过其他正常普通药品的买卖，易某并不认识Y某，双方也没有任何联系，易某不明知购买者出于非医疗目的购买泰勒宁，易某仅按C某提供的地址邮寄，这不足以证实易某在主观上明知购买泰勒宁的人员系吸毒或贩毒人员。

5. 在易某药房内查扣的泰勒宁，易某供述是出于医疗目的的售卖，且相关人员证实是出于医疗正当目的的购买，也有相关病例等证据材料佐证。这说明易某有相应的对购买目的进行审查的行为。

6. 在案的相关证人证言可以证实，易某从没有接收到监管部门关于泰勒宁被列管、无资质不可售卖的通知。易某对涉案药品的毒品属性确实不知，仅认为是用于医疗的正常药品。

7. 从向不特定人员售卖角度进行分析。向不特定对象贩卖麻精药品也不应被认定为贩卖毒品罪。《〈纪要〉的理解与适用》中提出："需要说明的是，实践中有的被告人向不特定对象贩卖麻精药品，如果没有证据证明其是故意向走私、贩卖毒品的犯罪分子或者吸食、注射毒品的人员进行贩卖的，根据有利于被告人的原则，一般不宜认定为贩卖毒品罪。"

● 阴霾消散，因证据不足终不诉 ●

在审查起诉阶段，本案历经两次退回补充侦查，我先后提交了两次律师意见。F市S区人民检察院在两次退回补充侦查后，认为侦查机关认定的犯罪事实不清、证据不足，不符合起诉条件，于2021年11月决定对易某不起诉。我陪同易某到检察院领取了不起诉决定书。易某表示会珍惜这份不起诉决定，今后会依法合规经营。阴霾消散，易某开始了新的生活。

● 案件启示，双重属性 ●

根据《中华人民共和国刑法》第三百五十七条的规定，毒品的种类包括国家规定管制的其他能够使人形成瘾癖的麻醉药品和精神药品，据此被列入麻精药品品种目录的麻醉药品和精神药品也当然属于毒品的范畴。2015年《纪要》对"非法贩卖麻醉药品、精神药品行为的定性问题"进行了明确。泰勒宁在2019年虽被列为国家管制的精神药品，但鉴于麻精药品同时具备药品和毒品的双重属性,司法机关对贩卖精神药品的行为是否一定构成贩卖毒品罪不能一概而论,一定要结合具体案件情况具体分析。

本案是向他人贩卖精神药品泰勒宁的新型毒品案件,最终以检察院作出不起诉决定告终。无罪辩护难,毒品犯罪案件无罪辩护更难。本案承办律师把握住了两个黄金救援时段——审查批捕阶段和审查起诉阶段。在审查批捕阶段先争取到了不批捕,在审查起诉阶段围绕本案的焦点——向他人贩卖国家管制的精神药品如何定性问题,紧密结合《纪要》的相关规定,紧抓案件证据细节,从不具有贩卖毒品的主观故意、不明知他人购买精神药品是为了贩卖给毒品犯罪人员或吸毒人员等方面进行深入分析,指出案件定性、证据等存在的问题,精准抓住了辩点。同时,挖掘并利用在案卷宗中的有利证据,分析侦查机关补充侦查的证据,进而根据补充侦查的情况,推断出检察机关的补充侦查方向与审查思路,运用侦查机关收集的证据深化和支撑辩护观点,有效维护了当事人的合法权益。2022年1月该案例被评选为"中律评杯"2021年度十大有效辩护案例。

承办律师

邹广杰律师,上海靖予霖(沈阳)律师事务所副主任,辽宁省首批刑事法律专业律师,辽宁省优秀律师,沈阳市和平区优秀青年律师,专注于刑事辩护。

部督侵犯公民个人信息案，从不批捕到终获不起诉

——涉嫌非法侵犯公民个人信息获不起诉案

2016年至今，公安部每年都会部署全国公安机关开展打击整治网络侵犯公民个人信息犯罪专项行动和"净网"专项行动，持续重拳打击、整治侵犯公民个人信息违法犯罪活动。此外，我国还颁布了《中华人民共和国网络安全法》《中华人民共和国数据安全法》《中华人民共和国个人信息保护法》。三部法律相辅相成，为保护公民个人信息安全提供了强大的法律武器。但是，随着大数据、云计算、互联网等先进技术的快速发展，公民个人信息泄露的风险不断加大，公民个人信息通过信息网络传播、交易，往往被不法分子非法获取、加以利用。通过网络进行的侵犯公民个人信息案件日益频发，严重威胁公民人身、财产安全和社会管理秩序。

● 跨省抓捕当事人 ●

本案就是一起公安部督办的网络侵犯公民个人信息案件，涉案人员涉及全国多个省份。2018年9月，S市公安局直属分局民警在B市将正在单位上班的孙某抓获，一同被抓获的还有孙某的同事及老板，共计9人。公安机关以该9人涉嫌侵犯公民个人信息罪为由，将孙某及另外8人一起从B市带回S市刑事拘留，羁押于S市看守所。

● 律师及时介入案件 ●

孙某所在单位的1名负责人带领9名犯罪嫌疑人的家属，与笔者所在团队进行了详细的沟通。沟通结束后，家属遂决定委托笔者所在团队为该9

名犯罪嫌疑人提供辩护服务,笔者就成了孙某的辩护人。经过交谈,笔者初步从孙某家人处了解了案件的部分情况。孙某所在单位是一家互联网科技公司。该公司在为其客户提供技术咨询服务时不慎涉嫌侵犯公民个人信息犯罪,这才导致孙某等9人被抓。在抓捕当日,孙某办公的电脑等办公设备也一并被扣押。

在我国当前对侵犯公民个人信息犯罪从重、从严打击的态势下,先争取到取保候审或不批捕,是笔者面对的第一个难题。由于S市看守所会见业务繁忙,笔者又想早点会见孙某,于是在接受孙某亲属委托后的次日凌晨5点笔者就到看守所门口排队,从而在第一时间会见了孙某。在详细询问孙某后,笔者得知,侦查机关认定:孙某所在单位于2016年进行的SSP项目,在为客户提供咨询服务时,向上家公司购买路由器用户上网信息[内含身份证号码、手机号、手机串号、国际移动用户识别(IMSI)码等];单位领导人在明知该信息包含公民个人隐私信息的情况下,仍然让项目组成员对前述信息进行清洗、分析、展示,并将处理后的数据通过非法方式提供给客户;孙某所在单位及其项目组成员均涉嫌侵犯公民个人信息罪。

通过会见,笔者为孙某提供了充分的法律咨询服务,让孙某了解了侵犯公民个人信息罪的构成及主犯、从犯的量刑标准,并分析了孙某有无取保的可能。之后,与孙某沟通了初步的辩护策略:先由笔者向侦查机关为其申请取保候审,如被拒绝,在审查批捕阶段再向检察院争取不批捕,力争改变羁押状态,尽快恢复孙某的人身自由。

● 37天黄金救援 ●

会见了孙某之后,笔者第一时间对案件情况进行了梳理。虽然知道第一次向侦查机关申请取保,侦查机关基本会以案件需要继续侦查为由不予批准,但为了孙某的自由,哪怕只有百分之一的希望,笔者也要付出百分百的努力。于是,在整理好案件情况后,笔者立即向S市直属区公安分局递交了《取保候审申请书》。不出所料,不予批准的通知书很快就下来了。笔者拿到结果后,又会见了孙某,一是告知孙某这次申请取保候审被侦查机关驳回的事实,二是鼓励并安慰孙某不要放弃希望,告知孙某在侦查机关向检察院报捕时，我们还可以向检察院递交不应逮捕的律师意见。同时，这次会见还让笔者得知了案件的一些新情况，这为后续检察院不批准逮捕提供了很大帮助。

在孙某被刑事拘留的第 30 天，侦查机关将案件报捕到 S 市 W 区检察院。得知消息后，笔者第一时间向 S 市 W 区检察院提交了《不予批准逮捕律师意见书》。笔者认为：

1. 孙某对数据进行删减处理的行为是职务行为。孙某没有从事侵犯公民个人信息犯罪的客观行为与主观故意。

孙某 2013 年 9 月进入涉案单位工作，2015 年 9 月怀孕，2016 年 5 月生育，又休了将近 5 个月的产假，于 2016 年 10 月回到了涉案单位上班，并享受了一年的哺乳假，也就是说其真正上班的时间是比较少或是有限的。

孙某从进入涉案单位，到生育之后又返回单位上班，主要的工作就是媒体对接〔是指根据涉案单位客服顾问要求，将文件传输协议（FTP）上的某些数据导入 Track 系统，以方便客服顾问出报告〕和应用程序接口（API）对接（是指根据公司的 Track 系统、Social 系统或秒针系统要求，传输一些参数，让系统返回项目媒体广告位之类的信息）。至于 SSP 项目，孙某直属上司林某曾经要求其早日加入该项目组，但因该项目需要孙某学习一门新的计算机语言，再加上孙某刚生过宝宝，大部分的心思都在照顾年幼的孩子和家庭上，孙某在主观上是非常不想加入这个项目组的，所以便一拖再拖。后来孙某的母亲在 2018 年 3 月生病住院，孙某又请假一个月回老家照顾其母亲，所以一直到 2018 年 5 月，孙某才加入了林某所说的 SSP 项目组。但由于孙某不会新的计算机语言，孙某的工作就只是按照林某的要求将相关数据进行简单的删减处理，而 SSP 项目组其他工作人员的工作内容，孙某根本不接触或不涉及。至于 SSP 项目组为何成立、何时成立，甚至 SSP 的中文含义是什么，孙某都不知道。故笔者认为：孙某应其上司林某的要求对数据进行删减处理的行为系职务行为，孙某根本没有从事侵犯公民个人信息犯罪的客观行为与主观故意。

2. 孙某接触或处理后的信息不属于《中华人民共和国刑法》第二百五十三条之一规定的公民个人信息。

《最高人民法院　最高人民检察院关于办理侵犯公民个人信息刑事案件适用法律若干问题的解释》（以下简称《解释》）第一条对《中华人民共

和国刑法》第二百五十三条之一规定的公民个人信息作出如下解释:"以电子或者其他方式记录的能够单独或者与其他信息结合识别特定自然人身份或者反映特定自然人活动情况的各种信息,包括姓名、身份证件号码、通信通讯联系方式、住址、账号密码、财产状况、行踪轨迹等。"

根据该解释,公民个人信息必须与特定的自然人相关联,并且具有识别特定自然人的功能或特征。而本案中,孙某接触或处理后的所有信息,无论是单独的信息(如身份证号码、手机号、手机串号)还是组合的信息(如身份证号+手机号、身份证号+手机串号、手机号+手机串号、身份证号+手机号+手机串号),都不能与特定的自然人建立起直接或间接的联系。这些信息既不能识别出特定自然人的身份,也不能反映出特定自然人的活动情况,因此,孙某接触或处理后的所有信息不符合《解释》关于公民个人信息的规定,不属于公民个人信息。

3. 即使孙某的行为构成了侵犯公民个人信息罪,在共同犯罪中,孙某所起的作用也不大,孙某应属于从犯地位。根据《中华人民共和国刑法》第二百五十三条之一规定:"违反国家有关规定,向他人出售或者提供公民个人信息,情节严重的,处三年以下有期徒刑或者拘役,并处或者单处罚金;情节特别严重的,处三年以上七年以下有期徒刑,并处罚金。"孙某属于从犯,量刑标准应是三年以下有期徒刑或拘役,这也符合《中华人民共和国刑事诉讼法》关于取保候审的条件规定。

4. 笔者会见时了解到,孙某在被羁押期间,能够认真对待案件,如实并详尽地回答侦查机关提出的所有问题,积极地配合侦查机关的调查。且孙某的孩子现在还不到三周岁,从出生至今没有离开过孙某,并患有喘息性支气管炎,非常需要孙某的陪伴与照顾。

5. 孙某此前并无任何前科劣迹,工作努力,敬业爱岗,待人友善,深得合作伙伴好评,无社会危险性隐患,更不会妨碍侦查机关侦查工作继续进行,确无逮捕必要。

在审查批捕期限的最后一天,即孙某被刑事拘留的第37天,S市W区检察院审查后认为,孙某涉嫌侵犯公民个人信息罪,但不符合逮捕条件,决定不批准逮捕孙某,公安机关随即变更强制措施为取保候审。孙某被羁押37天后从看守所释放,暂回到B市与家人团聚。在孙某回家前,笔者将孙某约到律师事务所见面,就下一步的案件走向、诉讼程序,以及相关案件情况进行了详细分析。孙某及其家属对笔者前期的工作表示感谢。虽然孙某暂时获得了人身自由，但笔者还是担心接下来侦查机关会将案件移送W区检察院审查起诉，感觉心里总有一块石头放不下。

终获终止侦查

后来，在侦查机关将案件移送检察院审查起诉前，笔者又积极与公安机关进行沟通与对接。功夫不负有心人，终于在取保候审12个月期限届满前，孙某接到了公安机关的电话，被通知去办理"案件终止侦查，解除取保候审"的手续。至此，孙某终于获得了真正的自由。从不批捕到终获终止侦查，辩护工作终于完美收官。笔者难掩内心的喜悦，但最开心的还是孙某，因为辩护工作终于达到了她没有案底的目的。阴霾终消散，孙某也开始了新的生活。

办案心得

本案是通过网络侵犯公民个人信息的典型案件，最终以公安机关终止侦查而告终。刑事案件的辩护难，无罪辩护更难。笔者把握住了刑事案件中决定当事人命运的黄金救援时机，在案件审查批捕阶段，紧紧围绕涉案的信息不属于法律规定的公民个人信息，抓住案件的证据，从不具有侵犯公民个人信息犯罪的主观故意和客观行为、职务行为以及共同犯罪中的主从地位等方面进行详细分析，精准抓住案件辩点，有效维护了当事人的合法权益。

承办律师

方园律师，北京市盈科（苏州）律师事务所高级合伙人、刑事部主任，扬子鳄刑辩发起人，苏州大学王健法学院实践导师，苏州城市学院法学院"律师实务课程"授课导师，专注于刑事辩护。

"戏拳"引发的牢狱之灾

——从故意伤害罪到存疑不起诉

● 案情简介 ●

2020年1月13日,河南某村的村民在自家举办喜宴招待宾客。午后,一阵突如其来的吵骂声打破了喜庆的气氛,紧接着转化为肢体冲突。原来是一对表兄弟因酒后言语不和而发生冲突。当然,冲突迅速被周围的亲戚和乡邻制止,被害人谢某和本案被告人之一赵某被劝离现场。各自冷静后,双方都提出回家。然而,谢某边走边漫骂着赵某。此时,赵某妻子的表哥,即我方委托人刘某(本案第一被告人),正准备到主人家帮忙,恰好迎面遇到准备回家的谢某,听到谢某仍漫骂不止,就向其左肩部位挥了一拳(河南乡村熟人间的一种打招呼或劝解方式),示意其到旁边谢某的姑妈家休息。随后,谢某被其亲戚带至其姑母家客厅休息。一小时后,谢某在其姑母家被其家人发现失去了生命特征,家属随即报警。

公安机关于2020年1月13日立案侦查,当晚刘某和赵某均被刑事拘留。公安机关于3月19日将该案件移交检察院审查批捕后,由于事实不清,检察院两次将案件退回公安机关要求其补充侦查。2020年8月19日检察院再次延长审查起诉期限,最终于2020年9月2日向一审法院提起公诉。

检察院指控赵某和刘某犯故意伤害罪,一并向一审法院提起了公诉。一审法院于2021年1月12日经过庭审调查,并听取相关辩护人意见后,认定两名被告人犯过失致人死亡罪,判处刘某有期徒刑一年(实际刑拘一年零八天),判处赵某有期徒刑一年十个月。

赵某对一审判决不服,向中级人民法院提出上诉,刘某附随参加二审。中级人民法院于2021年4月20日作出发回重审的裁定。该案退回一审后,

检察院又一次将案件退回公安机关补充侦查。补充侦查结束后检察院仍然认为指控刘某的行为构成过失致人死亡罪的事实不清、证据不足，于2022年1月28日对刘某作出不起诉决定。

● 令人疑惑的起诉意见 ●

在这个案子中，争议最大的是我们的委托人刘某"戏拳"的行为到底与被害人谢某的死亡有无因果关系，该行为究竟该如何评价。该类型的案件在司法实践中存在着三种定性争议，也正对应本案在侦查、审查起诉、审判阶段的结果。刘某在侦查以及审查起诉阶段被认定为犯故意伤害罪，在一审阶段被认定为过失致人死亡。在案件被二审法院发回重审并退回补充侦查以后，检察院对刘某作出不起诉决定。

故意伤害致人死亡与过失致人死亡是此类型案件较为普遍的处理结果。从理论上讲，对行为人主观状态进行评价是可以对两个罪名实现区分的。故意伤害致人死亡的行为人在主观上追求被害人死亡结果的发生，最起码不排斥死亡结果的出现。而过失致人死亡的行为人对被害人死亡结果要么因为疏忽大意没有预想到，要么能预想到，却因为过于自信而轻信可以避免，在本质上是排斥死亡结果出现的。

公安机关和检察院一致认为赵某和刘某成立故意伤害（致死）罪。这一点也是辩护人百思不得其解之处。

第一，从案件起因来看，被害人谢某来到案发地是为了给办喜事的主人家送礼，在机缘巧合之下和被告人相遇（来庆祝的都是主人家的亲戚）。在吃饭的过程中，谢某略带挑衅意味的言语使得被告人赵某的"气火"涌上心头，于是谢某与赵某之间产生了第一次争执。可以说，案件发生得非常偶然。谢某酒后骂人而与刘某产生的争执同样非常偶然。谢某在其姑母家休息时死亡，更不是刘某和赵某积极追求的结果。

第二，从行为方式来看，刘某采取的是通过身体部位接触谢某的方式。是否击打到谢某的身体部位以及是否击中谢某的关键部位对认定刘某的行为是否构成犯罪以及成立何种犯罪具有重要意义。刘某发出的一拳究竟被谢某躲过去了还是打在了肩膀上抑或是打在了其他部位的这一事实没有得到一致的认定。从卷宗中可以看到，关于刘某挥拳击打谢某身体部位的描述并不一致。检察院指控"被告人刘某上前用拳头捶被害人谢某",回避了对关键因素的认定。刘某本人辩称其没有用拳头打被害人,只是和被害人面对面时用双手把谢某往回推了三步远。三号证人谢某某是被害人的姑姑,其声称,刘某用拳打谢某但没有看清打到哪里。姑且不因为三号证人与被害人之间的亲属关系而排除适用,其证言也不能准确描述刘某这一拳到底有没有击打到位或是击打到哪个部位。七号证人康某声称刘某用手去推谢某的肩膀。康某用"推"形容刘某的行为,说明刘某并没有使用很大的力气。推的部位是肩膀则从侧面说明刘某只是象征性地用"推"这一动作压制对方,而不是试图终结对方的生命。十号证人是谢某的妻子杜某,其声称刘某用手捶谢某。具体怎么捶的、捶到哪里杜某并不清楚。

第三,从被告人对后果的态度来看,刘某并没有积极追求被害人死亡的主观故意。成立故意伤害致人死亡,要求行为人至少有伤害的故意,追求他人身体健康受到损害的结果。从刘某当时出手的意图出发,其希望通过这一举动,一方面制止谢某谩骂的行为,另一方面平息谢某的"生气状态",而不是在追求谢某受伤或者死亡。

赵某推搡以及刘某"挥拳"的行为,被刑法评价为轻微暴力行为。轻微暴力致人死亡的案件具有以下特征:第一,实施者只能采取轻微暴力行为,很少会出现使他人受到严重伤害的行为。第二,因果关系较为复杂。由于轻微暴力行为很少会导致令人重伤或者死亡的结果,因此,案件必须有特殊体质、特殊职业、特定环境等其他因素的介入。第三,轻微暴力行为实施者对出现的重伤或者死亡的危害结果通常缺乏认知。行为人在主观上认为自己的轻微暴力行为不会导致他人死亡。一般来说,正常人"挥拳头"打到他人肩膀的行为通常不会造成轻伤以上的结果。谢某的死亡是其冠心病病史、争执、打耳光、饮酒等因素综合造成的结果,且谢某平时身体健康,因此被告人刘某对自己用拳头推搡谢某肩膀而造成谢某死亡不具有预见可能性。

辩护人认为轻微暴力行为是否成立故意伤害罪需要从以下两个角度去综合判断。

(一)判断轻微暴力行为是否属于故意伤害罪的实行行为

实行行为只能是具有侵害法益紧迫危险的行为,或者说故意伤害罪的实行行为应当具备高度致害危险性。也就是说,故意伤害罪的实行行为必须对他人的身体健康具有高度致害危险性。高度致害危险性是一种潜在危险性，并不仅仅通过实害结果来反映。判断行为是否有高度致害危险性的参考因素如下：

1. 打击工具

行为人持有的打击工具为刀具或者其他管制物品时，由于打击工具具有一定的破坏力及潜在的伤害可能性，其行为被认定为故意伤害罪的实行行为一般是不存在疑问的。当争执偶然间产生，行为人利用身体部位作为攻击对方的工具时，我们需要从社会一般人的角度判断行为的危险性大小，认定行为人是否在实施犯罪行为。

本案中，被告人赵某与刘某都没有使用具有杀伤力的击打工具。他们捶或推的工具是自己的身体部位，在通常情况下其行为难以产生严重伤害他人身体健康的结果，被评价为一般殴打行为更合适。

2. 打击部位

无论借助外在的打击工具还是利用自身身体优势，当打击行为的危险性高到一定程度时，打击的部位是认定能否成立故意伤害罪的辅助判断因素之一。一般殴打行为演化为大力地掐对方的脖子或者持续击打对方的头部时，被评价为故意伤害罪或者故意杀人罪的实行行为更合适。若只是轻轻击打非致命部位，在力度较为轻柔且避开要害部位的前提下，将其评价为一般殴打行为更为合适。

根据相关证人证言，刘某击打谢某的部位为肩膀，或者刘某没有接触谢某的身体部位。无论是哪种情况，都不具有高度致害危险。刘某没有击打他人致命部位的意愿，从侧面可推出刘某没有想要剥夺他人生命的故意。

3. 打击力度

打击力度可以通过被害人的身体状况得以体现。如果行为人的打击力度很大，即使没有造成死亡结果的发生，也至少可以证明行为人有造成他人身体重伤的故意。但打击力度较小，也不能完全排除行为人没有造成他人重伤或者死亡的故意。因为打击力度受很多外在因素的控制，所以根据打击力度判断不能得到唯一的结论。

刘某的一拳究竟使用了何种力度在本案中得不到一致的认定。根据刘某本人的供述，其用双手把谢某往回推了两三步远，谢某便侧身摆脱了。按照这种描述，行为人推的动作并不是很大并且没有持续很久。更何况谢

某处于醉酒状态，其身体无法保持平衡在所难免。

4. 打击频次

行为人只使用微弱的力量反复多次击打被害人，不能影响故意伤害罪的认定。而行为人只是使用很小的力量接触对方时，被评价为故意伤害罪显然有些牵强。

在一般情况下，通过对以上四个要素的综合考察，我们可以判断行为人的行为是否符合故意伤害罪的实行行为的要求。在一些特殊情况下，还可以结合双方关系、亲疏程度、双方力量强弱对比等因素研判当事人的行为是否属于故意伤害罪的实行行为。

5. 双方关系亲疏程度

夫妻关系或者亲属关系在某些情况下是判断是否存在伤害故意的辅助因素。如父母教育孩子时给孩子一巴掌正好打中致命部位，或者父母教育孩子导致孩子正好磕着致命部位，在这样的情况下，父母一般不被认定为是出于故意伤害的目的导致子女死亡。又如夫妻之间的打情骂俏行为一般也不被认定为故意伤害行为，除非有证据证明施暴者有实施伤害行为的故意。

6. 双方力量强弱对比

力量差异也是认定是否构成故意伤害的因素之一。如年轻的武术运动员对幼童或老人拳打脚踢，事后查明幼童或者老人确因先前的拳打脚踢行为而死亡，则运动员拳打脚踢的行为一般会被认定为故意伤害行为。在双方力量相当的情况下，互相殴打造成一方死亡，是存在过失致人死亡的空间的。

7. 其他要素

案发原因、犯意顽固程度、时空条件等因素均对故意伤害罪的实行行为的判定起到一定的作用。如果有证据证明行为人早有预谋，故意伪造偶然相遇场景，即使其不承认存在伤害故意，我们也是可以推测出行为人是在实施故意犯罪的。

多次实施轻微暴力行为完全可以被评价为故意伤害罪的实行行为。但由于刘某用拳头击打的部位没有得到一致的认定，刘某的行为被评价为故意伤害罪的实行行为存疑。根据存疑有利于被告人的原则，并结合证人证言，我们应当认定刘某出拳行为的致害危险性达不到要求，可以排除故意伤害罪的适用。

（二）在肯定轻微暴力行为可以被评价为故意伤害罪的实行行为的基础上，判断该实行行为与危害结果之间有无因果关系

我国刑法理论采取的条件说或者客观的相当因果关系说在应对有被害人的特殊体质介入的案件时，一般会得出因果关系存在的结论。在肯定因果关系存在的前提下，有两种处理结果存在。如果行为人对被害人的特殊体质不知情，但社会一般人或者基于某种原因行为人应该知道被害人的特殊体质，那么行为人实施的轻微暴力行为一般不构成故意犯罪，可能成立过失犯罪。当被害人存在一定过错导致危害结果发生时，我们应该相应降低对行为人的可归责性。当有其他因素介入时，我们需要考虑介入因素是否异常。如果介入因素足够异常，我们就可以中断先行行为人与最后的死亡结果之间的因果关系。

因果关系是一种客观存在，对多因一果案件中被告人应承担的责任大小的划分具有重要的意义。在本案中，被害人死亡的原因同样具有多样性。被害人死亡是冠心病突发导致的。头与面部外伤、争执及饮酒为其死亡诱因。这几个因素中与刘某相关的只有争执这一项，具体表现为刘某用手推了被害人。辩护人认为在查不清楚刘某用了多大的力道、推了哪个部位的前提下，无法确定推搡的行为与被害人的死亡之间构成故意伤害的关系。

案件的起因、行为方式的选择以及行为人对危害结果的态度均是行为人主观方面的重要表现，对认定轻微暴力案件行为人是否存在伤害故意具有很大意义。辩护人可以从上述角度推翻司法机关关于故意伤害致人死亡的指控，也可以从行为与死亡结果之间中断了因果关系或者是不存在因果关系的角度来进行说明。

● 一审判决 ●

一审法院采纳了关于刘某的行为不成立故意伤害致人死亡的辩护意见，而将其定性为过失致人死亡。法院的裁判依据是刘某不具有严重伤害被害人身体致其器质性或者功能性损害的故意，但法院认为刘某的推搡行为是诱发被害人冠心病发作并猝死的原因之一，刘某自然要承担过失致人死亡的刑事责任。

案件得到这样的处理结果,刘某依然表示了接受,并没有提出上诉。但辩护人始终坚持刘某的行为对被害人的死亡来说应属于意外事件。大多数法院在审查此类案件时,并不考虑行为人是否需要对被害人的特异体质有所认识,普遍要求行为人对轻微暴力行为会造成他人身体健康受损或者威胁到他人身体健康是有所认识的,因此行为人没有预见到死亡结果的发生自然可以归属于疏忽大意的过失,成立过失致人死亡罪。笔者认为不能从结果倒推行为人的主观状态,而需要考虑轻微暴力行为发生时的双方状态、关系远近、争执起因等多项因素,对行为人是否具有预见可能性进行综合判断。

由此可见,区分轻微暴力致人死亡属于过失致人死亡还是意外事件的关键在于对预见义务有无的判断,即"应当预见"与"无法预见"的区分问题。

在这个案件中,争执是引起被害人谢某猝死的因素之一,但是,在争执发生时,刘某是否能够预见到自己与谢某的争执会引起冠心病突发呢?刘某一拳打在了谢某的肩膀上,一般人普遍会认为这不会造成他人重伤或者死亡的结果。同样,站在刘某的角度,刘某在示意谢某休息时,给了谢某一拳,在不知道谢某身体情况的前提下,无法预见这一拳会导致谢某死亡的结果。因此,从是否有预见能力的角度来看,刘某属于"无法预见"的情形,其行为不构成过失致人死亡罪。

疏忽大意型过失致人死亡与意外事件的行为人"没有预见"的原因大相径庭。对前者的要求是"应当预见",对后者并不要求预见,这表明刑法并不期待特定情形下行为人有预见能力,从而也不要求行为人对不能预见的行为所造成的结果承担刑事责任。辩护人认为,案发时的环境因素、双方过错程度以及被害人自身的身体状况等都会影响对行为人是否有预见能力的判断,更多时候我们需要依靠经验法作出推理。

● 同案被告人启动二审,刘某附随参加 ●

同案被告人赵某不服一审判决上诉至上一级法院,刘某不得已参加。刘某在辩护人的指导下围绕着赵某提出的上诉理由向二审法院进一步反馈了相关意见。辩护人认为一审法院作出的判决存在两方面的主要问题:其一，依据刘某的陈述、其他证人证言无法得出刘某的这一拳击打到被害人身上的唯一结论。退一步讲，即使刘某的这一拳打到被害人身上，从现有证据来看，能得出的结论也只能是打到被害人的肩膀，即击打部位是非致命部位。其二，认定刘某的行为成立过失致人死亡罪错误。综合上文分析，对于是否存在预见可能性我们可以先从事实角度，后从价值维度进行判断。对刘某来说，是否击打到被害人身上的事实维度存疑。从价值维度考量，行为人为了制止谩骂行为，平息被害人的怒火，缓和关系而与被害人产生接触。对于这种多因一果的案件，仅因为刘某是被害人死亡之前最后一个可能产生肢体接触的人而让其承担过失造成他人死亡的刑事责任，有些过于严苛。

● 终获不起诉决定 ●

二审法院将案件发回重审后，一审法院将该案件退回检察院。检察院对于刘某出拳击打的行为仍然得不出唯一的结论，最后作出了不起诉决定。

● 结　语 ●

本案始终围绕着一个关键事实没有认定的问题，即"一拳"是否击打到被害人身上，而主张击打到被害人身体的证人又说不清楚击打到哪个部位。因此，在关键事实没有证据证明的前提下，辩护人始终从刘某的行为不构成故意伤害致人死亡、过失致人死亡的角度表明辩护意见，最终说服司法机关，使得刘某获得了不起诉处理。

针对实践中轻微暴力行为致特殊体质人死亡的案件，辩护人认为重心应放在对行为人主观方面的认定、对行为致害危险性的判断以及对预见可能性的判断上。在对行为是否构成故意伤害致人死亡进行研判时，我们应先判断行为能否被评价为故意伤害罪的实行行为。可以从打击工具、打击部位、打击力度、打击频次、双方关系亲疏程度、双方力量强弱对比等因素入手，通过判断行为的致害危险性程度进而辅助判断行为人是否有伤害他人的故意。在多因一果案件中，被害人过错以及被害人的特殊体质等都是影响因果关系判断的因素。另外，司法机关应严格把握过失致人死亡罪的构成要件，在不能得出"应当预见"的答案时，考虑认定为意外事件。

承办律师

王海洲律师，北京市盈科（郑州）律师事务所律师、刑事法律事务部副主任，擅长刑事、公司法等相关业务。

无罪释放，7天见效，律师是怎么做到的？

如果要对难办的事进行排名，我想，无罪判决应该可以入围前10名。结合公开可查的数据，全国真正由法院判决无罪的案件非常少，更多的是检察院不捕不诉或公安撤案。所以，在司法实践中，由于多种原因，我们体会到的往往是：无罪判决，想说爱你不容易。

此外，我们发现，有如下几个方面的问题亟待重视并加以解决：

一是有罪推定思维仍占主导。

二是认罪认罚在一定程度上"变味"。

三是重口供、证人证言等言词证据。

从客观上讲，近几年的司法改革取得很大进步。作为一名法律工作者，我支持依法打击违法犯罪。其中，很重要的一个方面就是坚持"疑罪从无"和"疑罪从轻"。

我们北京盈科（上海）律师事务所小法海团队曾办理了一起涉嫌非法采矿罪案件。当事人家属2月28日办理委托，律师于次日（即3月1日）便迅速从上海前往江西会见当事人，并及时向检察院提交了律师意见。让人欣慰的是，当事人经过办案律师的积极抗辩，于3月7日被无罪释放，走出了看守所。

● 紧急接受委托 ●

2月28日，律师团队紧急接到当事人的妻子委托。她说当事人被公安机关抓捕关押，具体现在什么情况她也不清楚，而且他们的孩子现正在读军校，也是一名预备党员，正处于转正的关键阶段。她迫切地希望自己的丈夫能够平安无事，并且这件事最好不要影响孩子的发展。她现在也不知该怎么办了，希望我们一定要帮助他们家庭。

我们律师团队经过详细的询问，深入地了解了他们的诉求和家庭情况无罪释放，7天见效，律师是怎么做到的？

后，深深知道肩上的责任重大。我们不仅要为当事人提供有效辩护，还要为他们这个家庭的未来着想。

我们始终坚信方法总比困难多，遇到问题，第一要务是解决问题。

接受委托的当天，我们律师团队立即开会分配相应的工作任务，为出差办理案件做好充分的准备。

首先，我们面临的第一个问题是，由于疫情防控，每个地方的看守所防疫政策和会见要求都不大一样。我们马上联系了当事人被羁押的看守所并进行预约会见，准备好齐全的材料和相应的手续，并且连夜奔赴医院做了核酸检测。

其次，我们律师团队在确定好会见时间后便规划好行程、出行方式，并与当事人家属沟通好我们的到达时间和地点，以方便会面。

再次，团队其他成员在后方积极地协助主办律师整理出了跟本案相关的最新法律、司法解释和判例依据，尤其是跟当地法院有关的类似案例，以便主办律师参考，最大限度保障委托人的合法权益。

● 与时间赛跑 ●

接受委托后的第二天，本案的主办律师刘海一大早便带好材料乘坐高铁前往当事人所在城市。在下午2点半下高铁后，未经休息，直奔看守所会见当事人，全面了解整个案件的情况。

在看守所和当事人会面之后，刘海律师整理好获得的信息，又马上赶往公安局找到案件的承办警官了解案件进展情况。在得知本案已被移送检察院审查批捕后，刘海律师便又马不停蹄地前往检察院，并赶在下班之前找到承办检察官进行了关于本案件的沟通。

在结束了白天的奔波之后，刘海律师与团队律师开远程视频会议沟通案情和辩护思路，并在深夜写好申请不予批捕的法律意见书。

由于抵达当地的当天下午，上海的行程码变为带星，当地看守所告知刘海律师须在当地做核酸检测且结果为阴性方可会见。为了不耽误时间，第二天清早，刘海律师赶去做了核酸检测。在报告出来后，他又立即去会见当事人，然后，再次赶往检察院递交法律意见书，向检察官诚恳地汇报了相关情况。

● 抢抓无罪辩护黄金期 ●

当地的办案人员没有因为刘海律师是外地来的而拖延,始终文明热情地接待和坦诚沟通。他们理解刘海律师出差办案的不容易,还将联系方式给了刘海律师,以方便后续的工作联系。

7天后,检察院采纳了律师的法律意见,对当事人作出了不予批准逮捕决定,公安局也对其作出了终止侦查的决定。当事人终获无罪释放,恢复人身自由,其家庭也没有了后顾之忧!

关于侦查阶段无罪辩护的一点分析:

在我国,除了在庭审阶段提出无罪辩护之外,与公安机关和检察院之间的沟通也是刑事辩护非常重要的阶段。因为从近些年的一些司法实践来看,现在的很多以无罪结案的案件都是在侦查阶段中的审查批捕环节出现的,因此,近些年行业内便有了所谓无罪辩护黄金三十七天的说法,也就是批准逮捕前的三十七天是律师进行无罪辩护非常重要的一段黄金时期。

案件在到达法院开庭审判这个阶段之前已经经过了漫长的侦查和审查起诉阶段。到了法院审判的时候,相关证据一般已经收集得很齐全了,所以这个时候律师再进行无罪辩护的难度变得很大,除非在确实有充分证据和理由的情况之下,否则律师一般更愿意选择进行罪轻辩护。在侦查阶段律师进行无罪辩护的压力相对而言就小了很多。在这个阶段,司法机关尚未对案件形成完整的结论,相关证据也都还在搜集。律师如果发现案件确实是错案或者无罪的案件,并及时地与司法机关进行沟通交流,那么这个时候司法机关接受律师的无罪辩护意见的概率还是很大的。

承 办律师

刘海律师,中华全国律协会员,北京盈科全国商事争议仲裁委员会副主任,盈科上海监事会副主任、股权高级合伙人,西南政法大学苏州校友会秘书长。

用一起申诉改判无罪案例谈刑事辩护

● 案情简介 ●

原×县人民检察院指控：

（一）贪污罪：2007年至2008年期间，被告人徐××在担任村会计期间，利用其领取、发放黄河公铁两用桥占用村组织土地补偿款及附属物赔偿款的职务便利，从镇财税所领取土地补偿款及附属物赔偿款共计1 614 802元，后私自决定将该款中的401 974.2元不入村账。除给群众发放各类补偿款354 275.5元外，徐××将剩余47 698.7元非法占为己有。

（二）隐匿会计账簿罪：2015年7月13日，×市纪委在调查该村有关问题时，要求该村提供2005年至2008年会计账簿等资料。时任村会计的徐××拒不提供由其保存的相关会计账簿。2015年7月20日，×县公安局侦查人员在徐××家中搜出一本村会计账簿。

● 诉讼过程 ●

2015年7月13日，×市纪委将徐××涉嫌隐匿会计资料线索移交×县公安局。2015年7月14日，×县公安局决定对徐××涉嫌隐匿会计账簿罪案立案侦查，并采取刑事拘留措施。2015年7月31日，×县人民检察院决定对犯罪嫌疑人徐××涉嫌贪污罪一案立案侦查。

2016年6月2日，×县人民法院判决徐××犯贪污罪和隐匿会计账簿罪，数罪并罚，判处有期徒刑二年，并处罚金十三万元。徐××不服，提出上诉。2016年10月19日，×市中级人民法院裁定撤销原判，将案件发回重审。

2017年8月24日，×县人民法院认为贪污罪证据不足，以隐匿会计账簿罪判处徐××有期徒刑一年五个月，并处罚金三万元。

徐××再次提出上诉。2017年12月4日，×市中级人民法院裁定驳回上

诉，维持原判。

徐××仍不服，提出申诉。2018年11月22日，×市中级人民法院驳回申诉通知书。接着徐××向H省高级人民法院提出申诉。2019年9月26日，H省高级人民法院指令×市中级人民法院对本案进行再审。

2020年7月15日，×市中级人民法院作出刑事判决书，撤销原有罪判决，判徐××无罪，已执行罚金依法予以返还。

2021年8月18日，×市中级人民法院作出国家赔偿决定书，决定赔偿徐××人身自由赔偿金人民币193 639元，精神损害抚慰金人民币67 000元，在×县××镇××村范围内，为徐××消除影响、恢复名誉。

● 办案思路 ●

2016年7月6日，我和张国芳律师接受徐××家属委托担任其二审辩护人，2017年7月7日进行第一次会见。通过会见了解到，徐××当年为村里办电花费十七八万元，其中交给电业局10万元（是否入账他记不清楚了），其余款项是村里办电其他开支。那么，如果把办电费10万元考虑在内，徐××不仅没有贪污，反而垫付有资金，指控罪名将难以成立。另外，当年的账簿已丢失，并非隐匿。当时徐××曾报警但没记录。公安机关在其家中搜出的一本账簿仅是他自己记日常现金流水账的账簿，并非村里的正式账簿。结合卷中证据材料，我们认为本案指控罪名事实不清、证据不足，决定做无罪辩护。

● 争议焦点 ●

1. 徐××为村里办电而交给电业局的10万元是否入账或部分入账？贪污罪名能否成立？

2. 账簿是否被盗？从徐××家中搜出的账簿是否隐匿账簿中的一部分？隐匿会计账簿罪能否成立？

证据分析及辩护过程

（一）关于贪污罪

×县人民法院一审审判时认定徐××在协助人民政府从事行政管理工作中，从镇财税所领取土地补偿款及附属物赔偿款共计1 614 802元，后私自决定将该款中的401 974.2元不入村账，除给群众发放各类补偿款354 275.5元外，被告人徐××将剩余47 698.7元非法占为己有。

贪污数额的计算方法如下：

1 614 802元（实际领取赔偿款）－1 212 827.8元（入账金额）－354 275.5元（支付群众补偿款）＝47 698.7元

我们在认真阅卷并核实证据后，发现卷内有一份2010年1月7日×县检察院制作的《关于××××村干部涉嫌经济问题的查处情况说明》（以下简称《情况说明》，用于回复×县信访局的文件）。《情况说明》表述：该村"领取的56 000元（机井款）用于村里办电支出，有电业局2008年4月8日的收款单据……2007至2008年，徐××任村会计期间，镇财税所共向该村拨付土地补偿款及附属物补偿款共计1 522 503.5元，包括经徐××手实际领取的青苗赔偿款77 161.5、土地补偿款1 267 464元、附属物井款91 500元、附属物树木补偿款14 741元（直接发放到户，未入该村账目）、赠青款71 637元（直接发放到户，未入该村账目）等。下余121 299元仍在财税所，尚未领取。以上领取款项中……附属物井款91 500元下入该村账目，土地补偿款1 267 464元，除赔偿二组青苗款184 637元，该村架设电杆及变村器支出100 000元，下余982 827元入本村账目……截至2008年年底该村账面余额396 527.2元，未发现其他违法违纪经济犯罪问题"。该《情况说明》可以证明，该村二组青苗款184 637元和办电支出100 000元没有入账，982 827元已入账，且未发现其他违法违纪经济犯罪问题。

然而，2010年3月12日，×县检察院反贪局针对该村收支情况初查时书写了一份《调查报告》。该报告内记载该村用于日常开支办公经费586 299.8元，票据过多，没能一一复印……该报告认定办电100 000元系账内支出，但认定入账数额却是91 500+1 267 464＝1 358 964元。总的拨付款项1 614 802，扣除入账款项1 358 964元后，余额为255 838元，而徐××

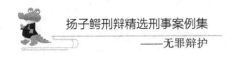

给群众发放各类补偿款 354 275.5 元。仅从数据上分析，徐××已为村里开支垫付款项近 100 000 元，这一结论显然与起诉书指控逻辑相矛盾。

同时，虽然 2010 年 1 月 7 日《情况说明》与 2010 年 3 月 12 日《调查报告》内容存有矛盾，入账金额不一致，但在扣除 184 637+100 000＝284 637 元后，其余入账金额仍是一致的。而徐××在讯问笔录中说"一笔办电的 100 000 元用征地补偿款支出，当时没有做支出下账"，该表述与《情况说明》和《调查报告》内容契合，能够相互印证，证实 100 000 元当时没有下账处理。那么，如果把 100 000 元考虑在内，该村入账金额和账外开支总额就超过收入总额，本案根本没有贪污的空间，贪污罪不可能成立。

而且，经辩护人申请，法院调取了一份 2011 年 7 月 20 日镇纪委对徐××作出的《关于给予徐××党内严重警告处分的决定》。在该处分决定中，因会计手续记录不规范、招待费用开支额度过大、有白条入账等情况存在，镇纪委给予徐××党内严重警告处分。该处分决定也证明了徐××的行为仅是一般违纪行为。

作为徐××的辩护人，我们向二审法院提交了详细的辩护意见，认为本案贪污罪证据之间存有矛盾，不能排除合理怀疑，并就辩护意见与法官进行了充分的沟通。2016 年 10 月 19 日，×市中级人民法院作出发回重审裁定。2017 年 8 月 24 日，×县人民法院经过审理，认为公诉机关指控被告人徐××犯贪污罪的证据与该检察院反贪局 2010 年 3 月 12 日的《调查报告》的内容相互矛盾，且不能排除合理性怀疑，公诉机关的该项指控事实不清、证据不足，不予支持。

该案重审后，法院虽然在贪污罪方面为被告人主持了正义，但仍以隐匿会计账簿罪判处徐××一年五个月，并处罚金三万元。

（二）关于隐匿会计账簿罪

一审法院作出有罪判决后，徐××提出上诉。在二审庭审前，我们申请多名证人出庭做证。其中有一名时任镇纪委工作人员的证人娄××出庭并证实，大约在 2012 年 2 月其和一名同事一起接受镇纪委委派到县刑警队调查徐××丢账情况。根据刑警队办公室工作人员提供的电话号码，与刑警队主办人员邢××通了电话。在电话中邢××说有这回事，承认了徐××丢失账簿后报警这回事，但因某种原因，当时就没登记立案。之后证人娄××及时向镇书记做了汇报并写有书面材料。另有一名证人路××出庭做证，证实听徐××

或其爱人讲过从她经营的批发部进货时发生了被盗事件。另外,早在 2012 年 2 月 14 日镇经委娄××、孟××询问被告人徐××的笔录及 2013 年 6 月 16 日区纪工委与镇会计邢×的谈话笔录中也谈到被告人徐××账簿已丢的事实,也就是说早在本案案发之前,已有多份证据材料反映出账簿已丢的事实。

由此可见,徐××没有隐匿会计账簿的目的和动机,会计账簿早已被盗,本案已无隐匿的物质基础。司法机关不能以公安机关从徐××家中搜出现金流水账本为依据,推定涉案账簿没有丢失,并由此认定账簿被徐××隐匿。现金流水账不是法律意义和刑法意义上的"会计账簿",与公诉人指控的"会计账簿"没有关联性。

再审法院查明:

1. 关于徐××领回账簿到其报警称账簿被盗的情节,有徐×山、娄×军的证言等相关证据予以证明,现有证据不能排除账簿被盗的可能性;现有证据没有形成完整的证据链条和证明体系证明徐××的报案为假,进而证明账簿为徐××所隐匿。

2. 在司法机关调查和有关部门立案查处期间,××村委、徐××提供了涉案的账簿,司法机关和有关部门对账簿进行了全面核查,并复制了相关账簿,依据核查结果形成了调查报告,作出了处理决定。账簿内容已被知晓,其后隐匿账簿已经失去实际价值。现有证据无法证明徐××有隐匿账簿的犯罪动机和目的。认定其拒不提交或推断其将账簿隐匿,无论在犯罪的主观方面还是在客观方面,都缺乏充分的证据,证据间不能形成完整的证据链条和证明体系。

3. 关于从徐××家搜查到并扣押的记有收支情况的现金流水账红色笔记本的问题。首先,无证据证明该笔记本是被×县检察院、×新区纪工委扣押后退还的村会计账簿的一部分。其次,标记为现金流水账的红色笔记本内有徐××记录的 2005、2006、2007 年三年的收支情况,记录内容较少,证明力小,仅仅能对账簿的内容起到一定的印证作用。该红色笔记本虽然符合一般意义上证据的概念,可作为证据使用,但其不具有账目的连续性、有序性、完整性。再次,无论徐××出于什么目的,其红色笔记本所载的收支记录,既不是会计凭证,也不属于刑法、会计法意义上的账簿,更没有财务报告的属性。故,徐××没有上交该笔记本的行为不能被认定是隐匿行为。

2020 年 7 月 15 日,×市中级人民法院经再审改判徐××无罪。

● 心得分享 ●

本案是一个非常典型的再审改判无罪案例，从一审至徐××拿到国家赔偿决定书，历经六年。每一步都离不开家属的支持、被告人的坚持以及律师的坚守。

我真切地感受到证人证言在重塑本案事实方面起到了举足轻重的作用。本案的多名出庭证人重塑了徐××在进货时把账本和货物一起丢失并报案的事实，有效动摇了法官的内心确信。

感谢×市再审出庭检察官，在庭审中补充提交了三份有利于徐××的证据材料，动摇了案卷中原有的证明体系，在庭审中能够坚持实事求是，作出被告人无罪的公诉意见。

承 办律师

贾海红律师，北京炜衡（郑州）律师事务所刑事部主任，郑州市律协刑事律师协会综合业务部主任，河南省律协经济犯罪法律专业委员会副主任。

介绍人的飞来之祸

● 突降大祸 ●

2019年12月，A市公安局接到举报，A市B公司法定代表人王某和C公司法定代表人曹某之间存在虚开增值税专用发票的情况。经初步调查，B公司法定代表人王某涉嫌虚开增值税专用发票，而代表B公司负责和C公司业务往来的客户经理陆某也成为公安机关的侦查对象。

2020年1月7日，A市公安局对王某等人涉嫌虚开增值税专用发票立案侦查。2020年1月16日，A市公安局对C公司涉嫌虚开增值税发票立案侦查。

经查，2011年5月至2011年8月，犯罪嫌疑人王某在没有真实货物交易的前提下，以收取开票费的方式，以B公司的名义向C公司虚开了52份增值税专用发票，税价合计5 036 225.48元人民币，合计税款731 759.04元。该52份增值税专用发票均已抵扣。

2020年7月28日，A市公安局将案件移送A市人民检察院审查起诉。与王某和曹某一同被移送审查起诉的还有陆某。

● 事实还原 ●

在讯问室内，陆某如实交代了案件情况。B公司与C公司实际发生的业务是他负责的，所以他与C公司的法定代表人曹某联系比较多，但是说到虚开增值税专用发票一事，陆某感觉非常无辜。这件事的起因是C公司缺发票。经过曹某的询问，他将C公司缺发票，需要开具增值税专用发票的事情告诉了B公司的法定代表人王某。

之后的事，陆某本人从未实质参与。曹某和王某进行了会面，并对虚开增值税专用发票这个事情做了商讨，并最终确定了相关的事项。其间陆某只是传达了相关信息，具体事项由曹某和王某直接商谈。陆某觉得，他只是将曹某的需求向王某做了传达，从未参与开票、交付发票和抵扣税款的相关事宜，也未在其中收取任何报酬。

陆某也曾意识到虚开增值税专用发票可能会涉嫌违法犯罪，所以一直与曹某和王某的交易保持距离，尽量不涉及其中。如今自己涉嫌犯罪了，面对可能降临的牢狱之灾，陆某是又心急又无助。

● 依法维权 ●

在做了一番思想挣扎之后，陆某决定运用法律武器维护自己的合法权益。2020年9月11日，陆某委托江苏益友天元（常熟）律师事务所律师时雪峰为其辩护人。时雪峰律师在接受委托后积极调取案件材料，研究虚开增值税专用发票犯罪的法律规定和相关判例，尽最大努力为陆某争取合法权益。

时雪峰律师在对事实和法律做了细致研究后，向A市人民检察院提交了辩护意见。时雪峰律师认为，虚开增值税专用发票的行为主要包括为他人虚开、为自己虚开、让他人为自己虚开、介绍他人虚开增值税专用发票的行为。而在本案中，陆某有可能涉嫌的是介绍他人虚开增值税专用发票。时雪峰律师认为，陆某是否涉嫌介绍他人虚开增值税专用发票，以及是否应该被判处刑事处罚，需要从其具体实施的行为、参与的程度、情节是否严重、是否实际得利、其在公司所处的地位等方面综合来考量。即使陆某介绍他人虚开增值税专用发票的行为成立，结合其实际实施的行为，他也应当符合情节显著轻微、危害不大的情形，依法可以不被起诉。

时雪峰律师结合整个事实发展的过程分析后认为，陆某作为涉嫌介绍他人虚开增值税专用发票的行为人，既不是开票方，也不是受票方，只是传递了信息。之后，两家公司法定代表人直接联系，陆某并未参与开票。陆某仅作为公司的业务经办人，介绍有实际业务往来的两家公司的法定代表人曹某、王某认识，但并没有参与后续实际虚开发票的全过程，也没有收取报酬。上述事实在王某和曹某的讯问笔录中也相继得到证实，成为证明陆某无罪的有力证据。

时雪峰律师专业的办案能力让陆某重新拾起了信心。陆某某静静等待着法律的公正处理。

尘埃落定

最终，侦查机关向 A 市人民检察院申请撤回了陆某涉嫌虚开增值税专用发票一案。检察院于 2020 年 12 月 22 日向陆某出具了解除取保候审决定书，陆某也解除了戴罪之身。

经过此事，陆某对企业合规经营有了更深刻的认识，对法律维护社会公平正义的作用也深信不疑。他表示，在日后的职业活动中要更加注意识别并避免法律风险，在遵守法律规定的同时也维护自己的合法权益。

律师后语

虚开增值税专用发票、接受虚开的增值税专用发票、介绍他人虚开增值税专用发票都是构成虚开增值税专用发票罪的行为。企业的法定代表人或者业务人员一定不能有为他人虚开、为自己虚开、让他人为自己虚开、介绍他人虚开增值税专用发票的行为，否则就会涉嫌违法犯罪。

承办律师

时雪峰律师，江苏益友天元（常熟）律师事务所主任、党支部书记，常熟市法学会常务理事，常熟市律协会长。主要专注于公司合规经营，民商事争议解决，政府、企业法律顾问实务，涉外法律服务（越南方向）等领域的法律服务。

醒是否无痕，枕上谁言是真

——徐某涉嫌强奸罪获不起诉案

202×年11月27日凌晨，徐某经朋友邀请参加一个酒局，并认识了陈某。徐某和陈某因为现场的游戏做出了牵手、搂抱等亲密举动，并引起众人起哄。其间陈某因饮酒过多，多次前往厕所呕吐，都是徐某陪伴照顾。散场后，二人同车回到徐某居所。二人酒醒后发生性行为。陈某在徐某家洗漱并待至下午3时。徐某叫车送陈某回家。事后数日，双方通过微信联系。在陈某自称身体不适的情况下，徐某还主动提出送药。

但就在徐某自认为与陈某情投意合、双方已然是男女朋友的情况下，陈某竟报警，称自己因在酒吧喝了徐某递过来的酒水而昏迷，被徐某强奸。

202×年12月29日，徐某被刑事拘留。

次年1月4日，徐父联系谭仲萱律师寻求帮助。

● 扑朔迷离　真相不明 ●

在前期不能阅卷的情况下，联系办案人员、会见当事人以及听取家属陈述是辩护人的主要信息来源渠道。1月4日正式接受委托后，谭律师紧急预约1月5日会见徐某。可惜的是，由于疫情防控，徐某有外地出行的记录，因此会见未能成功。谭律师意识到，必须马上联系办案人员，获取尽可能详细的信息，再依据掌握的资讯撰写法律文书并提交，否则将会贻误战机。

谭律师深知，在强奸案件中，不能完全用被害人事后的意志去推断被害人行为时的真实意志。但在信息不足的前期，如何推断事发时陈某的"性自主权"处于什么状态？如何论证徐某有无明显违背陈某的"性同意权"？如何解释徐某时隔数日突然报警称被强奸？在此种情况下，这些都已不是简单的法律问题了。

我国刑法上的强奸罪，通说认为是以暴力、胁迫或者其他手段，违背妇女意志，强行与女性发生性交的行为。因此，"违背妇女意志"成为认定构成强奸罪的关键，对"意志"的认定和解释则成为关键中的关键。基于主观意志的不确定性、多变性，要想站在"事后"的角度还原"事中"被害人的真实意志从来都不是容易的。

● 小心求证　大胆设问 ●

1月6日，谭律师即得知公安机关已呈请检察院批准逮捕。在如此短的时间内获知的信息终是有限的，好在案件事实的总体框架已有，时间、地点、人物信息、事件经过、人物关系也比较清晰。

在制作首份《不予批准逮捕的辩护意见》前，谭律师以案发时间为逻辑顺序，对陈某、徐某及其他在场人员的事前、事后表现状态进行分析，并就其中的疑点大胆质疑、设问：

1. 当晚酒局散场后，陈某与徐某处于何种状态，是否完全醉酒？是否有自控能力和辨认能力？

2. 为何陈某与徐某同乘一辆车？二人在车上有无交流？交流了什么？代驾司机能否做证？

3. 陈某和徐某回到居所时，二人处于何种状态，是否完全醉酒？是否有自控能力和辨认能力？

4. 当晚二人有无发生性关系？若发生，二人处于何种状态？现场有无相关痕迹？

5. 第二日上午，二人发生性关系时，陈某是否自愿？陈某若非自愿，为何会在徐某居所待至下午？为何分开后数日内，陈某还与徐某保持联系？

6. 为何陈某事发数日后才选择报警？为何陈某在与徐父谈判时，称其父母支持，但其父母无一人参与谈判？

7. 陈某称徐某下药是否属实？

…………

谭律师在接受委托的两天后便提交了首份《不予批准逮捕的辩护意见》，具体观点如下：

一、双方性行为是在陈某主动、自愿的情况下发生的，徐某没有强迫的行为

其一，酒局散场后，陈某在众人目睹下，上了徐某的车，这足以说明，陈某随徐某离开是其自主意愿的体现，徐某并未强行将陈某带上车。

其二，在车上，陈某没有答应徐某送其回家的要求，反而跟随徐某回到徐某的居所，这反映出陈某对于之后可能发生的事情至少持期待或放任的态度。从陈某上车后，在徐某提出先送其回家的情况下表示不愿回家这一行为可以看出，陈某此时并非处于完全醉酒状态，对自己的行为状态有明确的认知，对之后将要发生的事情也有一定的预知。

其三，性行为发生后，陈某并未第一时间报警和离开，反而在徐某居所停留至下午。陈某离开时穿着徐某的外套，由徐某送上车回家。双方在之后的三四天仍保持联系。由此可以看出，陈某对于该次性行为的发生系自愿的。

在通常情况下，醉酒被害人如果不是自愿与行为人发生性行为，事后恢复性防卫能力，即具备认知能力和控制能力后，一般会有哭泣、吵闹、及时报警、向他人倾诉委屈，甚至自杀等一种或多种表现，其事后表现能够在一定程度上反映其被侵害时的主观意志。而陈某在与徐某发生性行为后，并未表现出任何异常行为，反而在房间内待到当天下午才离开，离开时与徐某举止亲密，且之后三四天仍与徐某一直保持联系。从以上种种行为都可以看出，陈某处于可知可控的状态，陈某是自愿的一方。

退一步说，假设陈某当时处于惊恐或被控制的状态，无法实施自救行为，那在徐某送其回家后，陈某理应会主动报警或是实施其他求助行为，而不是身穿"施暴人"的衣服并与"施暴人"进行照片传送和文字、语音聊天，更不会在逃离"控制"后与"施暴人"保持联系并多次见面。由此也可以说明陈某与徐某发生性行为是自愿的。

其四，从陈某并没有任何伤情这一情况也可以看出，徐某对其并未采取强迫行为。

二、双方极有可能只发生过一次性行为，且是在清醒状态下发生的

徐某极有可能仅与陈某在醉酒后，即27日下午1时左右，在双方均十分清醒的状态下发生过一次性行为。在27日凌晨醉酒状态下，徐某并未与陈某发生性行为。若像陈某所说，其在醉酒昏迷状态下与徐某发生过几次性行为，试问，处于醉酒昏迷状态下的陈某是如何清楚地感知徐某的行为，又如何在醉酒昏迷状态下清楚地记得双方发生过几次性行为的？

退一步来说，假设陈某所称属实，即可得知陈某当时处于神志清楚的状态，那么在陈某遭受第一次"性侵"时，陈某理应有反抗、逃跑等自救行为，又怎会容忍后续自己再次遭受"性侵"？陈某的言辞与行为之间存在种种矛盾之处，可信度极低。

三、从陈某与徐某父亲谈判的过程可以看出，本案的发生极有可能系陈某对徐某设下的"圈套"

其一，陈某称聚会时喝的酒有问题，是徐某在其酒中下了药，但是之后又称该消息是听说，具体情况不清楚。因此我们不排除其胡乱编造，以此构陷徐某的可能。

陈某及陈某的朋友多次联系徐某家属。在谈判过程中，陈某朋友的言词存在诸多矛盾之处，态度摇摆不定，对自己的真实意思不愿明示，甚至隐约有威胁、敲诈之意。陈某的朋友说当晚聚会时陈某喝的酒有问题，在徐某父亲询问酒的来源后，陈某的朋友又改口称该消息只是听说，具体情况不清楚。

其二，陈某称其父母支持报案，但其父母由始至终未出面。

陈某的朋友说："陈某的父母支持陈某报案……此次谈判是陈某背着父母出来约见徐某父亲。"此话无疑自相矛盾。既然陈某已听从父母意见报警，又怎会违背父母意愿出来同徐某父亲商量和解方案？且在整个谈判过程中，陈某一直不愿正面回答问题，而是当晚组织聚会的、与案件有利害关系的朋友从中"协调"。

在谈判过程中，徐父多次提到，非常乐意承认徐某与陈某的男女朋友关系。在没有得到陈某回应后，徐父也多次表示，只要陈某开口，他们一定在力所能及的范围内进行补偿。可见在陈某主动要求谈判的情况下，徐父已经表现出相当大的诚意，但陈某一直闪烁其词，拒绝正面回答问题。

其三，在本案未受理前，陈某多次表示有人告知其本案足以认定强奸，并在此基础上与徐某一方进行谈判，称如果徐某一方不采取"措施"，她将报案。陈某的行为明确反映出其背后有"高人"指点，有明显的敲诈勒索嫌疑。

最令人疑惑的是，陈某的朋友多次语气肯定地说："只要报警，一定可

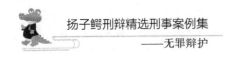

以立案""强奸罪是一定可以定下来的"。这不免令人诧异,在距案发已有数日、证据成疑、事实不清、司法机关尚未有论断的情况下,陈某的朋友为何能断言徐某的行为一定构成犯罪?陈某的朋友都是当晚聚会的参与人,都是与案件事实有利害关系的人,为何在陈某与徐某搭乘同一辆车时并不阻止,却在事后统一口径称陈某被徐某强奸?陈某为何在父母支持报警的情况下却背着父母约见徐某家属谈判?为何陈某本人从始至终不愿意正面交谈,反而是与案件有利害关系的人从中"协调"?更不用提陈某在性行为发生之后与徐某保持联系,而后又突然翻脸。如此多的疑点使得案情充满矛盾,充满人为的设计感。因此,辩护人认为,本案的发生极有可能是陈某对徐某设下的一个"圈套"。

四、案发日期与报警日期相距已久,陈某在谈判破裂后报案,动机存疑

本案案发时间为202×年11月27日,陈某报案时间为202×年12月4日,中间间隔近一个星期。在这段时间内,陈某并未处于徐某的控制之下,不但没有报警,而且与徐某保持联系,这使陈某报案所称被徐某强奸的说法显得有些牵强。

据徐某说,陈某离开徐某住处后,曾表示身体不适,徐某就贴心地提出购买食品、药品送给陈某。后陈某突然声称要求徐某出面谈判,但由于徐某无法满足陈某的补偿要求,陈某报了警。因此,本案不能排除陈某因其他原因影响,恶意以被强奸为由报警的可能。

● 印证猜想　出罪有望 ●

在提交首份《不予批准逮捕的辩护意见》后,谭律师明白,公安机关在如此短的时间内便提请批捕,情况不容乐观。检察机关大概率会作出批准逮捕的决定。果不其然,一个星期后,徐某被批准逮捕。

阶段性的受挫让谭律师深知所掌握的信息并不详细,关键信息特别是客观证据不全。因此,谭律师反复地会见徐某,反复约见徐某家属,反复联系办案民警要求调取酒吧、住处的同期录像,要求调取车内行车记录仪的录音录像,要求收集代驾司机的证人证言,要求对陈某进行药物排除性检测和身体检查。随着案件信息的不断丰富,辩护意见及相关的法律文件也在不断更新。2月5日，辩护人得知案件已经被移送检察院审查起诉后立即申请阅卷。在阅卷过程中，谭律师发现被害人的陈述存在许多细节上的冲突。更为重要的是，辩护人最初针对案件提出的问题及办案民警调查相关证据的工作已然有了结果。案卷中多份证据均在印证谭律师最初的猜想。出罪有望了。

● 多方视角　真相渐显 ●

相比于其他侵犯人身权案件，强奸案的特殊之处在于判断行为是否构成强奸的核心就是性行为发生时，对方是否出于"自愿"。事后态度可以成为出罪理由，因为性行为往往不仅仅是行为事实，同时与双方社会关系、情感联系紧密关联。基于此，根据陈某案发前后的情况以及生活习惯从侧面论证事发时陈某的主观心理状态始终是本案强奸出罪的辩护要点。在了解案情细节后，谭律师抓住案卷中的关键证据进行事实还原，提出补充的无罪观点，着重针对陈某事发时的"性自主权""性同意权"状态提出补充法律意见，得出陈某彼时处于可知可控的状态，陈某自愿与徐某发生性行为的结论。下述仅为阅卷后修订或新补充的辩护要点：

1. 根据本案案卷载明的多份《司法鉴定文书》内容，徐某未对陈某实施"下迷药"的违法犯罪行为。

2. 根据当晚酒局在场朋友的证人证言，陈某当晚是主动喝酒，并无他人强迫。

3. 从徐某的讯问笔录、陈某的询问笔录以及酒吧的视频截图中可以看出，陈某与徐某在酒吧经常有搂搂抱抱、亲吻、牵手等亲密的动作。

4. 从司机的询问笔录内容可知，徐某与陈某在车上有亲热的行为，陈某此时并非处于完全醉酒状态。

5. 根据徐某的讯问笔录、陈某的询问笔录内容，双方均承认在清醒的情况下发生性关系，徐某并无暴力、强迫或威胁的行为。徐某居所楼道监控视频显示，陈某离开时身穿徐某的衣服，且陈某离开时，双方还有搂抱动作。

6. 根据陈某陈述的日常生活和感情生活内容，陈某经常出没酒吧等娱乐场所，与多名男性保持男女朋友关系。

7. 根据陈某的笔录，陈某称徐某趁其睡着后与其发生两次性关系与事实不符，双方仅在第二日清醒的状态下发生过一次性关系。

陈某阴道擦拭子检验结果表明，徐某没有在陈某体内射精。在有体外射精的情况下，一般人可以明显闻到精液的气味，而据陈某陈述，其醒来后，并未闻到精液的气味。由此说明，徐某在陈某睡着时亦没有体外射精。因此可以推断，徐某在陈某睡着时没有与其发生性行为。

● 补充侦查　打破僵局 ●

3月15日，谭律师得知第一次退回补充侦查完毕。根据《退回补充侦查提纲》，需补充侦查的内容即进一步核实陈某所称徐某趁其睡着后与其发生性关系的事实。其是否向其他证人提及？是否有第三人作证？而根据新补充的陈某的询问笔录内容，在询问人员的细问之下，陈某回答，其并不确定徐某有无趁其睡着时与其发生性关系。

针对补充侦查情况，谭律师迅速补充对应辩护意见，向办案单位提交了《不起诉的辩护意见》及《取保候审申请书》。补充内容如下：

1. 陈某认同徐某未对其使用暴力强迫手段，双方存在酒后不理智行为，并表示不再追究徐某的刑事责任，不会再就此事提出控告、申诉。

2. 陈某称徐某趁其睡着时与其"做过两次"并无客观证据予以证明。

徐某仅与陈某在醒酒后，即27日下午1时，在双方均十分清醒的状态下发生一次性行为。从陈某的陈述中也可以得知在其睡着时徐某并未与其发生性行为。

其一，侦查人员多次询问陈某醒来时，下面是否有疼痛感，陈某或回答想不起来了，或称不知道。

其二，侦查人员多次询问陈某醒来时身上有无精液，陈某皆回答身上没有精液，也没有闻到精液的味道。

其三，侦查人员多次询问陈某醒来时有无发现房间有用过的纸巾，陈某回答没有发现。

其四，侦查人员询问陈某在27日下午对方射精在其身上后是否闻到精液的味道，陈某回答有。

其五，陈某称徐某趁其睡觉时与其发生两次性行为完全出自陈某个人陈述，并无任何客观证据可予证明。且陈某本人后来也说明不太确定其睡觉时双方有无发生性关系。

至此，本案的走向已经很明显了。

● 尘埃落定　决定不诉 ●

4月15日，谭律师收到了检察院的《不起诉决定书》："经本院审查并退回补充侦查，本院仍然认为S市公安局F分局认定的犯罪事实不清、证据不足，不符合起诉条件。依照《中华人民共和国刑事诉讼法》第一百七十五条第四款的规定，决定对徐某不起诉。"

承办律师

谭仲萱律师，广东君言律师事务所管理合伙人、刑事法律部主任、合规法律事务中心主任，深圳市律协职务犯罪辩护法律专业委员会主任，广东省律协经济犯罪辩护专业委员会副主任，中共湖南省委党校法律硕士兼职导师，最高人民检察院民事行政检察网咨询专家，2020年度广东省律协专业委员会优秀委员，第十届深圳市律协刑事诉讼法律专业委员会优秀委员。

海潋千律师，广东君言律师事务所专职律师，深圳市律协职务犯罪辩护法律专业委员会秘书长，广东省律协申诉再审专业委员会委员。

虚拟货币交易被控非法经营案，历经两年辩护终获不起诉

前言

本案为笔者所在刑事辩护团队代理的一起非法经营类案件。张某自2012年3月被立案侦查后，检察机关两退三延，最终批准取保候审。2016年4月，江苏省某县局再次提起公诉。在检察机关审查起诉阶段，笔者所在团队接受了当事人的委托，历经两年时间，直到2018年5月，才最终为当事人争取到了绝对不起诉的好结果。

案件背景

2009年1月3日，第一枚比特币诞生。此后数年，比特币、以太坊等虚拟货币和一些如本案的LR币（Liberty Reserve是一家在线支付公司。LR币由该公司发行）等虚拟货币开始进入中国市场。虚拟货币掀起了数字货币的时代浪潮。2013年12月，《中国人民银行 工业和信息化部 中国银行业监督管理委员会 中国证券监督管理委员会 中国保险监督管理委员会关于防范比特币风险的通知》（以下简称《通知》）否认了比特币的货币属性，于是国内支付机构开始严格限制比特币等虚拟货币与法定货币交易的直接转账和提现。从2009年到2013年的四年时间内，国家司法机关对涉虚拟货币案件的定性一直处在初期阶段，相关研究和认知不断更新和发展，而本案正发生在这段时期内。

案件简介

2012年，公安机关侦查发现，刘某利用其所开设网站"××网"介绍他

虚拟货币交易被控非法经营案，历经两年辩护终获不起诉

人去往境外炒外汇，并从中收取佣金，以此牟利，其行为涉嫌非法买卖外汇从而构成非法经营罪，随后将本案移交江苏省某县检察院提起公诉。检察院发现，在"××网"充值和提现所用到的货币等价物为虚拟货币LR币。此币可以被用来与外汇兑换商直接兑换外币。炒汇人员可以在刘某处购买所需的LR币用以炒汇，并在获利后再通过刘某将LR币兑换成人民币来提现，而刘某通过将LR币低买高卖的方式赚取利润。

本案当事人张某及其经营的公司"××电子货币"也开设了LR币兑换平台，与刘某在提供兑换LR币服务且以此获利这一环节有部分LR币交易行为相关联。张某及其公司被公安机关认定为涉嫌非法经营罪。

张某接到公安机关自己已被起诉的通知后，内心十分焦虑。还不到40岁的他，可以说是出身名校、年轻有为，公司办得风生水起，家庭也是幸福美满，若自己真的面临牢狱之灾，那过去十几年的努力将化作泡沫，同时，自己不得不与妻子儿女分离，年迈的父母也经不起这样的打击。就在这时，通过朋友介绍，张某找到了笔者所在团队，委托我们代理他的案件。笔者坦言，该案难度较大，但由于虚拟货币相关法律法规在国内尚处于真空阶段，从理论上说，辩护空间依然存在。团队在了解案件背景及法律法规等相关情况之后，与张某进行了深入沟通，说明了该案可能的发展方向及存在的辩护空间。张某欣然接受团队的辩护策略。

● 案件争议焦点 ●

本案最主要的辩护难点就是对LR币以及交易LR币的定性。虽然案件发生时，法律上对LR币尚无明确定性，但是LR币本身似乎具备一定的外汇属性——LR币包括多个币种。而每种LR币皆可以在该对应货币的使用地用于结算款项，亦可以等额兑换对应的货币，比如每枚美元LR币可以兑换一美元，而该美元LR币亦可以在一些平台上用于购物结算。LR币的以上特点给辩护带来了巨大的难度。

《起诉意见书》指控张某涉嫌非法经营罪，其法律依据是刑法第二百二十五条第（四）项"其他严重扰乱市场秩序的非法经营行为"，以及《全国人民代表大会常务委员会关于惩治骗购外汇、逃汇和非法买卖外汇犯罪的决定》（以下简称《决定》）第四条的规定"在国家规定的交易场所以

外非法买卖外汇，扰乱市场秩序，情节严重的，依照刑法第二百二十五条的规定定罪处罚"，亦即，将"××电子货币"及张某的行为认定为非法买卖外汇的行为，将 LR 币的性质定为外汇。

● 借力专家论证 ●

面对如此棘手的法律适用问题，笔者深感理论知识匮乏。考虑到本案的结果可能会在一定程度上弥补当时法律界对涉虚拟货币类案件的认知短板，笔者特意邀请了六位国内有名的刑法学家——陈兴良教授、张明楷教授、阮齐林教授、张凌教授、黎宏教授以及林维教授共聚北京，听取专家意见。各位专家各抒己见，开展了激烈的争论。最终，大家根据讨论结果，委托一名专家撰写了专业论证意见，供笔者团队以及办案机关参考。

● 辩护思路 ●

首先，也是最重要的，就是要对 LR 币的法律属性进行定性，从法律层面讨论其究竟属不属于外汇或外汇资产。

根据《中华人民共和国外汇管理条例》第三条的规定，外汇或外汇资产一般是由外国银行、金融机构或政府发行，与外国货币唯一对应，可即时兑现为外国货币，具有发行法偿性、自由流通性、随时兑现性的外国货币一般等价物。而 LR 币不是由外国银行、金融机构或政府发行，不具有发行法偿性、强制性的特征，不能被认定为真正的货币或代币，更不能被认定为外汇或外汇资产。LR 币是由一家注册于哥斯达黎加的在线支付公司发行的，而不是由外国金融机构或政府发行。其流通、兑现也不具有强制性和国家信用担保，任何个人和机构都可以拒绝 LR 币的兑现和流通。LR 币也不具有任何信用担保，可能会因发行公司的破产而丧失价值。可见，LR 币虽被命名为"电子货币"，但其根本就不具有真实货币的法偿性、强制性基本特征。外汇或外汇资产的另一项关键特征就是具有自由兑换性，可随时兑换为外币，用作国际清偿和支付。但是本案所涉 LR 币，在购买之后并不具有随时兑换性的特征。LR 币本身不能直接充值、提现，只能通过兑换商兑换。其使用和兑换的范围取决于兑换商的许可范围。只有兑换商在购进 LR 币时使用外国货币购买，出售者才可能通过销售的方式将 LR 币兑换为外币或外汇。如果兑换商允许以支付 LR 币的方式出售商品或服务，则 LR 币不能兑换为外币，只能用于购买商品或服务。并且，如果兑换商拒绝兑换，或者无人再购买 LR 币，则 LR 币将会一文不值、丧失价值，购买者也会因此无法再将 LR 币转卖、兑现而造成自身的损失。可见，LR 币并不具有自由兑换性，更不能随时兑换为外币，不具有外汇的随时兑换性特征。基于以上原因，LR 币不能被认定为货币，更不能被认定为外汇或外汇资产。

其次，在否定 LR 币属于外汇后，进一步规范论证其法律定位，即 LR 币本身属于具有价值的虚拟商品，买卖虚拟产品并不触犯法律。

LR 币是信息网络的产物，可以脱离货币、商品而独立存在，可以用于兑现货币、商品或服务，其本身具有使用价值、流通价值，是一种具有价值、管理可能性的网络符号或虚拟货币，可被认为是一种虚拟商品。在我国，网络空间中的虚拟货币、虚拟商品比比皆是，例如：腾讯公司发行的 Q 币，1Q 币相当于 1 元；百度公司发行的百度币，1 百度币相当于 1 元；搜狐公司发行的狐币，1 狐币相当于 1 元；等等。而 LR 币等虚拟货币与以上虚拟货币并无不同。又 LR 币与比特币性质相同，故《通知》对 LR 币依然适用。其规定：其一，虚拟货币只是虚拟商品，不是真正意义上的货币；其二，金融机构和支付机构不得开展虚拟货币业务，但并不禁止互联网站、个人进行虚拟货币交易；其三，法律不禁止个人买卖、投资虚拟货币。因此，根据以上规定，我们可以得出以下结论：其一，LR 币不是真正意义上的货币或外汇，只是虚拟外汇或虚拟商品。因此，张某及其公司通过"××电子货币"网站买卖 LR 币的行为不能被认定为买卖外汇的行为。其二，法律并不禁止互联网站、个人进行 LR 币交易。张某及其公司通过"××电子货币"网站买卖、交易 LR 币的行为，并不为法律所禁止。即使张某及其公司未按照规定在电信管理机构备案，其行为也只是互联网站未备案的违规行为，而不是违法、犯罪行为，更不能被认定为非法经营罪。其三，法律不禁止个人买卖、投资 LR 币。虚拟货币交易作为一种互联网上的虚拟商品买卖行为，普通民众在自担风险的前提下拥有参与的自由。因此，根据《通知》，张某及其公司的行为不属于买卖外汇的行为，不能构成非法经营罪。

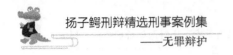

再者，张某及其公司并未直接参与外汇买卖，而且对于他人实施的外汇买卖行为并不知情，无须对此负责。

实施买卖外汇行为的行为人并不是张某及其公司，而是从"××电子货币"网站上及其他网站上购进LR币的购买者。一些LR币的购买者购买LR币之后，可能找到对LR币感兴趣、愿意以美元或其他外汇购买LR币的兑换商，通过将LR币出售给这些兑换商的方式收入美元，从而实现了LR币与美元之间的转换，将LR币变成了真正的美元。如果把这种兑换美元的行为视为买卖外汇的行为的话，那么实施买卖外汇的行为人应是LR币的购买者而不是出售LR币的张某及其公司。LR币存在支付、兑换商品、服务、换汇等多种功能，而可兑换为外汇只是LR币多项功能之中的其中一种。张某及其公司只实施了将LR币出售给LR币的购买者的行为。至于LR币的购买者购进LR币之后如何使用LR币，与LR币的出售者没有关系。

从刑法责任原则层面上讲，行为人只对自己本人实施的行为承担刑事责任，而不对与本人无关、他人实施的行为承担责任。实施兑换外汇、买卖外汇的行为人是其他LR币的购买者，而不是出售LR币的张某及其公司。司法机关即使要追究买卖外汇行为的责任，也只能追究购买LR币并将其兑换为美元的行为人的责任，而不能追究出售LR币获取人民币的行为人的责任。

再次，基于罪刑法定原则，没有被明文规定禁止的行为，应被认为是法律所允许的。

LR币只是诸多林林总总的虚拟货币、虚拟商品中的一种，只不过其比其他虚拟货币、虚拟商品的形式更为新颖。这种新生的虚拟货币、虚拟商品的交易、买卖确实存在一定风险，但我们不能认为一切具有风险的行为都是法律所禁止的。刑法是公法。根据公法的基本原则，认定一个行为是否构成犯罪，应当严格坚持罪刑法定原则。亦即，以现行的刑法规定为依据，只有刑法明文规定为犯罪的，才能被认定为犯罪；刑法没有明文规定的，不能以犯罪论处，即"没有明文禁止即为允许"，而不是"没有明文规定允许即为禁止"。

虚拟货币交易被控非法经营案，历经两年辩护终获不起诉

● **案件结果** ●

笔者团队持着根据以上思路所制订的辩护方案，与公安机关法制部门、检察院进行了数次交流。法制部门坚决认定张某及其公司的行为构成严重犯罪。检察院内部讨论该案时形成三种不同观点。历经两年多时间，该案停一段时间，办一段时间，不断被逐级汇报。最终，检察院作出了不起诉决定。这一案辩护可以说十分艰难。

需要说明的是，虽然本案的辩护非常成功，辩点的挖掘与运用都对办理此类案件具有参考价值，但随着2021年9月15日中国人民银行等十部门联合发布《关于进一步防范和处置虚拟货币交易炒作风险的通知》，国家对待虚拟货币的态度已然明确，本案的辩护思路并不一定适用于新案件。作为律师，我们的责任与义务就是限制刑罚的扩张。行政刑法犯中的种种"兜底"规则问题甚多。基于此类问题，笔者团队对行政刑法犯有着浓厚的兴趣，会继续深入研究行政刑法学。

承 办律师

吴伟召律师，北京市万商天勤（南京）律师事务所刑事部主任，重点研究非法经营罪、涉虚拟货币类平台犯罪。

马莉玲律师，北京市万商天勤（南京）律师事务所律师，专注于虚拟货币类犯罪研究。

次报捕三次不批捕，套路贷诈骗罪案件历经三年终被撤销

● 案情简介 ●

2019年，作为本案主角的谢女士还是一名成功的女企业家，其女儿还在读小学。谢女士开办了一家十分有实力的家具公司。但她当时正被几起民间借贷纠纷搞得焦头烂额。谢女士基于生意往来分别借给了张一（化名）、张二（化名）、张三（化名）三人共计几千万元，但三人因盲目投资导致资金断裂，纷纷表示拒绝偿还剩余本息。谢女士只能起诉至法院要求债务人还款。她素有警惕心，各方面证据保存得比较到位。只要她继续走民事诉讼程序，就完全可以实现胜诉。

但随后案件出现了急转直下的转折。2019年，扫黑除恶专项行动开展得如火如荼，各地都设立了举报专用信箱。张一、张二、张三突发奇想：能不能以举报谢女士涉嫌"套路贷"犯罪的方式拖延民事诉讼，因为诉讼程序遵循着先刑后民的原则，一旦民事案件中涉及犯罪行为，在查清刑事案件之前民事案件必须中止审理。当时他们的目的也许只是为了拖延诉讼程序，延长还款期限，却将一向守法经营的谢女士拖入了无尽深渊。

由于谢女士与张一、张二、张三的借款纠纷没有最终解决，张一、张二、张三以民事诉讼本息计算问题到公安机关控告谢女士涉嫌"套路贷"犯罪。公安见多人同时控告而且数额巨大，十分重视，随即开展初查，后认为涉嫌"套路贷"犯罪的可能性极大。之后，公安机关立案侦查，张一、张二、张三马上以公安机关已经立案侦查为由，要求法院将案件移送公安机关。法院依照规定，驳回谢女士的起诉，将民间借贷纠纷案移送公安机关处理。不谙刑事风险的谢女士以为这只是对方搞出来的类似管辖异议的幺蛾子。

三次报捕三次不批捕，套路贷诈骗罪案件历经三年终被撤销

一切来得那么突然。2019年9月，公安机关以谢女士涉嫌诈骗罪为由立案侦查，突然对谢女士刑事拘留。当长久以来形成的安全感被击碎时，一切都会发生颠覆性的结果。当我们再次在看守所中见到谢女士时，她已经没有了成功女企业家的光环，头发凌乱、眼窝深陷，眼睛里失去光芒。

"这是怎么了？他们怎么敢？明明是他们还欠我几千万元？怎么反倒是我进来了？这还有天理吗？"泪眼婆娑的她不断重复着这几句话。

作为刑事辩护律师，我们也敏锐地感觉到这个案件的不寻常。谢女士的言语里根本没有我们平时接触的其他诈骗案的当事人的那种闪烁其词。她是真的被冤枉的。我们对视了一眼，都看到了对方眼睛中的答案。我们决心为她洗清冤屈。但是作为刑事辩护律师，我们明白整个路程会十分坎坷。我们只有一遍遍地安慰她，给她信心，将她女儿和丈夫的关心和信任告诉她。

2019至2021年，公安机关三次向检察院申请逮捕谢女士，但检察院三次作出存疑不捕决定。2022年5月，我们通过申请检察院进行撤案监督，该案历经三年最终获得撤销的结果。

● 办案过程 ●

2019年9月，我们接受谢女士委托后，通过与谢女士沟通，了解了案件的来龙去脉，认为谢女士与张一、张二、张三之间产生的是民间借贷纠纷，谢女士的行为不符合"套路贷"诈骗犯罪的特点，本案不应当作为刑事案件立案。在我们的指导下，谢女士向公安机关提交了相关证据。

2019年9月，公安机关向检察院申请逮捕谢女士。我们与检察院主办人员当面沟通并提交法律意见。之后检察院作出存疑不捕的决定。公安机关遂将谢女士的强制措施变更为取保候审。

2020—2021年期间，公安机关继续对本案进行侦查，又两次呈请检察院批准逮捕谢女士。我们又两次提交法律意见，检察院又两次作出存疑不捕的决定。其间，我们及谢女士多次申请公安机关撤销案件，但公安机关均以检察院作出的是存疑不捕决定，并且控告人不断提出意见为由，不同意撤销案件。我们又多次与检察院主办人员沟通要求公安机关

撤案问题，但检察院认为本案只符合存疑不捕的条件，不能直接建议公安机关撤案。

至2022年5月，案件已近三年。我们再次向检察院提交《监督刑事撤案申请书》。检察院主办人员主动到公安机关进行沟通，最终公安机关作出撤销案件的决定。

● 辩护思路 ●

本案的维护思路如下：

1. 谢女士的行为不符合"套路贷"诈骗犯罪的特点，本案不应当作为刑事案件立案。

"两高两部"《关于办理"套路贷"刑事案件若干问题的意见》明确了"套路贷"的行为特点和构成要件等，为准确定罪量刑提供了法律依据。根据司法解释认定的"套路贷"，其核心有二：一是具有非法占有的目的；二是存在虚假债务。其讨债相关行为则有可能涉嫌敲诈勒索、非法拘禁、虚假诉讼、寻衅滋事、强迫交易、抢劫、绑架等多种犯罪。"套路贷"与实践中借贷双方约定利息高于银行正常利息的民间借贷有本质的区别。不能说双方约定利息高于银行正常利息，或者利息收取方式有特别约定就是"套路贷"。谢女士不具有非法占有他人财产的目的，谢女士请张一、张二、张三偿还借款及利息均有事实和法律依据，没有恶意讨债行为，也不是职业放贷人。

2. 从本案证据和程序上看，公安机关应当撤销谢女士涉嫌诈骗罪案件。

本案公安机关三次提请逮捕，但人民检察院三次不批准逮捕。虽然我国法律没有规定逮捕次数的问题，但从证据收集来说，公安机关没有补充到证明谢女士诈骗的证据，也不可能收集到证实谢女士犯罪的新的证据，就应当主动撤销案件。检察院认为公安机关几次补充的证据均没有达到逮捕标准，也应当主动作为，行使监督职能，要求公安机关撤销案件。

从程序上要求公安撤销案件是有法律依据的。《公安机关办理刑事案件程序规定》第一百八十六条规定："经过侦查，发现具有下列情形之一的，

三次报捕三次不批捕，套路贷诈骗罪案件历经三年终被撤销

应当撤销案件：（一）没有犯罪事实的；（二）情节显著轻微、危害不大，不认为是犯罪的……"第一百八十七条规定："需要撤销案件或者对犯罪嫌疑人终止侦查的，办案部门应当制作撤销案件或者终止侦查报告书，报县级以上公安机关负责人批准。"《最高人民检察院　公安部关于公安机关办理经济犯罪案件的若干规定》第二十五条规定："在侦查过程中，公安机关发现具有下列情形之一的，应当及时撤销案件：（一）对犯罪嫌疑人解除强制措施之日起十二个月以内，仍然不能移送审查起诉或者依法作其他处理的；（二）对犯罪嫌疑人未采取强制措施，自立案之日起二年以内，仍然不能移送审查起诉或者依法作其他处理的……"

3. 从执法为民和人权保护来说，如果公安机关不撤销案件，将会严重地侵害犯罪嫌疑人谢女士的合法权益。

如果办案部门没有结案和撤案的决定，关于谢女士与张一等人的数千万元借款的案件将无法正常进行民事诉讼，最终将会严重地侵害谢女士的合法权益。且多年来，谢女士一直背负犯罪嫌疑人身份，严重影响其工作和生活。

● 办案结果 ●

最终，公安机关对谢女士涉嫌诈骗罪一案作出撤销案件的决定。

● 办案心得 ●

国家打击套路贷刻不容缓，但保护真正的民间借贷也是法律应有之义。有些借贷债务人看到国家在惩治"套路贷"，觉得有机可乘，故意把正常的民间借贷关系说成是"套路贷"，为此不惜隐瞒或伪造证据，制造"套路贷"的假象，然后向公安机关报案，甚至串联多名债务人一起到司法机关报案或反映情况，企图中止在法院正常进行的民事诉讼或民事执行程序，并借此逃避合法债务。让我们秉承古训——欠债还钱，天经地义。

承办律师

龚振中律师，广西望之辩律师事务所主任，广西大学兼职副教授、硕士生导师，广西警察学院校外实务导师，广西律协刑事专业委员会副主任。

韦皖子律师，广西望之辩律师事务所执行主任、党支部书记，广西警察学院授课导师，广西律协未成年人保护专业委员会委员，南宁市律协惩戒委员会委员、刑事专业委员会委员，企业高级合规师。

抓"客观证据不足",打出一套组合拳

——诈骗案无罪辩护获不起诉结果

● 前 言 ●

这是一个疑似涉案金额达 100 多万元、夫妻双双被抓获的案件。

这是一个历时一年半,律师和检察官良性沟通的案件。

最终,检察院以事实为依据,以法律为准绳,严把证据关口,作出不起诉决定。

● 生日宴会上夫妻双双被抓 ●

2019 年 11 月 11 日是于翔(化名)老婆的生日。于翔正在切蛋糕的时候,M 县警察突然进来,以涉嫌诈骗罪为由,将于翔夫妻俩抓获。

于翔的弟弟委托我为于翔辩护。他说了一个小时候的细节,让我转告于翔,说这样于翔就会信任我。那是兄弟俩几岁的时候,有一次玩捉迷藏的游戏,一个躲在电视机后面,另一个找了好久没找到,直到天黑。

我去看守所会见于翔。于翔一听到小时候的故事,马上就说:"蓝律师,我相信您。"随后,我详细询问于翔做了什么事,为什么被抓。于翔说,他曾在菲律宾某博彩网站上班,担任推广人员,在网络上吸引客户参与博彩,而报案人、被害人王超(化名)就是客户之一。于翔说,他被要求退赃 150 万元,但他不是网站的老板,拿不出这么多钱。

如果真是诈骗 150 万元,那么于翔很可能面临十年以上有期徒刑。形势比较严峻。

"这个网站是不是'杀猪盘'?""不是。"

"是不是可以在后台操纵或修改结果?""不可以。"

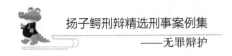

"网站在菲律宾是不是有合法正规的执照?""有。"

我和于翔说,刑事案件是要看证据的,他的行为是否构成诈骗罪有争议,我会和公安机关沟通,先努力为他争取取保候审。

● 第30天顺利取保候审 ●

随后,我去M县公安局刑警大队和办案民警当面沟通。我把观点初步和民警交流。民警态度客气,说要向领导汇报。

此后的十几天,我又两次会见于翔。毕竟办理涉嫌跨境网络犯罪的案件需要更深入地了解情况。之后,我梳理思路,撰写取保候审申请书。我提出,于翔在菲律宾某博彩网站担任推广人员。这家博彩网站在菲律宾拥有合法正规的执照,且后台不能操纵结果,不能修改开奖的结果。于翔作为推广人员,接受公司指派,维护客户关系。于翔没有虚构事实、隐瞒真相,没有实施诈骗行为。

被刑事拘留后第30天,于翔得以取保候审。而于翔的妻子因为和本案无关,更早之前就被取保候审了。

● 疑云重重竟被移送检察院 ●

2020年12月,M县公安局将于翔涉嫌诈骗案移送检察院审查起诉。我立即前往检察院阅卷。

公安机关认为,犯罪嫌疑人于翔等人在某网站工作期间,以虚拟的女性身份通过聊天诱导被害人王超在某网站充值数十万元用于博彩活动。后被害人王超在某网站充值平台赢取的40万元未能正常提现,且有部分资金被于翔安排汇入其他犯罪嫌疑人陈某、何某银行卡中。经调取银行流水,被害人王超的损失为16万余元。

拿到卷宗后,我反复查阅、摘抄、对比,发现本案疑云重重,辩护空间很大,越看越有信心,越发坚定做无罪辩护的想法。首先,程序违法,包括管辖权存在争议。其次,证据不足,客观证据较少,基本都是言词证据。

我考虑再三,确定了辩护策略,决定先从证据方面着手辩护。

紧抓"客观证据不足",打出一套组合拳

在法律意见书中,我向 M 县检察院提出,本案事实不清、证据不足,建议检察院作出不起诉决定。理由如下:

1. 现有证据无法证明某网站系诈骗平台。

关于某网站,现有卷宗证据不能证明它是一个可以在后台操纵结果的诈骗平台。只有言词证据、没有客观证据能够证明有某网站,甚至连某网站是怎么样的一个平台,公安机关都没有调查清楚。言词证据在没有客观证据佐证的情况下,具有极大的不确定性,其真实性存疑。

2. 现有证据无法证明于翔利用某网站实施诈骗。

据于翔陈述,于翔作为推广人员,接受公司指派,维护客户关系。公安机关提到于翔以虚拟的女性身份和王超聊天,实际上是于翔和公司女同事共用一个微信号和王超沟通。确实有女同事和王超沟通。用女性身份沟通,容易消除客户距离,这也是行业内常见的营销方式。

于翔没有虚构事实、隐瞒真相,没有实施欺诈行为。相反地,其多次劝王超见好就收,不要再参与博彩。

公安机关提到王超声称在某网站赢了 40 万元却不能提现,这是有原因的。王超采用对刷的方法刷水套利,使用作弊的方法赢钱,后被网站风控部门监测到。风控部门要求王超重打流水,重新打一次,证明自己没有作弊。但是,王超不愿意重新打一次,于是风控部门判定其作弊,最终冻结其账户。

现有证据无法证明于翔能够影响风控部门的判断和决策,无法证明于翔是某网站的负责人,无法证明于翔利用某网站实施诈骗。

3. 于翔让何某、陈某转或取的钱款,为于翔经营火锅店和小龙虾生意所得,而不是诈骗所得。于翔也提交了相关的证据材料。

4. 本案证据不足,M 县公安局刑警大队已出具材料表示网站后台数据无法取证,无法核实被害人王超所述的相关违法事实。

5. 本案核心证据只有被害人王超的陈述,而王超的陈述前后矛盾,真实性存疑。

王超在多次陈述中,关于博彩金额的表述都不一致,关于被骗金额的表述也都不一致,且银行流水显示,王超的进出账金额相差并不大,不存在王超所说的被骗 230 万元一事。王超因为赢少输多,就认为自己被骗了,而完全忽视了博彩本来就是赢少输多的现实。

6. 被害人王超没有产生错误认识，并非基于错误认识处分财产。

四、辩护就是要打出一套组合拳

2020年12月下旬，我来到M县检察院，和办案检察官当面沟通。过后，我复盘并寻找新的可能性，决定主动开展新一轮的技术性辩护。

我向检察官提出M县公安局对本案没有管辖权，并提交详细的书面意见。

我还向检察官提交了《调取证据申请书》，申请调取于翔与被害人王超的微信聊天记录、被害人王超的手机及某网站后台数据。

在这期间，我和办案检察官不断交流案件的证据和程序问题。检察官表示法律意见书的一些观点他也认同，考虑退回补充侦查，看看后续证据情况再做决定。

五、检察院最终作出不起诉决定

2021年春节前，检察院决定将案件退回公安机关补充侦查。春节后，公安机关再次将案件移送检察院。2021年3月，我阅卷后，紧紧抓住"客观证据不足"这一关键，撰写新的法律意见书，递交给检察官。

我提出，补充卷中再次明确，某平台的后台数据及相关的电子证据无法取得，故无客观证据证实某网站是诈骗平台。

我再次提出，司法人员办的不仅仅是案件，也是他人的人生，绝对不能以怀疑入罪。这一年多来，于翔承受着巨大的精神压力，无法正常做生意，生活陷入困境。我恳请检察院尽快对其作出不起诉决定。

6月，检察官通知我，认为本案缺乏客观性证据，事实不清、证据不足，不符合起诉条件，决定对于翔不起诉。

从2019年11月到2021年6月，这桩案件历时近一年半。维护当事人的合法权益，这是律师的职责所系，也是法治的应有之义。经此一役，感触更深。

承 办律师

蓝天彬律师，江苏法德东恒律师事务所合伙人、刑事业务研究会副主任，南京市律协刑事法律风险防控专业委员会委员，专注于刑事辩护。

嫖娼引发的强奸案

——X男涉嫌强奸获不起诉案

● 案情简介 ●

X男是某单位员工,通过微信与Y女加好友聊天,后发现Y女系失足女性,遂商谈交易价格。在谈好800元交易价格后,X男驾车去接Y女。双方见面后就将汽车开到公园人少的地方。在车中,X男了解到双方系老乡,后告诉Y女,他是警察,专门抓卖淫嫖娼的,但是因为她是老乡就算了。然后X男与Y女就在车里发生了性关系,Y女提供了避孕套。之后,X男送Y女回住处。在车里X男还问Y女费用还要不要,Y女表示不要了。后Y女反悔,去派出所报警。警方通过侦查锁定了X男,以X男涉嫌强奸为由立案并移送检察院。X男家人委托律师辩护。

● 律师对策 ●

警方认为X男冒充公安抓嫖人员,使Y女不敢反抗,明显属于违背了妇女意志,应该以强奸罪追究X男的刑事责任。律师围绕X男是否违背Y女的意志进行了证据搜集,后经认真比对笔录内容及查阅车载记录仪数据等大量证据,认为公安机关指控强奸的事实不清、证据不足,X男的行为不构成犯罪。具体理由如下:

1. 公安机关对本案强奸罪的定性是错误的。根据我国刑法等法律及相关司法解释的规定,强奸罪是指违背妇女意志、使用暴力、胁迫或以其他手段,强迫妇女发生性行为。这说明构成强奸罪必须同时满足两个法定要件,一是违背妇女意志,二是使用了暴力、胁迫或者其他强迫手段。而判断发生性关系是否违背了妇女的意志,要结合被告人与被害人之前的交往

情况、案发当时的环境、妇女的性格、性交后的心理态度及在何种情况下报案等各种因素进行综合分析，并不是有冒充警察行为就会导致卖淫女不敢反抗。

2. 没有证据能够证实 X 男与 Y 女发生性关系时违背了其意志。违背妇女意志是强奸罪的本质特征。准确把握和认定是否违背妇女意志，是客观公正地确定案件性质、正确适用法律的前提和基础。但意志是一种心理状态，而不是具体的行为模式。仅凭 Y 女指控强奸不能确定 X 男违背其意志，必须结合事件发生的时间、地点、环境，被害人前后表现及告发情况和其他证据综合分析。

首先，本案的被害人 Y 女是长期从事卖淫的性工作者，本次是双方在微信聊天里谈好了价钱的卖淫嫖娼行为。从 X 男与 Y 女的笔录里可以看出双方见面后，虽然 X 男有冒充警察的言语行为，但其并没有利用其冒充的警察身份威胁、恐吓 Y 女，且 Y 女对 X 男所说的警察的事情并没有太在意，双方聊天仍然是那种打情骂俏式。X 男从后座下来，再到前面开车，Y 女有充分的时间下车，甚至大声喊叫，但 Y 女并没有采取任何措施，其考虑的仅仅是怕被人看见。

其次，X 男将车子开到偏僻地方后，被害人 Y 女也帮助 X 男脱自己的衣服，并提供了安全套，完事后也是自己穿的衣服。然后 X 男将 Y 女送回去，在路上也提了给钱的事情。在笔录的结尾，Y 女回答警察她为什么会过来报案时，也只是说感觉被骗了，想让对方冒充民警的行为受到处罚。

从 X 男与 Y 女发生性关系的前后过程证据来分析，本案没有体现出 Y 女因 X 男说是警察而害怕、不能或不敢反抗、被迫与 X 男发生性关系的证据。X 男虽然冒充了警察身份，但并没有利用这一身份对 Y 女进行实际的胁迫，无论从言语上还是从行动上均没有利用这一身份来胁迫 Y 女，从而达到强行与 Y 女发生性关系的目的。从 Y 女与 X 男在交谈过程中的言语及行为也看不出该次性关系违背了 Y 女的意志。

● 本案结果 ●

本案历经近一年的时间。检察机关让公安机关二次补充侦查，但公安机关仍提供不出相关证据，最后检察机关以事实不清、证据不足，不符合起诉条件为由，决定对 X 男不起诉。公安机关后来对 X 男的嫖娼行为作出了罚款处理。

● 律师点评 ●

我们知道一般情况下的强奸有使用暴力、胁迫或其他方法使妇女不能反抗的情形，而特殊情况下的强奸有妇女不知反抗、不能反抗或不敢反抗的情形。

强奸罪的主观方面要求行为人必须有强行与妇女发生性关系的故意，即"奸淫"的故意。关于违背妇女意志的认定标准，我国刑法理论界中有两种不同认识：一种观点认为，在发生性关系的过程中，如果妇女能抗拒而不抗拒或者做不是真正的抗拒，那么行为人的行为不能被认定为违背妇女意志。只有在暴力、胁迫手段足以制服妇女，使妇女不能反抗时，行为人的行为才被认定为强奸罪。而另一种观点认为，不能以妇女是否反抗作为认定是否违背妇女意志的标准。妇女不反抗或反抗不明显不等于同意。有关人员应考虑妇女不反抗的具体原因。如果妇女处于不知反抗、不能反抗或不敢反抗的状态时，此时的行为足以被认定为违背妇女意志。

在本案中，X 男在与 Y 女发生性关系过程中没有使用暴力、胁迫或其他手段。X 男与 Y 女在笔录中都确认没有暴力胁迫或其他手段的干扰。这也能与其他客观证据相互印证，如现场没有任何暴力的痕迹。并且，Y 女自述未被犯罪嫌疑人捆绑、殴打，并称其身上没有伤，不要求做人体活性操作检验鉴定。由此可知，X 男的行为不构成一般情况的强奸。

在特殊情况下，如果被害妇女处于不知反抗、不能反抗或不敢反抗的状态时，此时的行为足以认定违背妇女意志，我们没有必要要求妇女有反抗表示。显然，Y 女不存在不知反抗、不能反抗或不敢反抗的情形。

首先，现有证据证明 X 男没有使用任何暴力胁迫等手段，不存在暴力胁迫导致 Y 女不敢反抗的情况。

其次，Y 女对发生性行为有认知能力，其虽然是失足妇女，但 X 男自称警察抓嫖的行为并没有造成其主观上不敢反抗。

Y 女对性行为的发生及后果均具有明确的判断与选择的能力。其在 X 男自称警察时，并没有害怕。从其笔录中可以看出，其不存在因害怕而不敢反抗的情形，且在发生性关系前也是她自己脱的衣服。

综上所述，X男的行为既不构成一般情况下的强奸，也不构成特殊情况下的强奸。

承办律师

周钦明律师，北京天驰君泰（苏州）律师事务所股权合伙人，专注于刑事辩护、离婚及财产纠纷、工伤赔偿、交通事故、遗产继承、债务纠纷、合同纠纷及公司股权纠纷和法律顾问等方面的业务。

销售有毒、有害食品案的无罪辩护

——围绕产品检测报告的论证

● 基本案情 ●

本案系一起销售有毒、有害食品案。当事人王某经营一家情趣生活用品馆,其在没有取得食品经营许可证的情况下,在该生活馆的自动售货机中,将从某商城以每盒18元的价格购进的5盒人参牡蛎玛咖鹿鞭片(产品批号:20190520)置于其中进行贩卖。2020年10月,W市市场监督管理局执法人员在该生活馆自动售货机内查扣了4盒未销售的上述产品。经W市某技术检测公司检测,上述产品的西地那非项目不符合《保健食品中75中非法添加化学药物的检测》(BJS201710)要求,检验结论为不合格。市场监督管理局将该案移交W市公安局H分局,H分局又委托Q市某技术检测公司对剩下产品进行检测。经检测,西地那非项目符合国家食品药品监督管理局药品检验补充检验方法和检验项目批准件(编号:2009030)要求。故而,市场监督管理局和W市公安局H分局分别委托的两家技术检测公司使用了不同的检测方法,也得出了不同的检测结论。但侦查机关依然将本案移送检察院审查起诉,指控犯罪嫌疑人王某在无食品经营资质,在未履行食品安全法相关规定的情况下,购买并销售无检验合格证明的保健食品(经检验含有国家明令禁止在保健食品中添加的违禁成分西地那非),认为王某涉嫌销售有毒、有害食品罪。

本案犯罪嫌疑人王某在委托律师前,已经在公安机关就自己的犯罪事实供认不讳,且已经表示认罪认罚。

律师分析

接受委托后，辩护人到公诉机关查阅了本案的侦查卷宗，并进行了细致的分析。打算主要从证据不足的层面去论证王某的行为不是销售有毒、有害食品罪。辩护人发现，市场监督管理局和W市公安局H分局分别委托检测的两份检测报告的检测结果存在矛盾的地方，一份检测结果为检出了西地那非，另一份检测结果为未检出西地那非，而检测结果直接影响定罪，所以，辩护人必须要推翻市场监督管理局委托的W市某技术检测公司作出的检测报告。辩护人按照以下的流程进行了详细的论证：

首先，查询出具检测报告的主体的资质。辩护人在国家企业信用信息公示系统中查询到：W市某技术检测公司的营业执照上的经营范围为"实验室检测、检验；产品的检查、货物查验、监督、评定；检验、检测技术服务、技术咨询；职业卫生与公共卫生的检测检验及技术咨询；建设项目评价、验收；环境检测、监测；会务服务；市场调查。（依法须经批准的项目，经相关部门批准后方可开展经营活动）"；Q市某技术检测公司营业执照上的经营范围比W市某技术检测公司多了"产品及体系认证、咨询，检验设备、技术及方法的研究和开发"，同时其检验检测报告后所附的签字领域中周某、刘某、王某、赵某等人的授权签字领域都包含食品及保健食品的检测资质，W市某技术检测公司却在2019年将"产品（含食品、药品）检验检测"变更为"产品的检查"，且其检验检测报告中没有附签字的检测人员授权范围包含食品及保健食品检测资质的文件。通过这一通对比，辩护人认为，从变更登记的信息内容及W市某技术检测公司所做的检验检测报告后未付检测人员的签字授权范围来看，W市某技术检测公司可能不具备食品、药品等检验检测资质，其所出具的对保健食品的检验检测报告没有权威性、公信力。再结合其报告与Q市某技术检测公司的检测结果相矛盾的事实，其检测报告应当被排除。

其次，辩护人继续分析委托送检的主体。W市某技术检测公司的检验检测报告系在本案立案侦查前由W市市场监督管理局抽样送检形成的，而非公安机关立案后进行侦查取证或委托检验鉴定的证据，故W市公安局H分局在受理刑事案件后，委托了Q市某技术检测公司对涉案保健食品进行检测。侦查机关在立案后就涉案产品委托检测具有程序上的正当性、合法性和必要性。虽然《公安机关办理刑事案件程序规定》第六十三条规定"公安机关接受或者依法调取的行政机关在行政执法和查办案件过程中收集的物证、书证、视听资料、电子数据、鉴定意见、勘验笔录、检查笔录等证据材料，经公安机关审查符合法定要求的，可以作为证据使用"，但第五十九条亦明确规定"证据必须经过查证属实，才能作为认定案件事实的根据"。本案中侦查机关委托检测就是对本案关键证据进行查证的一个环节。W市某技术检测公司的检验检测报告结论与侦查机关委托检测的后一份报告结论相矛盾，故不应作为定案依据。而Q市某技术检测公司的检验检测报告为最后的、具有委托合法性和程序正当性的检测报告，证明涉案保健食品不含西地那非成分。

再次，纵然经过了上述分析，也要关注和分析检测所用的标准。W市某技术检测公司使用了《保健食品中75种非法添加化学药物的检测》作为检测依据，但辩护人特意进行了查询，该检测依据仅为一种实验室检测方法，没有明确应用何种国家标准来进行判定，起草单位仅是中国食品药品检定研究院。并且，如果查询国家市场监督管理总局食品安全抽检监测司的官网，已经查询不到该实验室检测方法。现行使用的实验室检测方法为国家市场监督管理总局发布的《保健食品中西地那非和他达拉非的快速检测 胶体金免疫层析法》（KJ201901）。该方法中固体样品检出限为 $1.0\ \mu g/g$，与BJS201710中规定的西地那非硬胶囊检出限 $0.38\ \mu g/g$ 也有较大的数据差。如此可以分析出W市某技术检测公司使用的方法为过时的、不正确的检测方法，故而其检测结果不能作为定案依据。

辩护人继续关注Q市某技术检测公司所用的检测方法，为国家食品药品监督管理局药品检验补充检验方法和检验项目批准件（编号：2009030）。该检测方法执行现行的国家药品标准，更加权威、标准和规范。

然而，Q市某技术检测公司所用的检测方法也不是辩护人在国家市场监督管理总局食品安全抽检监测司的官网中查询到的《保健食品中西地那非和他达拉非的快速检测 胶体金免疫层析法》（KJ201901），所以，辩护人认为，有必要继续分析检测结果值。

W市某技术检测公司使用《保健食品中75种非法添加化学药物的检测》中的方法检测涉案产品，检测结果为西地那非含量达 $0.838\ \mu g/g$，超过了该方法规定的西地那非硬胶囊检出限 0.38 μg/g。但《保健食品中西地那非和他达拉非的快速检测 胶体金免疫层析法》规定的固体样品检出限为 1.0 μg/g。W 市某技术检测公司检测出的西地那非含量 0.838 μg/g 如果是准确的，那也在 KJ201901 检测方法规定的检出限之内，而 Q 市某技术检测公司使用批准件编号为 2009030 的检测方法检测，按照单位 mg/kg 为标准（与 μg/g 是一致的），检测结果为"未检出（<10）"西地那非。显然不论通过哪种检测方法，我们都可以认定涉案产品中未检出西地那非。

为进一步否定 W 市某技术检测公司的检测报告结论，辩护人继续提出，因为两份报告的检测结果互相矛盾，所以公诉机关应当作出有利于犯罪嫌疑人的认定。且 Q 市某技术检测公司的报告是由侦查机关委托检验检测的报告，为最终的检验检测报告，其否定了 W 市某技术检测公司的检测结果。另外，Q 市某技术检测公司使用的检测方法为国家标准，而 W 市某技术检测公司使用的是已经过时的实验室方法，故本案立案前，W 市某技术检测公司按照过时的实验室方法作出的检验检测报告应被否定。

论证至此，还有一个问题，就是关于是否有条件重新检验检测的问题。辩护人向公诉机关提出，本案中被查获的产品一共只有 4 盒，其中 2 盒被 W 市某技术检测公司作为检测样品检测，另外 2 盒被 Q 市某技术检测公司作为检测样品检测，再无多余的样品可用，办案机关也无法再重新委托新的检验机构进行检验，本案也不存在证据可以继续补正的问题，故公诉机关应当按照证据不确实、充分对王某作出不起诉的决定。

为说服公诉人接受不起诉犯罪嫌疑人王某，辩护人做了细致的分析：涉案保健食品字面上没有任何壮阳字样，所描述的人参、牡蛎、玛咖、鹿鞭均令人感觉该保健食品仅是一种营养食品，不会让人联想到会有非法添加化学药物的问题。同时，涉案的保健食品系王某从某商城里购买的，来自正规的销售渠道，且产品上有产品批号，描述为压片糖果。王某无专业知识，没有意识到需要向商家索要产品检测报告，属于法律意识淡薄而违法，以前从未实施或参与过销售有毒、有害食品类违法犯罪行为，其主观恶性几乎是不存在的。且本案情节显著轻微，危害不大。王某经营的无人售货柜主要是销售成人用品，王某并没有大肆购买并售卖涉案的保健食品，其仅仅购买了 5 盒涉案食品，只卖出去了 1 盒（据王某供述，这盒是卖出去的还是送人的，他已经记不清了），其余 4 盒均被查获，涉及的社会面也非常有限。且王某有接到电话传唤后主动到案的情节，也在公安侦查阶段积极认罪认罚。公诉机关应考虑以上情节，对其作出不起诉的处理。

最终，公诉机关以现有证据无法证实王某明知系有毒有害食品而销售，本案不符合起诉条件为由，对王某作出不起诉决定。王某最终未被追究刑事责任。

承办律师

林鹏飞律师，山东瀛清成律师事务所刑事业务部主任。

情人的圈套？

——C 某某涉嫌强奸罪，检察院最终撤回起诉案记录

● 深夜的报警 ●

2019 年 6 月 29 日凌晨 2 点 30 分，110 报警中心的电话突然响起。一名男子报警，情绪激动地说他媳妇被人强奸了，并说明了地址。接到报警电话后，110 报警中心立即安排民警出警。民警到达现场后被告知，实施强奸的人已经翻墙逃跑了，被强奸的是 X 某某。民警了解情况后紧急布控，抓到了报警人员所称的"强奸犯"C 某某，也就是本案的被告人。通过现场勘查，发现证物擦拭体液的几团卫生纸整齐地放在床头。本案发生在 X 某某弟弟家的二楼，楼下即住着 X 某某的弟弟及弟妹。案发时间系凌晨。X 某某的丈夫及其他几个亲属在嫌疑人强奸 X 某某后还未穿好衣服时便捉奸在床。报警人系 X 某某的丈夫。C 某某被抓获时，胸部有女子反抗形成的抓挠痕迹，左臂及脖颈处有咬的痕迹，并有多名证人作证。所有的人证、物证都指向本案的 C 某某。警方当日即刑事立案，并将 C 某某刑事拘留。

● 姐姐的委托 ●

史鹤律师像往常一样，早早地来到办公室，简单地打扫之后，便开始了一天的工作。突然，手机铃声响起。原来是吴平纪律师打来电话。接通电话后，吴平纪律师说有一个涉嫌强奸的案子需要史鹤律师帮助。简单的沟通之后，吴平纪律师与委托人不久便在律所与史鹤律师碰了面。来的人是 C 某某的姐姐。C 某某的姐姐说她的弟弟涉嫌强奸，被公安局的人抓走了，她对这些事情不太懂，所以就来问问律师。经过一番交谈，C 某某的姐姐便委托史鹤律师、吴平纪律师作为其弟弟的辩护人。在接受委托后，

史鹤律师、吴平纪律师便立即去医院做核酸检测。因为当地疫情防控的原因，会见的程序比以往更加复杂和困难了。在做了两次核酸检测且结果皆为阴性之后，史鹤律师、吴平纪律师便立即前往看守所会见了被告人。

● 会见被告人 ●

在会见时，C 某某很是激动，一次次地说他不是强奸犯，他跟被害人 X 某某是多年的情人关系，还曾经一起出去旅游。C 某某也说，他知道 X 某某有老公，他这么做确实有点不地道，但他绝没有强奸，这是对方设的圈套，因为他让 X 某某把借的 2 万元钱还了。史鹤律师及吴平纪律师安慰 C 某某，让他不要激动，先放平心态，冷静下来，仔细回忆一下当天的事情经过，不要放过任何一个细节。通过被告人 C 某某的叙述，史鹤律师、吴平纪律师逐渐了解了 C 某某和他口中当天的事情是如何发生的：

被告人 C 某某之前因为打架被拘留过两次，还因为非法吸收公众存款罪被刑事拘留，之后被取保候审。其与被害人 X 某某是通过微信"附近的人"添加的好友，后来，聊着聊着，就成了情人关系。成为情人之后，二人多次发生性关系，并一起去外地旅游。二人之间也有一些经济往来。C 某某说 X 某某还欠他 2 万元未还。案发当天，X 某某给 C 某某发语音，约着见面。C 某某还问了 X 某某能不能出去，得到肯定答复后，在晚上接近凌晨时，开车到了 X 某某的弟弟家附近（因为 X 某某在其弟弟家中居住）。C 某某本意是带着 X 某某出去开房，但 X 某某没有同意，因怕其母亲第二天看到她不在家，又要骂她。二人便开车在路上兜风，后来就停在路边聊天。在聊天期间，C 某某想在车上发生性关系，但 X 某某说在车上不舒服，还是回家吧，二人便开车回到 X 某某的住处，并发生了性关系。之后，在 C 某某正穿衣服的时候，X 某某的丈夫和两个亲戚突然来到房中，并控制了 C 某某。X 某某在 C 某某的胸口处抓了一下，留下了三道划痕。X 某某的丈夫打电话报警。C 某某一看，怕他们诬陷他强奸，努力挣脱之后，便翻墙逃跑了，但没多久便被警察抓获。

在听了 C 某某的陈述后，史鹤律师、吴平纪律师认为其陈述基本上合乎常理，但根据事前情人关系、情人间的民间借贷关系等情形不能排除强奸的可能性，同时考虑到 C 某某之前的一些经历，也不能完全排除 C 某某

为自保，出于趋利避害的本能而进行一些编造和加工，因此还需更多的证据加以证明。

● 案件分析 ●

史鹤律师、吴平纪律师在接受委托之后的前两个月里，多次前往看守所会见C某某。经过多次对比，发现C某某的前后多次陈述还是趋于一致的，并未出现前后矛盾的情况。从C某某的陈述来看，如果情人的前提成立，两位律师认为可初步认定C某某没有强行发生性关系的动机和必要，因之前二人已经多次发生性关系，并无报警的情形出现。因此这个前提的证明就变得异常重要。对涉及强奸罪或强制猥亵罪等的案件进行无罪辩护的难度是非常大的，因为场所私密，在一般情况下现场没有其他人员可以证明，也不一定安装了监控摄像头等录像设备。在这类案件中，被害人的陈述就显得尤为重要。综合强奸罪的高定罪率的司法实践来看，一旦双方确实发生了性行为，加上被害人的陈述，被告人想要无罪，难上加难。

史鹤律师、吴平纪律师在会见被告人C某某之后，便与办理该案的民警进行了当面沟通，提交了书面的《法律意见书》《取保候审申请书》等，并着重从二人在案发之前的情人关系、双方在深夜见面、发生关系的地点是被害人弟弟家中，以及楼下就住着被害人的弟弟和弟妹，如果发生打斗或者呼喊，被害人的弟弟及弟妹不会一点都听不到，被害人的手机中没有任何与被告人相关的信息，在发生关系后被害人丈夫及其他亲属立马到场等诸多反常的现象来说明无罪意见。之后向检察院提交了《建议对C某某不批准逮捕的法律意见书》。但是不出所料，最终等到的都是否定的答复。

● 抽丝剥茧 ●

很快案件被移送检察院审查起诉。到这个阶段，律师就可以查看卷宗材料了。史鹤律师、吴平纪律师第一时间向检察院递交了代理手续材料并拷贝了案件卷宗材料。在翻阅了全部的卷宗材料后，从大量的口供、证人证言、辨认笔录中发现了诸多不合理之处，比如在辨认笔录中，两名证人均指出10号男子就是胸前有抓痕的男子，而笔录中显示的是5号男子为被告人 C 某某。

最让人疑惑的是，被害人 X 某某在笔录中陈述："F 某某（被害人老公）就用脚踹我，用巴掌扇我。"F 某某（被害人老公）为什么不问青红皂白就打被害人 X 某某？在妻子被强奸后，做丈夫的怎么会去殴打妻子？再比如 X 某某在笔录中陈述，"之后我就把 C 某某的微信、快手、手机号码全都删除了"，又称"C 某某就一直往我手机微信发我的裸照""昨天他又跟我联系""2019 年 6 月 28 日，C 某某在微信上主动跟我聊天"。在不是微信好友的情况下，如何能发信息联系？而 C 某某供述是 X 某某在案发前一天将其微信号解除拉黑，然后在朋友圈发了暗示性的图片，再次联系他的。显然，C 某某的供述更加符合情理。C 某某供述称"X 某某给我发语音，让我过去找她"。想证实谁在说假话，很简单，查看双方手机微信内容即可。

然而，直到案件进入法院审理阶段，在开庭前会议时，史鹤律师、吴平纪律师才看到被害人 X 某某的手机提取内容证据。被害人 X 某某已经将手机上的各种信息全部删除。这一行为极为反常。

史鹤律师、吴平纪律师制作了《非法证据排查申请书》《调取证据申请书》并分别提交检察机关和法院，共计申请调取六项证据，具体申请调取内容及理由如下：

一、调取被害人 X 某某手机（需技术恢复）中的与本案有关的图片、信息、微信、通话记录、录音等内容

1. 二人笔录均称，X 某某将 C 某某的微信、手机号码等删除了。案发当天双方是在微信上先联系的。双方的聊天内容能够证实为何见面、去哪见面、见面干什么等事实，进而确定双方发生性关系是否出于自愿，是不是"仙人跳"等事实。

2. 辩护人在法院见到的 X 某某手机提取内容证实，X 某某已经将手机上的各种信息全部删除。X 某某为什么要删除？是想掩盖某一事实还是有其他目的？

二、调取被告人手机（被侦查机关扣押）中与本案有关的图片、信息、微信、通话记录、录音等内容

据被告人供述，其手机中有各种照片、微信、录音录像资料能真实反映双方的感情和关系，也能证实案发当天双方如何见面的事实。

三、调取被害人丈夫手机中与本案有关的图片、信息、微信、录音等内容。重点是案发前被害人 X 某某和其丈夫的通话记录、微信、短信以及 X 某某丈夫和证人的通话记录、微信、短信

1. 如果案发前被害人 X 某某与其丈夫已商量好如何约 C 某某，如何"捉奸"，则本案完全不成立犯罪。

2. X 某某的丈夫为何要约两位证人深更半夜同车同行？这有预备捉奸的可能。

四、调取被害人和被告人 2019 年在云南旅游期间在丽江、昆明、大理的开房记录，双方在某县酒店的开房监控记录

被告人供述双方系多年情人关系，曾一起外出旅游，多次开房发生性关系。而被害人对此却称去旅游、开房均是受到胁迫所为。相应的监控记录就能看出是否受到胁迫，进而能够证实被害人的陈述是否虚假以及双方之间的真实关系。

五、调取手机号码 171××××0193 机主的真实信息，确定其和本案的关系

案件中被害人 X 某某及其丈夫均陈述 171××××0193 向 X 某某丈夫手机打电话、发短信进行威胁，而 C 某某完全否认。查清机主情况便能知道谁在说谎。

六、调取案发当晚被害人和被告人开车外出的行车轨迹监控及案发当天晚上所开车辆上的行车记录仪记录情况

被告人 C 某某的亲属多次来到律所，跟史鹤律师、吴平纪律师沟通，陈述其了解的一些情况，提供了三段通话录音，用以证明被告人 C 某某与被害人 X 某某的多年情人关系。史鹤律师、吴平纪律师在听完录音后，制作了光盘和文字版，作为证据向法院进行了提交。

案件很快在一审法院开庭。在史鹤律师、吴平纪律师申请调取的最核心的被害人 X 某某的微信聊天记录这一证据未被调取的情况下，法院很快判决被告人 C 某某犯强奸罪，判处有期徒刑三年。

史鹤律师、吴平纪律师在判决书送达后，去看守所会见了被告人 C 某某。C 某某没有了之前的激动，显得有些平静，也有些颓废。他一再强调自己没有强奸，双方是自愿的。史鹤律师、吴平纪律师耐心地开导 C 某某，告诉他要相信法律，相信律师，如果对判决不服，可以上诉。最终，C 某某经过慎重考虑，决定上诉，并继续委托二位律师辩护。

● 发回重审 ●

史鹤律师、吴平纪律师在获得授权后，继续代理此案并再次申请二审法院调取证据，尤其是被害人 X 某某的微信聊天记录。二审法院开庭审理后，经过合议并听取辩护人的意见，最终决定将案件发回重审。

案件终于迎来了一丝曙光。

在发回重审之后，史鹤律师、吴平纪律师又一次会见了被告人 C 某某。此时 C 某某已经被羁押了将近一年的时间。很明显发回重审给了被告人一些信心。会见完被告人之后，二位律师针对案件的诸多问题，提出疑问，结合向法院申请后调取的证据，提出以下几点辩护意见：

一、现有证据根本证明不了被告人 C 某某犯强奸罪

1. 被告人 C 某某从未供述自己的行为是强奸行为。

2. 本案仅有被害人 X 某某一人陈述指证被告人 C 某某犯强奸罪，证据显然不足。更何况 X 某某的陈述存在诸多不合情理和违背事实之处。

二、无法排除双方自愿发生性关系的合理怀疑

1. X 某某为何主动换睡衣？

C 某某在 2019 年 6 月 29 日的笔录中供述："我想在车上发生性关系，X 某某说车上不舒服，去她家。……说完 X 某某就先把自己衣服脱光了（胸罩、内裤都脱了），穿上睡衣，然后我把自己身上的衣服也脱光了。"

X 某某在 2019 年 6 月 29 日的笔录中陈述："C 某某在我房间坐着，我到客厅换了我的睡衣……C 某某就把我三角内裤强行脱了下来……"

由以上言词证据可知：是 X 某某主动换的睡衣，X 某某称睡衣里是三角内裤，未提及穿戴胸罩。C 某某称 X 某某把胸罩、内裤都脱了。X 某某称被强行脱内裤。

X 某某为何主动换睡衣？换睡衣为何不戴胸罩？如果 C 某某强行脱 X 某某的内裤，本案为何没有内裤被撕扯坏的证据？

2. 被告人 C 某某胸前抓痕是如何形成的？

X 某某陈述："在 C 某某脱我内裤，要和我发生性关系的过程中抓的他"，"当时 C 某某在我身上趴着，我用双手乱抓他"，"两只手都抓了"。C

某某趴在其身上时其双手乱抓,这与被告人的伤情明显不符。人体损伤程度鉴定书及照片显示,C某某胸前有三道"平形状擦伤",且几乎横跨胸部。C某某持续稳定供述这是双方发生性关系后X某某站在身旁用一只手抓了一下造成的。

3. 被害人X某某身上为何没有任何暴力所致痕迹?

被害人X某某在2019年6月29日的笔录中陈述:"C某某个子高、力气大,我反抗不过……C某某用双手摁着我的手不让我动。"

医院诊断显示:被害人的外阴无明显红肿,阴道无明显异常……

根据司法鉴定报告,被告人身上多处受伤,而被害人并无外伤。如果是双手被摁住,被害人身上至少会有瘀青之类的外伤。这说明,被告人并非强行和被害人发生性关系。

4. 本案被害人X某某为何整晚未喊叫呼救?

X某某与C某某发生关系的房间楼下就是X某某弟弟、弟妹居住的房间。在深夜,轻微的声音住在下层的弟弟一家人都会听到。被害人没有陈述被威胁情节,没有陈述嘴被控制而无法呼喊的情节,没有陈述其不能、不敢、不知反抗呼救的情况。被害人始终未反抗呼救、哭叫。

5. 根据被害人X某某弟弟、弟妹的表现反常,其可能知道当天晚上发生的事。

其一,夜深人静,半夜开门、关门、喊叫及打架的声音,X某某的弟弟、弟妹却陈述未听到。案发房间在其房间的上面,他们应能很清晰地听到头顶的声音。其二,知道X某某被"强奸"后,二人作为弟弟和弟妹,竟然不闻不问,如此漠不关心,毫无意外之感。这种情况无法解释。他们可能事先就知道晚上发生的事。

6. 为何将擦拭用过的卫生纸整齐摆放在床上?

发生强奸案后,有必要将卫生纸都放在床上并摆放在一起吗?这样做明显违反常识,有怎样的目的?

三、在重审一审阶段,公诉机关没有补充任何证据,那么判决结果只能是宣告无罪

二审法院对事实不清、证据不足的案件作出撤销原判决定,将案件发回重审后,一审法院不得在没有新的补充查证的事实和证据的情况下作出同样的判决,应当作出证据不足、指控的犯罪不能成立的无罪判决。

经过不断的会见，翻阅案件材料，查找相关案例及资料，并向法院申请排查非法证据、调取相关证据，史鹤律师、吴平纪律师也渐渐看清了案件事实的全貌：

1. X某某与C某某在案发之前确为情人关系，时间长达数年。

2. 二人之前确实去外地一起旅游过。

3. X某某有婚外情逐渐被其丈夫怀疑并最终证实。双方发生冲突。于是，X某某搬到弟弟家二楼居住。

4. 案发前，X某某通过微信与C某某联系，双方约定于X某某弟弟家门口见面，见面后，开车外出。在车内X某某咬了C某某的左臂及脖颈。之后二人回到X某某弟弟家中，发生了性关系。

5. 发生性关系后，C某某要走，被X某某阻拦。之后X某某的丈夫及其他亲属赶到，收集了擦拭体液的卫生纸及内裤。X某某在C某某胸前用手抓了三道痕迹。

6. X某某的丈夫打了X某某和C某某几巴掌，翻出C某某身上所有物品，之后报警。

最终的结果

该案在被发回重审后，法院再次判决C某某有期徒刑三年。C某某再次上诉。中级人民法院再次将本案发回重审。最终，检察院以本案事实不清为由，向法院申请撤回起诉。

2021年12月25日，法院最终作出刑事裁定书，准许检察院撤回起诉。被告人C某某在被羁押了两年多后，走出了看守所的大门，重获自由。

案件结语

本案中，史鹤律师、吴平纪律师兢兢业业，恪尽职守，帮助被告人洗刷了冤屈。

虽然被告人C某某在法律上的罪责已免，但在道德上，其仍将受到道德的审判和良知的拷问。C某某为图一时之欢愉，在堕落的泥沼里，越陷越深。既破坏了别人的家庭，也让自己身陷囹圄，荒废了两年的时光。同时，旁人的指指点点也会让 C 某某的家人和孩子都受到严重的影响。

承办律师

史鹤律师，河北盈邦律师事务所主任、合伙人，带领刑辩、建工、金融三个团队提供法律服务。

吴平纪律师，北京德和衡（邯郸）律师事务所律师，担任多家政府机关、企事业单位法律顾问，承办了多起有重大影响的刑事、民事案件。

骗取贷款案件无罪辩护实务分析

● 前 言 ●

在社会生活中，部分单位和个人出于资金周转或生产经营等目的，在客观上存在向银行或其他金融机构贷款的需求，但这些主体由于贷款资质不符合贷款银行或其他金融机构的要求，采取提交虚假证明等方式，最终以欺骗手段获得银行或其他金融机构的贷款。此类行为可能被认定为骗取贷款罪。

2021年3月1日正式实施的《中华人民共和国刑法修正案（十一）》（以下简称《刑修（十一）》）将《中华人民共和国刑法》第一百七十五条之一的骗取贷款罪做了部分修改，即删除了"其他严重情节"，这意味着构成此罪必须给银行或其他金融机构造成重大损失。但是，《刑修（十一）》生效后，上述状况并没有得到有效改观。例如，有的法院认为只要借贷人骗取到银行或其他金融机构的贷款就可理解为给银行或其他金融机构造成了重大损失。又如，有的法院将本无危及信贷资金安全或信贷资金安全风险尚未现实化的行为也认为是给银行或其他金融机构造成了重大损失。

有鉴于此，本文旨在通过简要介绍笔者办理的一起关于骗取贷款罪的成功辩护案例，分享办案过程和辩护思路，供同仁参考。

● 案情简介 ●

郭某系某公司出纳。2012年3月16日，安某某以内蒙古某煤炭运销有限责任公司（以下简称某煤炭公司，安某某系公司法定代表人）采购原煤为由（实际并未发生任何交易），与郭某向某市南郊农村信用合作联社申请承兑汇票。在缴纳4 000万元保证金后，某市南郊农村信用合作联社开出16张承兑汇票。每张承兑汇票票面金额为500万元，共计人民币8 000万元，授信截止日为2013年2月28日。

2013年1月15日，安某某与郭某以某煤炭公司名义使用虚假购销合同，向某市南郊农村信用合作联社贷款4 000万元，贷款期限为1年。

2014年1月29日，安某某与郭某以某煤炭公司的名义使用虚假购销合同，向某市南郊农村信用合作联社贷款4 000万元，贷款期限为3年。2017年7月，某煤炭公司以借新还旧为由，向某市南郊农村信用合作联社贷款3 800万元（提前还本金200万元），贷款期限为3年。安某某夫妇以其自有房产向金融机构提供了合法、足额的抵押担保（价值7 024万元）。

某煤炭公司得到贷款后，一直按时支付利息，直至案发时郭某所在公司的银行账号被冻结，才被迫停止。

在上述贷款业务发生期间，郭某负责办理每月还某市南郊农村信用合作联社贷款的利息。

● 辩护过程 ●

2019年6月7日，公安机关以郭某涉嫌骗取贷款为由对其刑事拘留。7月12日郭某被逮捕。笔者在一审审判阶段介入案件，并为争取当事人无罪做了不少辩护工作。但令人遗憾的是，所有辩护意见均未得到法官采纳。

2019年12月3日，一审法院判决郭某犯参加黑社会性质组织罪、高利转贷罪、骗取贷款罪、职务侵占罪，数罪并罚，判处有期徒刑十年。所幸，一审法院宣判后，当事人郭某及其家属依然对笔者无比信任，决定让笔者继续担任郭某在二审阶段的辩护人。这给了笔者继续坚守的信心和勇气。即便是一般的刑事案件，二审法院维持一审判决的概率也是非常高的，更何况是涉黑案件，且该案发生在为期三年的扫黑除恶专项行动期间。令笔者意想不到的是，由于二审阶段的据理力争，笔者在2021年1月1日收到内蒙古某市中级人民法院寄来的二审判决书。二审法院不仅去掉了郭某被一审法院认定的骗取贷款罪，且对郭某的高利转贷罪做从轻处理。

在办理该案的过程中，笔者始终认为，骗取贷款罪是结果犯而非行为犯。只有行为人的行为给银行或其他金融机构造成重大损失或者有其他特别严重情节的，才构成犯罪。关于该案，尽管某煤炭公司在申请贷款过程中向银行提供了部分虚假的申报资料，但安某某夫妇以其自有房产向金融机构提供了合法足额的抵押担保（价值7 024万元），这充分说明金融机构对于回收发放给某煤炭公司的贷款没有后顾之忧。而且，事实上某煤炭公司得到贷款后，一直按时支付利息，直至案发时郭某所在公司的银行账号被冻结，才被迫停止。更为重要的是，某煤炭公司2017年的3年期贷款已于2020年7月到期，金融机构向某煤炭公司贷出的款项不存在回收困难的问题，即不存在"重大损失"。

接受委托后，无论在一审阶段还是在二审阶段，笔者都珍惜每一次来之不易的辩护机会，尽量向审判人员阐述清楚辩护观点和思路。关于当事人的行为不构成骗取贷款罪的辩点主要包括以下几点：

某煤炭公司虽然在申办贷款时具有虚构事实、隐瞒真相的行为，并获得数额特别巨大的贷款，但并没有给银行造成重大损失；案发前，安某某每月都按时向银行支付利息；该案没有被害人，刑事立案完全是公安机关主动为之；安某某提供了合法足额的不动产担保（价值7 024万元）；某煤炭公司的最后一笔贷款的真实意图是以新贷还旧贷；被告人郭某的行为没有给银行的信贷资金造成现实危险。

有必要提及的是，由于该案一审时《刑修（十一）》尚未施行，一审法院认为某煤炭公司数次"以新还旧"构成骗取贷款的"严重情节"。有鉴于此，笔者在二审阶段向法院提出，认定贷款情节是否严重，不能只看申请贷款的次数和以新贷还旧贷的频率，而应看是否符合法律规定。

《公安部经侦局关于骗取贷款罪和违法发放贷款罪立案追诉标准问题的批复》规定："骗取贷款是否具有'其他严重情节'，应当是其社会危害性与《立案追诉标准（二）》中已列明的各具体情节大体相当的情节，可根据此原则，结合案件具体情况分析，依法办理。……通过持续'借新还旧'以及民间借贷方式偿还贷款的行为，不能简单认定为'其他严重情节'。"

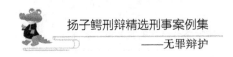

尤为重要的是，根据最高人民法院《关于被告人陈岩骗取贷款请示一案的批复》，骗取贷款罪应以危害金融安全为要件，相关行为人虽有骗贷行为，但没有危害到金融安全，其行为不能被认定为骗取贷款罪。

最后，笔者指出安某某虽以欺骗手段从银行获取了数额特别巨大的贷款，但其提供了足额的真实的抵押担保，且未给银行造成损失，其行为不会危及金融安全，因此笔者认为安某某和郭某的行为不属于"其他严重情节"，郭某的行为不构成犯罪。

● 骗取贷款罪无罪裁判要旨梳理 ●

笔者基于本案梳理了骗取贷款罪的无罪裁判要旨：

（一）行为人不具有骗取贷款的主观故意，或现有证据不足以证明行为人具有骗取贷款的主观故意

（1）不要求行为人具有非法占有贷款的目的；

（2）行为人提供虚假材料不一定具有欺骗故意；

（3）行为人出于职务行为为他人提供帮助，但事前未通谋，不构成犯罪。

（二）行为人未实施骗取贷款的客观行为，或现有证据不足以证明行为人实施了骗取贷款的客观行为

1. 行为人无虚构事实、隐瞒真相的行为；

2. 行为人之行为未使具有决定权的对方陷入错误认识。

（三）骗贷行为与损失没有因果关系

（四）银行或金融机构未因陷入错误认识发放贷款

（五）行为没有导致银行或金融机构遭受重大损失

1. 行为人借新贷还旧贷，向银行或其他金融机构贷款均已偿还，没有给银行或其他金融机构造成重大损失；

2. 行为人向银行或其他金融机构提供了真实、足额的抵押担保。

办律师

苏明飞律师，北京德和衡（深圳）律师事务所律师。毕业于西北政法大学，获刑法学硕士学位，于 2002 年考取法律职业资格，2003 年正式执业。从业 17 年以来，承办了大量刑事案件，其中不乏在全国有重大影响力的刑事案件。

吴泽宇律师，北京德和衡（深圳）律师事务所实习律师，深圳大学法律硕士，主要专注于职务犯罪类、经济犯罪类案件辩护与研究，是深圳市光明区消防救援大队、深圳市龙华区龙飞小学等单位常年法律顾问，在苏明飞律师的指导下参与办理了系列案件。